Como se preparar para o

EXAME DE ORDEM

Administrativo 3

SÉRIE RESUMO
1.ª FASE
OAB

Fábio Nadal

Vauledir Ribeiro Santos

Como se preparar para o EXAME DE ORDEM

Administrativo 3

10.ª edição

gen | EDITORA MÉTODO

SÃO PAULO

EDITORA MÉTODO LTDA.
Uma editora integrante do GEN | Grupo Editorial Nacional
Rua Dona Brígida, 701, Vila Mariana – 04111-081 – São Paulo – SP
Tel.: (11) 5080-0770 / (21) 3543-0770 – Fax: (11) 5080-0714
metodo@grupogen.com.br | www.editorametodo.com.br

- Capa: Rafael Molotievschi

- CIP – Brasil. Catalogação-na-fonte.
Sindicato Nacional dos Editores de Livros, RJ.

Nadal, Fábio

Como se preparar para o exame de Ordem, 1.ª fase : administrativo / Fábio Nadal, Vauledir Ribeiro Santos. - 10. ed. - Rio de Janeiro : Forense ; São Paulo : MÉTODO, 2013.

(Vol. 3)

Inclui bibliografia

ISBN 978-85-309-4863-4

1. Ordem dos Advogados do Brasil - Exames. 2. Direito administrativo - Problemas, questões, exercícios. I. Santos, Vauledir Ribeiro. II. Título. III. Série.

08-5357 CDU: 342.9(81)

Dedicamos este trabalho aos advogados,
em especial, aos futuros advogados,
responsáveis diretos pelo exercício da cidadania
e busca de uma sociedade mais justa.

"Sem advogado não se faz justiça".

NOTA À SÉRIE

É com enorme satisfação que apresentamos aos candidatos ao Exame da OAB a *Série Resumo: como se preparar para o Exame de Ordem – 1.ª fase*, composta por quinze volumes, a saber: Constitucional, Comercial, Administrativo, Tributário, Penal, Processo Penal, Civil, Processo Civil, Trabalho, Ética Profissional, Ambiental, Internacional, Consumidor, Leis Penais Especiais e Direitos Humanos.

Esta série é mais um grande passo na conquista de nosso sonho de oferecer aos candidatos ao Exame de Ordem um material sério para uma preparação completa e segura.

Sonho esse que teve início com a primeira edição de *Como se preparar para o Exame de Ordem – 1.ª e 2.ª fases*, prontamente acolhido pelo público, hoje com mais de 100.000 exemplares vendidos, trabalho que se firmou como o guia completo de como se preparar para as provas. Mais adiante, lançamos a série *Como se preparar para a 2.ª fase do Exame de Ordem*, composta, atualmente, por seis livros – *opção PENAL, CIVIL, TRABALHO, TRIBUTÁRIO, CONSTITUCIONAL e TÉCNICAS DE REDAÇÃO APLICADAS À PEÇA PROFISSIONAL* –, obras que também foram muito bem recebidas por aqueles que se preparam para a prova prática nas respectivas áreas.

A série tem como objetivo apresentar ao candidato o conteúdo exigível, estritamente necessário, para aprovação na 1.ª fase do Exame de Ordem, numa linguagem clara e objetiva.

Para tanto, foi elaborada por professores especialmente selecionados para este mister, e estudiosos do tema Exame de Ordem, que acompanham constantemente as tendências e as peculiaridades dessa prova.

Os livros trazem, ao final de cada capítulo, questões pertinentes ao tema exposto, selecionadas de exames oficiais, para que o candidato possa avaliar o grau de compreensão e o estágio de sua preparação.

Vauledir Ribeiro Santos
(vauledir@grupogen.com.br)

Nota da Editora: o Acordo Ortográfico foi aplicado integralmente nesta obra.

SUMÁRIO

1 INTRODUÇÃO

1.1 DIREITO ADMINISTRATIVO - HISTÓRICO

Algum tipo de administração pública existiu, desde o momento em que as pessoas se organizaram em sociedade. Porém o Direito Administrativo, como disciplina jurídica dessa atividade, é recentíssimo.

Alguns se referem, como data de nascimento do Direito Administrativo, ao dia 28, pluvioso do ano VIII (1800), em que a Revolução Francesa editou a sua primeira lei reguladora da administração pública. Diversos doutrinadores indicam outros marcos, a saber:

- a publicação da obra "O espírito das leis", de Montesquieu (1748) que sistematizou a teoria de divisão de poderes proposta por Locke;
- a criação, por Napoleão, da justiça administrativa como uma Seção do Conselho do Estado;
- a publicação da obra de Charles Jean Bodin "Princípios da administração pública" (1808), na qual se apresenta, pela primeira vez, o *discrímen* entre o Direito Constitucional e Administrativo;
- a inauguração da Cadeira pioneira, na Universidade de Paris, por Luiz XVIII, em 1828, entregue ao Barão de Gerando (cf. Diogo de Figueiredo Moreira Neto, ob. cit., p. 51-52);
- em 1873, quando o Conselheiro David, no caso Blanco, sustentou perante seus pares, no tribunal de Conflitos, que, no caso de responsabilidade pública, o Código de Napoleão deveria ser deixado de lado, porque se tratava de relações jurídicas privadas, devendo-se invocar princípios publicísticos, já que o Estado, em relação ao particular, se encontra em posição de verticalidade, oriunda da relação de administração, ao passo que a relação jurídica entre particulares é

caracterizada pela horizontalidade (cf. José Cretella Júnior, Os cânones do direito administrativo, separata da *Revista de Informação Legislativa* n. 97 - jan.-mar. 1988).

1.2 CONTEXTUALIZAÇÃO HISTÓRICA

Malgrado a atividade administrativa seja inerente a qualquer grupo social organizado, ainda que primitivamente, somente com o Estado Liberal é que o Direito Administrativo surge como disciplina autônoma.

O liberalismo, segundo Nelson Saldanha, "entendia o Estado como um 'mal necessário', do qual careciam os homens sempre dispostos a transgredir normas. Entendia-o, por outro lado, como resultado de um consenso, configurado num pacto: O Estado existiria para cumprir fins que os homens isoladamente não poderiam realizar" (*Enciclopédia Saraiva do Direito*, São Paulo, Saraiva, 1979, v. 33, p. 490).

Assim, o Estado Liberal de Direito se caracterizava pela: a) submissão estatal à lei (princípio da legalidade); b) a divisão de poderes ou funções; e c) garantia dos direitos individuais. Como se vê, o Estado: a) ingressava no plano formal da legalidade (submissão estatal à lei); b) limitava seu poder (divisão de poderes/funções); c) sufragava o princípio da garantia de direitos individuais oponíveis a terceiro e ao próprio Estado.

No Estado Liberal, o direito administrativo se traduzia numa prestação unilateral do Estado, ainda que submetido ao princípio da legalidade. Com efeito, como regra, a Administração gozava de uma margem autoritária para sobrepor seus atos ao consentimento do administrado (exceção: relações administrativas em que se previa a adesão da vontade do administrado, por exemplo, o regime jurídico dos contratos administrativos).

Com a evolução do direito público (pós-Segunda Guerra Mundial), foram acrescidos aos direitos e liberdades individuais (direitos de primeira geração) os direitos de destinação coletiva (direitos de segunda e de terceira geração), marcando a transição do Estado Liberal de Direito para o Estado Social de Direito.

Caio Tácito dá bem a medida do exposto: "Quando a evidência de desigualdades entre pessoas fez realçar a inoperância no exercício de garantias individuais de direitos, uma segunda geração de direitos humanos consolidou o sistema de direitos econômicos e sociais, notadamente no âmbito das relações de trabalho, visando a proteção dos mais fracos. E a seguir, em nova etapa evolutiva do direito público, o reconhecimento da existência das relações comunitárias, carentes de especial proteção constitucional, institucionalizou-se uma terceira geração de direitos humanos, protegendo interesses difusos e coletivos, atribuídos, indeterminadamente, às categorias sociais e econômicas, desprotegidas de amparo individualizado. Cuida-se não mais de amparar indivíduo, na sua clássica liberdade, ou ao cidadão, no acesso aos direitos políticos, mas de colocar sob o pálio da lei e ao alcance de instrumentos processuais específicos o consumidor, os usuários ou diretamente a comunidade agredida sem condições adequadas de fruição de bens e serviços" (Direito Administrativo participativo, *RDA* 209/2001). No alvorecer de um novo século (pressupondo inovações tecnológicas e abertura de novos canais de comunicação), a efetiva implantação do Estado Democrático de Direito (como instrumento não mais de manutenção da ordem social, mas de sua garantia/transformação) depende da elaboração de uma nova geração de direitos humanos que "permita a garantia da segurança da vida comunitária e prestigie os princípios da solidariedade e da paz sob a ótica de uma ordem jurídica evoluída em busca de um novo ponto de equilíbrio" (Caio Tácito, ob. cit.).

Esta transição, para um modelo participativo, representa um desafio para o Direito Administrativo no que toca à forma de relacionamento entre a Administração Pública e os cidadãos (administrados).

Esta é a análise de Caio Tácito: O Direito Administrativo contemporâneo tende ao abandono da vertente autoritária para valorizar a participação de seus destinatários finais quanto à formação da conduta administrativa. O Direito Administrativo de mão única caminha para modelos de colaboração, acolhidos em modernos textos constitucionais e legais, mediante a perspectiva de iniciativa popular ou de cooperação privada no desempenho das prestações administrativas. A participação política do cidadão se expressa na valorização do voto, no aperfeiçoamento dos partidos políticos e na iniciativa popular de projetos de lei. A presença da empresa na ordem econômica e das instituições privadas na assistência e seguridade públicas marca espécies atuais de participação social. Tendências semelhantes instituem, no plano administrativo, a participação do administrado segundo parâmetros de Constituições recentes e de novos estatutos legais (ob. cit.).

A Constituição Federal de 1988, que estrutura o Estado Democrático de Direito, traz de forma muito clara esta vertente, exemplificadamente:

a) Preâmbulo: valores de uma sociedade pluralista;

b) O art. 1.º, parágrafo único: estabelece que todo poder emana do povo, diretamente ou pela representação política;

c) O art. 5.º, XIV, XXXIII, XXXIV e LV: direitos fundamentais;

d) Os arts. 204, II, 194, VII, 187, 198, III, 205, 216, § 1.º, trazem formas de participação popular em diversos segmentos da sociedade.

Caio Tácito faz a seguinte leitura (contextualizada) do Direito Administrativo pátrio, contemporâneo: "A moderna tendência do direito público marca, pela modalidade acima exposta de novos institutos jurídicos, a transição do Direito Administrativo que, absorvendo a ação participativa dos administrados, valoriza o princípio da cidadania e coloca o indivíduo e a empresa em presença da Administração Pública, como colaboradores privilegiados para a consecução do interesse público. As aberturas do direito constitucional ainda não alcançam a plenitude da regulação legal, e menos ainda a acolhida na burocracia tradicional, voltada para si mesma e mais atenta ao comando imediato da hierarquia do que aos avanços da Constituição. Contudo, são meios dinâmicos de alcançar a plenitude democrática. De outra parte, ao lado da participação popular acolhida na lei, assistimos, em tempos presentes, às formas espontâneas e dirigidas de participação popular à margem da lei, em explosões de carência dos sem-terra e dos sem-teto. É o desafio das ruas a reclamar atenção dos gabinetes na agitada consagração das demandas sociais em busca de um novo patamar da sociedade distributiva, que, afirmando o império da lei, não desconheça o senso de justiça. O amanhã será mais justo e equânime conciliando, em tempos estáveis, os dois valores inscritos na legenda de nossa bandeira: *Ordem* com *Progresso*" (ob. cit.).

1.3 CONCEITO

O direito administrativo é o conjunto harmônico de princípios jurídicos que regem a atividade administrativa, as entidades, os órgãos e os agentes públicos tendentes a realizar concreta, direta e imediatamente os fins desejados pelo Estado.

Segundo Maria Sylvia Zanella Di Pietro, o direito administrativo é "O ramo do direito público que tem por objeto os órgãos, agentes e pessoas jurídicas administrativas que integram a Administração Pública, a atividade jurídica não contenciosa que exerce e os bens de que se utiliza para a consecução de seus fins, de natureza pública" (*Direito administrativo*. 16. ed. São Paulo: Atlas, 2003, p. 47).

O direito administrativo regula a atividade administrativa do Estado, não importando quem exerça as funções típicas (primárias – Poder Executivo) ou atípicas (secundárias – Poder Legislativo ou Poder Judiciário).

1.4 ÓRGÃOS E FUNÇÕES

Em relação à atuação do Estado, Montesquieu vislumbrou a existência de três funções essenciais: a legislativa (ou normativa), a jurisdicional (judicial) e a administrativa (ou executiva). Tais funções devem ser exercidas separadamente, em três blocos orgânicos, denominados "Poderes", impedindo, dessa forma, a sua concentração para preservar a liberdade dos homens contra abusos e tiranias dos governantes.

As **funções do Estado** são as seguintes:

1) *Função normativa*, em sentido formal, significa a manifestação da vontade do Poder Legislativo, com a participação do Poder Executivo. Em seu sentido material são manifestações da vontade do Estado que criam, modificam ou extinguem uma situação jurídica e que são dotadas dos caracteres de generalidade e abstração, em oposição à função administrativa que tem como característica atuar específica e concretamente;

2) *Função jurisdicional*, visa executar o controle de observância da ordem jurídica em concreto (às vezes em abstrato). Diferencia-se da função administrativa, porquanto a decisão judicial, obtida mediante a provocação do interessado, introduz no ordenamento jurídico um comando específico e concreto, garantido pela certeza jurídica (verdade ficta) e pela definitividade (coisa julgada). Já a função administrativa, que pode se manifestar sem ser provocada, introduz comandos específicos na ordem jurídica, mas de certeza jurídica apenas presumida e sem definitividade, pois todos os seus atos são suscetíveis de reapreciação e correção pelo Poder Judiciário;

3) *Função administrativa*, é toda aquela exercida pelo Estado, que não seja destinada à formulação da regra legal nem à expressão da decisão jurisdicional (sentido formal). Trata-se de uma função estatal remanescente, definida por exclusão da jurisdicional e da normativa e que somente pode agir *secundum legem*.

Assim, temos:

PODER	
Órgãos	Funções
Legislativo	– legiferante (função normativa)
Executivo	– executante (função administrativa)
Judiciário	– judicante (função judicial)

É importante salientar que essas funções não são exercidas pelos respectivos Poderes de maneira absoluta e exclusiva, sendo atribuídas uns aos outros, embora de maneira restrita, para preservar o necessário equilíbrio entre eles ("sistema de freios e contrapesos").

1.4.1 Distribuição das funções entre os poderes do Estado, nos termos da CF/1988

Em princípio, a função normativa compete ao Poder Legislativo, a função jurisdicional ao Poder Judiciário e a função administrativa ao Poder Executivo. As exceções são constitucionalmente previstas, conforme os quadros abaixo.

Em relação à função normativa, temos:

<table>
<tr><th colspan="3">Função normativa</th></tr>
<tr><th colspan="3">Típica do Poder Legislativo – art. 48, CF /1988</th></tr>
<tr><td rowspan="2">Atípica do Poder Executivo</td><td>– em cooperação com o Poder Legislativo</td><td>a) elaboração de leis delegadas (art 59, IV)
b) iniciativa geral de leis (art. 61, caput)
c) iniciativa privativa (art. 61, § 1.º)
d) participação sancionatória (art. 66, caput)
e) no veto (art. 66, § 1.º) e
f) celebração de tratados e convenções internacionais, ad referendum do Congresso Nacional (art. 84, VIII)</td></tr>
<tr><td>– autonomamente</td><td>a) expedição de decretos e regulamentos (art. 84, IV)
b) edição de MP's (art. 84, XXVI)</td></tr>
<tr><td rowspan="2">Atípica do Poder Judiciário</td><td>– em cooperação com o Poder Legislativo</td><td>a) alteração, n.º de membros tribunais inferiores (art. 96, II, a)
b) criação, extinção de cargos e fixação de subsídios (art. 96, II, b)
c) criem ou extingam tribunais inferiores (art. 96, II, c)
d) alterem organização e divisão judiciária (art. 96, II, d)</td></tr>
<tr><td>– autonomamente</td><td>a) regimento interno (art. 96, I, a)
b) organização de suas secretarias (art. 96, I, b)</td></tr>
</table>

Em relação à função jurisdicional, temos:

Função jurisdicional	
Típica do Poder Judiciário (art. 5.º, XXXV, da CF/1988) – Jurisdição una	
– Atípica do Poder Legislativo	a) art. 52, I b) art. 52, II c) art. 49, IX
– Atípica do Poder Executivo	– indulto e comutação de penas (art. 84, XII) – indulto é impessoal e a comutação é personalíssima (*intuitu personae*)

Por fim, em relação à função administrativa, temos:

Função administrativa	
Típica do Poder Executivo (art. 84 da CF/1988)	
– Atípica do Poder Legislativo	a) dispor sobre sua organização e funcionamento, polícia, criação ou transformação de cargos etc. (arts. 51, IV, e 52, XIII) b) sustar a execução de contratos administrativos (art. 71, § 1.º) c) competências privativas do CN (arts. 49 e 50) d) competência da Câmara de Deputados (art. 51, II e IV) e) competência do Senado (art. 52, tirante os já mencionados, instituidores da função jurisdicional atípica)
– Atípica do Poder Judiciário	a) eleger seu órgão diretivo (art. 96, I, *a*) b) organização administrativa (art. 96, I, *b*) c) servidores e membros (art. 96, I, *f*) d) promover concurso público (art. 96, I, *e*) e) prover os cargos de juízes (art. 96, I, *c*)

1.5 FONTES DO DIREITO ADMINISTRATIVO

O Direito Administrativo, conforme doutrina dominante, recorre às seguintes fontes: lei, jurisprudência, doutrina e costumes. Para Valmir Pontes (*Programa de direito administrativo*, Sugestões Literárias, 6. ed., 1981, p. 41-46) o Direito Administrativo se socorre das mesmas fontes do Direito em geral (fonte é tomada na acepção de ato concreto criador de Direito).

Sob o critério formal as fontes se dividem em fontes organizadas (norma jurídica, jurisprudência e doutrina) e fontes inorganizadas (costume e praxe administrativa).

1.5.1 Fontes organizadas

1.5.1.1 Norma jurídica

A norma jurídica aqui é tomada no sentido amplo e genérico, compreendendo todo conjunto de normas existentes no ordenamento, desde as normas constitucionais até o mais singelo regulamento (art. 59 da CF).

1.5.1.2 Jurisprudência

É a reiteração de pronunciamentos ou decisões judiciais, versando sobre fatos idênticos ou semelhantes. A jurisprudência tanto pode ser judicial (decisões ou pronunciamentos do Poder Judiciário) como administrativa (pronunciamento dos órgãos administrativos – o emprego da palavra "jurisprudência" é feito por extensão, na medida que nossa jurisdição é una). A jurisprudência administrativa deriva de decisões de atos de chefes de governo, ministros de tribunais (Tribunais de Impostos e Taxas), órgãos de deliberação coletiva (Conselho de Contribuintes), formando, assim, os denominados "precedentes administrativos" (ver Edimur Ferreira de Faria. *Curso de direito administrativo positivo*, Belo Horizonte: Del Rey, 2000, p. 60; Valmir Pontes, ob. cit., p. 41-46).

1.5.1.3 Doutrina

É o trabalho de elaboração de pesquisas e estudos do Direito (teorização do Direito) feito pelos juristas.

A rigor não pode ser considerada como fonte do Direito, no mesmo plano ou com o mesmo *status* da lei, costumes ou da jurisprudência. Enquanto a lei, a jurisprudência e o costume gozam de uma prerrogativa de observância integral, a doutrina, como simples manifestação de ideias, conceitos ou opiniões de homens especializados ou doutos em Direito, não tem condições de ser imposta de forma coercitiva à observância à comunidade ou aos órgãos jurisdicionais.

Porém, é inegável que a doutrina fornece subsídios para elaboração das leis e para a formação da jurisprudência e dos precedentes administrativos.

1.5.2 Fontes inorganizadas

1.5.2.1 Costumes e praxe administrativa

Os costumes, são admitidos de forma restritiva como fonte supletiva do direito positivo.

Destarte, o costume, desde que não seja contrário à lei e à moral, pode ser fonte do Direito Administrativo, desde que se verifique a prática reiterada, uniforme e contínua de determinado ato (elemento objetivo), com a convicção de sua obrigatoriedade (elemento subjetivo).

Não se confunde com a *praxe* administrativa que está relacionada com a condução da máquina administrativa, porém, sem a convicção de obrigatoriedade (elemento subjetivo) existente nos costumes. A *praxe* administrativa é a prática reiterada de atos administrativos pela Administração Pública independentemente de previsão legal, porém, sempre dentro dos limites estabelecidos pelas normas gerais.

Temos que, em razão do princípio da legalidade, o costume não tem autonomia para ser considerado fonte do Direito Administrativo brasileiro, sendo necessário que a própria lei o acolha para torná-lo obrigatório. Por exemplo, no campo do Direito Tributário está expressamente admitido, a teor do art. 100, III, do CTN, que diz:

> "Art. 100. São normas complementares das leis, dos tratados e das convenções internacionais e dos decretos: (...)
>
> III – as práticas reiteradamente observadas pelas autoridades administrativas (...)".

1.6 RELAÇÃO DO DIREITO ADMINISTRATIVO COM OUTROS RAMOS DO DIREITO

O Direito Administrativo se relaciona com diversos ramos do direito, a saber:

– com o Direito Constitucional: é a Constituição que fixa, além da organização do Estado, os direitos basilares, as grandes linhas de todos os ramos jurídicos;

– com o Direito Tributário e o Financeiro: relacionam-se intensamente na composição dos recursos públicos, tendo todos autonomia em razão da complexidade do Estado moderno;

– com o Direito Penal: possuem vários pontos de contato, por exemplo; os crimes contra a Administração Pública, os crimes praticados por servidores públicos, os crimes de responsabilidade;

– com o Direito Processual: o Direito Administrativo extrai do direito processual normas para aplicação nos procedimentos administrativos, por exemplo; os princípios do processo penal são aplicáveis aos processos administrativos (onde há litígio deve haver contraditório e ampla defesa);

– com o Direito do Trabalho: muitas vezes os empregos públicos se desenvolvem sob a égide da CLT, como ocorre na composição do quadro de pessoal das sociedades de economia mista e nas empresas públicas;

– com o Direito Civil e Comercial: Os institutos jurídicos do Direito Civil e Comercial servem de fundamento ao Direito Administrativo (pessoas, bens, títulos de crédito, tipos societários etc.).

1.7 ADMINISTRAÇÃO PÚBLICA

Para a definição de administração pública deve-se considerar três aspectos: formal, material e operacional.

Sob o aspecto formal, é o conjunto de órgãos instituídos para a concretização dos objetivos do Governo; sob o aspecto material, é o conjunto de funções necessárias aos serviços públicos em geral; e sob o aspecto operacional, a administração pública é o desempenho perene e sistemático, legal e técnico dos serviços próprios do Estado ou por ele assumidos em benefício da coletividade.

Em um conceito mais amplo, a doutrina de Antonio Cecílio Moreira Pires considera a administração pública "O aparelhamento estatal, integrado por pessoas jurídicas, órgãos e agentes públicos postos à disposição do cidadão para a consecução das necessidades gerais e coletivas" (*Manual de direito administrativo*. São Paulo: WVC, 2002. p. 21).

A administração pública, quanto às pessoas jurídicas que integram o aparelhamento estatal, pode ser dividida em *direta* ou *indireta*.

A *administração pública direta* é composta de entidades estatais (União, Estados, Municípios e Distrito Federal) que atuam por intermédio dos **órgãos públicos**. Esses órgãos não possuem personalidade jurídica própria (atributo específico da entidade a que pertencem) e sua atuação deverá realizar a vontade da pessoa jurídica à qual estão subordinados, funcionando como verdadeiros centros de competências. Órgãos, de acordo com a doutrina de Celso Antonio Bandeira de Mello, "nada mais significam que círculos de atribuições, os feixes individuais de poderes funcionais repartidos no interior da personalidade estatal e expressados através dos agentes nele providos" (*Apontamentos sobre os agentes públicos*. São Paulo: RT, 1975. p. 19).

A *administração pública indireta* é composta de entidades autárquicas, fundacionais e entidades paraestatais (sociedade de economia mista, empresas públicas), instituídas nos termos do art. 37, XIX, da CF.

Inserido no contexto da Administração indireta temos as Agências, que classificam-se em:

1) *Agências executivas*: As autarquias e fundações públicas responsáveis por atividades e serviços exclusivos do Estado podem vir a ser qualificadas como agências executivas. Tal qualificação de agências executivas se dá por meio de Decreto Federal, após requerimento dos órgãos e das entidades que prestam atividades exclusivas do Estado e se candidatam a tal denominação. Aqui estão envolvidos a instituição (autarquia ou fundação) e o Ministério responsável pela sua supervisão. Nos termos da Lei 9.649/1998 (arts. 51 e 52 e parágrafos), o Poder Executivo poderá qualificar como Agência Executiva autarquias ou fundações que tenham cumprido os requisitos de possuir plano estratégico de reestruturação e de desenvolvimento institucional, em andamento, além da celebração de Contrato de Gestão com o respectivo Ministério supervisor.

Tais planos devem definir diretrizes, políticas e medidas voltadas para a racionalização de estruturas e do quadro de servidores, a revisão dos processos de trabalho, o desenvolvimento dos recursos humanos e o fortalecimento da identidade institucional da Agência Executiva. O Poder Executivo, outrossim, deve definir também os critérios e procedimentos para a elaboração e o acompanhamento dos Contratos de Gestão e dos programas de reestruturação e de desenvolvimento institucional das Agências.

2) *Agências reguladoras*: São as autarquias de regime especial, criadas por lei específica (federal, estadual e municipal) e incumbidas do exercício do poder de polícia relacionados aos serviços públicos. Ex.: Agência Nacional do Petróleo, Gás e Biocombustíveis – ANP, Agência Nacional de Água – ANA, Agência Nacional de Saúde – ANS, Agência Nacional de Transportes Terrestres – ANTT, Agência Nacional de Vigilância Sanitária – ANVISA etc.

Por fim, temos os denominados *entes cooperados* que, malgrado não integrem a Administração Pública, formalmente desempenham atividade de interesse público. Ex.: *Serviços Sociais autônomos*, tais como SESI, SENAI, SENAC; organizações não governamentais (ONGs), associações de moradores de bairros, entidades privadas de ensino etc.

Veja o esquema abaixo:

<table>
<tr><td rowspan="2">Administração Pública</td><td>Direta:</td><td>– Federal;
– Estadual;
– Distrital;
– Municipal.</td></tr>
<tr><td>Indireta:</td><td>– Autarquias (Obs: podem ser qualificadas como agências reguladoras);
– Fundações (Obs: autarquias e fundações podem ser qualificadas como agências executivas);
– Sociedades de economia mista;
– Empresas públicas.</td></tr>
<tr><td>Entes cooperados</td><td colspan="2">Não integram a Administração Pública, mas prestam serviços de interesse público Ex.: SESI, SENAC, SENAI, ONG´s</td></tr>
</table>

A administração pública pode se submeter ao regime jurídico de direito privado ou ao regime jurídico de direito público. A opção por um regime ou outro é feita, via de regra, pela Constituição ou mediante lei. Essa variabilidade de regime permite que as pessoas jurídicas de direito público se submetam ao regime jurídico de direito público com a possibilidade de utilizar o regime jurídico de direito privado nas excepcionais hipóteses previstas em lei (ex.: celebração de contrato de locação, comodato etc.). As pessoas jurídicas de direito privado criadas pela Administração Pública (empresas públicas, sociedades de economia mista) submetem-se a um regime jurídico híbrido onde as normas de direito privado sofrem derrogação parcial pelas normas de direito público na medida considerada essencial para que seja atingida a finalidade perseguida pelo interesse público.

Nesse sentido, o art. 173 da CF, em seu § 1.º, II, preceitua que a lei estabelecerá o estatuto jurídico da empresa pública, da sociedade de economia mista e de suas subsidiárias que explorem atividade econômica de produção ou comercialização de bens ou de prestação de serviços, dispondo sobre a sujeição ao regime jurídico próprio das empresas privadas, inclusive quanto aos direitos e obrigações civis, comerciais, trabalhistas e tributários.

No que se refere às fundações, sua natureza jurídica é determinada pela lei que a institui, nos termos do art. 37, XIX, da CF, podendo ser pessoa jurídica de direito público ou de direito privado. Todavia, o usual é que as fundações tenham natureza de direito público.

1.8 QUESTÕES

1. **(OAB 2011.3 – FGV) Durante competição esportiva (campeonato estadual de futebol), o clube "A" foi punido com a perda de um ponto em virtude de episódios de preconceito por parte de sua torcida. Com essa decisão de primeira instância da justiça desportiva, o clube "B" foi declarado campeão naquele ano. O clube "A" apresentou recurso contra a decisão de primeira instância. Antes mesmo do julgamento desse recurso, distribuiu ação ordinária perante a Justiça Estadual com o objetivo de reaver o ponto que lhe fora retirado pela Justiça arbitral. Diante de tal situação, é correto afirmar que**

a) como o direito brasileiro adotou o sistema de jurisdição una, tendo o Poder Judiciário o monopólio da apreciação, com força de coisa julgada, de lesão ou ameaça a direito, é cabível a apreciação judicial dessa matéria a qualquer tempo.

b) as decisões da Justiça Desportiva são inquestionáveis na via judicial, uma vez que vige, no direito brasileiro, sistema pelo qual o Poder Judiciário somente pode decidir matérias para as quais não exista tribunal administrativo específico.

c) como regra, o ordenamento vigente adota o Princípio da Inafastabilidade da Jurisdição (art. 5.º, XXXV, da CRFB); todavia, as decisões da Justiça Desportiva consubstanciam exceção a essa regra, já que são insindicáveis na via judicial.

d) o Poder Judiciário pode rever decisões proferidas pela Justiça Desportiva; ainda assim, exige-se, anteriormente ao ajuizamento da ação cabível, o esgotamento da instância administrativa, por se tratar de exceção prevista na Constituição.

2. **(OAB 2011.2 – FGV) A estruturação da Administração traz a presença, necessária, de centros de competências denominados Órgãos Públicos ou, simplesmente, Órgãos. Quanto a estes, é correto afirmar que**

a) possuem personalidade jurídica própria, respondendo diretamente por seus atos.

b) suas atuações são imputadas às pessoas jurídicas a que pertencem.

c) não possuem cargos, apenas funções, e estas são criadas por atos normativos do ocupante do respectivo órgão.

d) não possuem cargos nem funções.

3. **(OAB/Nacional 2008_2) "(...) compartimento na estrutura estatal a que são cometidas funções determinadas, sendo integrado por agentes que, quando as executam, manifestam a própria vontade do Estado" (José dos Santos Carvalho Filho. *Manual de direito administrativo*. 19.ª ed. Rio de Janeiro: Lumen Juris, 2008, p. 13).**

O trecho acima se refere ao conceito de

a) função pública.

b) órgão público.

c) pessoa de direito público.

d) agente público.

4. **(OAB/Nacional 2007_2) Acerca dos órgãos públicos, assinale a opção correta.**

a) É correto, do ponto de vista da natureza jurídica do órgão, afirmar que "João propôs uma ação de rito ordinário contra a receita federal".

b) Alguns órgãos públicos têm capacidade processual, já que são titulares de direitos subjetivos próprios a serem defendidos.

c) A teoria que melhor explica a relação existente entre o servidor público e a pessoa jurídica do Estado é a teoria da representação, cuja característica principal consiste no princípio da imputação volitiva. Assim, a vontade do órgão público é imputada à pessoa jurídica a cuja estrutura pertence, já que aquele estaria agindo em seu nome.

d) A organização da administração pública direta, no que se refere à estruturação dos órgãos e competência, é matéria reservada à lei.

GABARITO: As respostas destes testes encontram-se no final do livro.

Obs.: Mais questões sobre este capítulo estão disponíveis para *download* gratuito no *site* www.editorametodo.com.br.

2 PRINCÍPIOS DA ADMINISTRAÇÃO PÚBLICA

2.1 CONSIDERAÇÕES GERAIS

Os princípios jurídicos orientam a interpretação e a aplicação de outras normas. São verdadeiras diretrizes do ordenamento jurídico, guias de interpretação, às quais a administração pública fica subordinada. Possuem um alto grau de generalidade e abstração, bem como um profundo conteúdo axiológico e valorativo como, por exemplo, o princípio da isonomia, da moralidade.

Os princípios da administração pública estão contidos, explicitamente e em grande parte, no art. 37, *caput*, da CF, pelo qual: "A administração pública direta e indireta de qualquer dos Poderes da União, dos Estados, do Distrito Federal e dos Municípios obedecerá aos princípios de legalidade, impessoalidade, moralidade, publicidade e eficiência (...)."

Além desses princípios explícitos, a administração também é regida por princípios implícitos, que decorrem do próprio texto da Constituição como, por exemplo, o princípio da supremacia do interesse público sobre o particular. Tanto os princípios explícitos quanto os implícitos têm a mesma importância, e devem ser rigorosamente observados.

2.2 PRINCÍPIOS DA ADMINISTRAÇÃO PÚBLICA

São princípios da administração pública:

Princípios expressos	Princípios implícitos
– princípio da legalidade; – princípio da impessoalidade; – princípio da moralidade administrativa; – princípio da publicidade; – princípio da eficiência;	– princípio da supremacia do interesse público sobre o particular; – princípio da hierarquia; – princípio da especialidade; – princípio da presunção de legalidade ou de legitimidade dos atos administrativos; – princípio da motivação; – princípio da razoabilidade; – princípio da autotutela.

2.2.1 Princípio da legalidade

De acordo com o princípio da legalidade, o administrador não pode agir ou deixar de agir, senão de acordo com a lei, na forma determinada.

Assim, na relação administrativa, a vontade da administração pública (que se manifesta por meio dos atos administrativos) deve advir da própria lei (art. 5.º, II, da CF). Daí decorre a assertiva de que são diferentes os valores que movem a conduta do particular e da administração pública. Nesse sentido, ao particular é permitido fazer tudo o que não estiver proibido por lei. Já para a administração pública só é permitido fazer aquilo que estiver previsto em lei (princípio da estrita legalidade).

Observe o seguinte quadro:

Princípio da legalidade	
Em relação à Administração Pública:	"A Administração Pública somente pode fazer o que a lei permite" (princípio da estrita legalidade).
Em relação ao Particular:	"O particular pode fazer tudo que a lei não proíbe".

Dessa forma, se a administração pública pretender praticar certo ato e a lei não se manifestar sobre isto, significa que não poderá fazê-lo, sendo, portanto, proibido. Para o particular, se não houver proibição, haverá ampla liberdade para agir. Importante ressaltar que a doutrina costuma apontar como exceções ao princípio da legalidade as seguintes situações: medida provisória (art. 62 da CF), estado de defesa (art. 136 da CF) e estado de sítio (art. 139 da CF).

2.2.2 Princípio da impessoalidade

Em decorrência do princípio da impessoalidade, a administração pública deve servir a todos, sem preferências ou aversões pessoais ou partidárias, não podendo atuar com vistas a beneficiar ou prejudicar determinadas pessoas, uma vez que o fundamento para o exercício de sua função é sempre o interesse público. Também está determinado que os atos administrativos praticados devem ser atribuídos à administração pública, e não ao funcionário que os praticou. Para alcançar esse fim a administração pública sempre deverá tratar indistintamente os administrados que se encontrem na mesma situação, segundo o princípio da igualdade. O art. 37, § 1.º, da CF estatui que:

> "A publicidade dos atos, programas, obras, serviços e campanhas dos órgãos públicos deverá ter caráter educativo, informativo ou de orientação social, dela não podendo constar nomes, símbolos ou imagens que caracterizem promoção pessoal de autoridades ou servidores públicos."

2.2.3 Princípio da moralidade administrativa

O princípio da moralidade, explícito na CF, caracteriza-se por exigir do administrador público um comportamento ético de conduta, ligando-se aos conceitos de probidade, honestidade, lealdade, decoro e boa-fé. A moralidade se extrai do senso geral da coletividade representada e não se confunde com a moralidade íntima do administrador (moral comum) e sim com a profissional (*ética profissional*).

A moralidade administrativa pode ser conceituada, segundo a doutrina de Antonio Cecilio Moreira Pires, como sendo "o enfeixamento de regras e princípios norteadores da administração que deve informar toda a atividade administrativa, sempre pautada por critérios de honestidade, de forma a atingir a consecução do interesse público" (op. cit.).

Em conformidade com o art. 37, § 4.º, da CF, os atos de improbidade (desonestidade) administrativa importarão a suspensão dos direitos políticos, a perda da função pública, a indisponibilidade dos bens e o ressarcimento ao erário, na forma e gradação previstas em lei, sem prejuízo da ação penal cabível.

Consequências possíveis, devido a atos de improbidade administrativa:

Sanções
– suspensão dos direitos políticos (responsabilidade política)
– perda da função pública (responsabilidade disciplinar)
– indisponibilidade dos bens (responsabilidade patrimonial)
– ressarcimento ao erário (responsabilidade patrimonial)

O administrador público está sujeito à Lei 8.429/1992 (Lei de Improbidade Administrativa). O art. 85, V, da CF estabelece serem crimes de responsabilidade os atos do Presidente da República que atentem contra a probidade na administração.

No art. 5.º, LXXIII, da CF, como forma de controle dos atos praticados pela administração pública, está prevista a ação popular, em que qualquer cidadão (que é aquele que está no pleno gozo de seus direitos políticos – caracterizado pela condição de eleitor) é parte legítima para propô-la. A ação popular visa a anular ato lesivo ao patrimônio público (ou de entidade de que o Estado participe); à moralidade administrativa; ao meio ambiente e ao patrimônio histórico e cultural. O autor da ação popular, salvo comprovada má-fé, fica isento de custas judiciais e do ônus da sucumbência. A ação popular está regulada pela Lei 4.717/1965.

2.2.4 Princípio da publicidade

O princípio da publicidade, previsto no art. 37, *caput*, da CF, determina que a Administração Pública tem a obrigação de dar ampla divulgação dos atos que pratica, salvo a hipótese de sigilo necessário. A exceção à publicidade está no art. 5.º, XXXIII, da CF, o qual estabelece que são sigilosos os casos que possam ameaçar a segurança da sociedade ou do Estado (atente-se para o prazo máximo de 35 anos de sigilo, prorrogável uma vez pelo mesmo prazo, estabelecido pela Lei 12.527/2011, em vigor a partir de 18.05.2012). A publicidade é condição de eficácia do ato administrativo e tem por finalidade propiciar seu conhecimento pelo cidadão e possibilitar o controle por todos os interessados.

Os meios assecuratórios previstos para assegurar o acesso à informação são: *habeas data* (art. 5.º, LXXII); direito de petição e obtenção de certidões (art. 5.º, XXXIII e XXXIV).

O art. 5.º, XXXIV, *b*, da CF trata do direito de certidões em repartições públicas para a defesa de direitos ou esclarecimentos pessoais. As certidões materializam as informações detidas pelo Poder Público. Devem ser gratuitas desde que para as duas finalidades mencionadas, a saber: 1) para a defesa de direitos; e 2) esclarecimentos de situações de interesse pessoal.

Alertamos que a União editou a Lei Federal 12.527, de 18 de novembro de 2011 (que entrará em vigor em 18.05.2012), que dispõe sobre os procedimentos a serem observados pela União, Estados, Distrito Federal e Municípios, com o fim de garantir o acesso a informações previsto no inciso XXXIII do art. 5.º, no inciso II do § 3.º do art. 37 e no § 2.º do art. 216, todos da Constituição Federal.

Referida Lei subordina os órgãos públicos integrantes da Administração direta dos Poderes Executivo, Legislativo – incluindo as Cortes de Contas – e Judiciário, e do Ministério Público, as autarquias, as fundações públicas, as empresas públicas, as sociedades de economia mista e demais entidades controladas direta ou indiretamente pela União, Estados, Distrito Federal e Municípios. Tais órgãos deverão franquear o direito de acesso à informação ao interessado identificado, que solicite por qualquer meio legítimo (petição protocolizada, *e-mail* etc.), mediante procedimentos objetivos e ágeis, de forma transparente, clara e em linguagem de fácil compreensão.

As entidades públicas devem viabilizar o acesso imediato a informações (art. 11), desde que não sejam sigilosas. Não sendo possível conceder o acesso imediato, o órgão ou entidade que receber o pedido deverá providenciá-lo, em prazo não superior a 20 dias, prorrogáveis por mais dez dias.

O *habeas data* é previsto pelo art. 5.º, LXXII, da CF e disciplinado pela Lei 9.507/1997. Nas palavras de Hely Lopes Meirelles é o "meio constitucional posto à disposição de pessoa física ou jurídica para lhe assegurar o conhecimento de registros concernentes ao postulante e constante de repartições públicas ou particulares acessíveis ao público, ou para retificação de dados pessoais" (*Direito administrativo brasileiro*. 26. ed. São Paulo: Malheiros, 2001. p. 675).

O *habeas data* possui duas finalidades: 1) assegurar o conhecimento de informações de registros ou bancos de dados de entidades governamentais ou de caráter público; 2) a retificação de dados, quando não se prefira fazê-lo por processo sigiloso, judicial ou administrativo.

2.2.5 Princípio da eficiência

Segundo o princípio da eficiência, a atividade administrativa deve ser exercida com presteza, perfeição e rendimento funcional (cf. Hely Lopes Meirelles, ob. cit., p. 91), evitando-se atuações amadorísticas.

Este princípio impõe à Administração Pública o dever de agir com eficiência real e concreta, aplicando, em cada caso concreto, a medida, dentre as previstas e autorizadas em lei, que mais satisfaça o interesse público com o menor ônus possível (dever jurídico de boa administração). Em decorrência disso, a administração pública está obrigada a desenvolver mecanismos capazes de propiciar os melhores resultados possíveis para os administrados.

Portanto, a administração pública será considerada eficiente sempre que o melhor resultado for atingido. O aludido princípio, apesar de ter sido introduzido na Constituição Federal apenas em 1998, por meio da EC 19, já era previsto em leis extravagantes tais como a Lei 8.987/1995, no art. 6.º (referente a Concessões e Permissões de Serviços Públicos), e a Lei 8.078/1995, no art. 22 (Código de Defesa do Consumidor).

2.2.6 Princípio da supremacia do interesse público sobre o particular

Marino Pazzaglini Filho ensina: "Esse princípio compreende não só a supremacia do interesse público sobre o particular, senão também a hegemonia do *interesse público primário*, que é o de toda a coletividade (interesse social, bem coletivo ou geral), sobre o *interesse público secundário*, não coincidente, do aparato administrativo do Estado, isto é, dos órgãos ou entidades que exercem funções públicas, que somente pode ser atendido quando não contrastar com os interesses primários da sociedade" (ob. cit., p. 38).

O termo "supremacia" significa eliminação, supressão de direito particular para atender ao interesse coletivo. Entretanto, isso não significa que a Administração Pública tenha o poder de amesquinhar o direito do particular sob o fundamento da supremacia do interesse público, caso em que o lesado poderá socorrer-se ao Poder Judiciário para a proteção de seus direitos (art. 5.º, XXXV, da CF).

Esse princípio também é conhecido como princípio da finalidade pública ou do interesse público ou coletivo, estando implícito na CF em diversos dispositivos: art. 5.º, XXIII (função social da propriedade); XXIV (desapropriação por interesse social); XXV (requisição de imóvel particular); 170, VI (defesa do meio ambiente); 182 (política de desenvolvimento urbano); 184 (desapropriação para fins de reforma agrária); e 225 (meio ambiente).

Todas essas hipóteses conferem o atributo da indisponibilidade do interesse. Um interesse é indisponível quando não puder ser alienado, renunciado, transacionado, onerado etc. No direito privado, a existência dos direitos indisponíveis é a exceção, enquanto no direito público é a regra.

Dessa forma, ao lidar com interesse que não é seu, mas da coletividade, o administrador deverá interpretar a norma administrativa da forma que melhor garanta o atendimento do fim público a que se dirige. Eventual renúncia ou disposição do interesse público só pode ocorrer mediante autorização em lei.

Como exemplo de supremacia do interesse público sobre o particular, pode-se citar o art. 5.º da CF: mesmo sendo garantido o direito de propriedade, este deve ser exercido considerando o contexto público em que se insere, ou seja, a coletividade. Com isso, a propriedade atenderá à sua função social (art. 5.º, XXIII, da CF) destacando-se, aí, o interesse público. Para assegurar a supremacia desse interesse, a CF outorga ao Poder Público um mecanismo de intervenção na propriedade privada chamado *desapropriação* (art. 5.º, XXIV, da CF).

Por meio da desapropriação, o poder público pode retirar o direito de propriedade do particular sobre determinado bem, sob a justificativa da utilidade, necessidade pública ou interesse social do bem em questão. A desapropriação é corolário do princípio da supremacia e, por isso, não pode ser contestada. A desapropriação só é legitimamente exercitável nos limites traçados pela Constituição e nos casos expressos em lei, observando-se o devido processo legal e assegurando uma justa indenização, que será paga dependendo do motivo que a justificou.

2.2.7 Princípio da hierarquia

De acordo com o princípio da hierarquia, "Os órgãos da Administração Pública são estruturados de tal forma que se cria uma relação de coordenação e subordinação entre uns e outros, cada qual com atribuições definidas na lei" (Maria Sylvia Zanella Di Pietro, ob. cit., p. 74). De acordo com esse princípio, os órgãos e agentes de nível hierárquico superior têm a faculdade de **dar ordens, rever, delegar ou avocar atos e atribuições** dos órgãos de nível inferior.

É importante destacar que esse princípio não se refere às funções legislativas e judiciais.

2.2.8 Princípio da especialidade

O princípio da especialidade, que decorre do disposto no art. 37, XI e XX, da CF, aplica-se mais às autarquias, embora incida também sobre as demais pessoas jurídicas criadas por lei.

De acordo com esse princípio, as pessoas jurídicas não podem ter outras funções senão aquelas para as quais foram especialmente criadas. Quando a administração pública descentraliza a prestação de um serviço público para uma autarquia, a lei que a cria estabelece com precisão as finalidades que lhe incumbe atender, de tal forma que a atuação dos seus administradores não pode se afastar desses objetivos legais.

2.2.9 Princípio da presunção de legalidade

O princípio da presunção de legalidade (ou de legitimidade) dos atos administrativos significa que estes se presumem verdadeiros e praticados com a observância das normas legais pertinentes, até prova em contrário.

Todos os atos administrativos presumem-se de acordo com a lei, já que estes só podem ser executados se houver previsão legal. É uma **presunção relativa** (*iuris tantum*), pois admite prova em contrário, cujo ônus caberá a quem impugnar o ato. A presunção de legalidade possibilita à administração pública a execução imediata de seus atos, conferindo, assim, celeridade e eficiência.

2.2.10 Princípio da motivação

O princípio da motivação, apesar de sua grande importância para a atividade administrativa em geral, encontra-se expresso na Constituição Federal somente em relação às decisões administrativas dos Tribunais (art. 93, X). Em relação à Administração Pública, o art. 37, da CF, não menciona o princípio; no entanto, a sua aplicação é amplamente exigida e reconhecida tanto pela doutrina como pela jurisprudência.

O aludido princípio determina que a administração pública indique no ato administrativo os **pressupostos de fato e de direito** que servem de fundamento ao ato que a levou a adotar determinada decisão. São as razões justificativas do ato (motivo = razão).

Antonio Cecílio Moreira Pires ensina que a motivação consiste "na obrigatoriedade de a administração pública indicar os motivos fáticos e de direito que ensejam a edição de determinado ato, de forma clara, precisa e com a explícita indicação das peculiaridades e circunstâncias que revestem o caso em concreto" (*Manual de direito administrativo*, ob. cit., p. 31).

Para que haja a desapropriação é necessária a prova das razões de fato, por exemplo, não há hospital público na região e o imóvel a ser desapropriado comporta tal instalação, bem como das razões de direito, art. 5.º, XXIV, da CF, conjugado com o Decreto-Lei 3.365/1941.

É importante salientar que o ato administrativo sem motivação **é nulo** pelo fato da sua presença ser essencial para o controle interno (feito pela própria administração) e externo (feito pelo Poder Judiciário) do ato.

A doutrina costuma destacar, como decorrência do art. 2.º da Lei 9.784/1999, a *teoria dos motivos determinantes*. Segundo essa teoria, "os atos administrativos que tiverem sua prática motivada, ficam vinculados aos motivos expostos, para todos os efeitos jurídicos. Tais motivos é que determinam e justificam a realização do ato, e, por isso mesmo, deve haver perfeita correspondência entre eles e a realidade. Mesmo os atos discricionários (...) ficam vinculados a esses motivos como causa determinante de seu cometimento e se sujeitam ao confronto da existência e legitimidade dos motivos indicados. Havendo desconformidade entre os motivos determinantes e a realidade, o ato é inválido." Hely Lopes Meirelles apresenta o seguinte exemplo: se o superior hierárquico dispensa um funcionário exonerável *ad nutum*, declarando que o faz por improbidade de procedimento, essa improbidade passará a ser motivo determinante do ato e sua validade e eficácia ficarão na dependência da efetiva existência do motivo declarado (ob. cit., p. 188). Sendo demonstrada a insuficiência de provas bem como a inocorrência do referido ato de improbidade, o ato de exoneração será inválido (nulo), determinando a reintegração do funcionário exonerado no cargo.

2.2.11 Princípio da razoabilidade

A razoabilidade significa a propriedade ou justeza dos motivos que ensejaram a atuação concreta (efetiva) da Administração.

De acordo com o princípio da razoabilidade, os meios utilizados pela administração pública, bem como os fins que deseja alcançar, devem ser compatibilizados de forma a evitar restrições desnecessárias ou abusivas, ou seja, com lesão a direitos fundamentais. Esta compatibilização deve ser aferida por padrões comuns dentro de nossa sociedade (critério do "homem médio"), diante do caso concreto e não da simples interpretação literal da lei.

A razoabilidade, que abrange também a proporcionalidade, significa que o administrador público, ao praticar atos tanto discricionários como vinculados, deve observar uma relação de pertinência entre a finalidade e os padrões de oportunidade e conveniência, sendo, portanto, vedada a imposição de obrigações, restrições e sanções em medida superior àquelas estritamente necessárias ao atendimento do interesse público (Lei 9.784/1999, art. 2.º, VI).

2.2.12 Princípio da proporcionalidade

A proporcionalidade indica que o objeto ou o resultado decorrente da atuação estatal deva ser adequado, compatível ou apropriado (em extensão e intensidade) aos fatos ou aos motivos que deflagraram sua prática.

Observe-se que a aplicação conjunta dos princípios da razoabilidade e da proporcionalidade atua como ferramenta fomentadora da vedação/proibição de excesso. Sua aplicação conjunta permite verificar não só se os fatos que determinaram a atuação estatal apresentam motivos razoáveis, mas também se a medida administrativa implementada é (a) pertinente aos motivos que a ensejaram (se há uma correlação lógica); (b) adequada ou suficiente ao atendimento efetivo do fim público; (c) necessária ou exigível para alcançá-lo; (d) e proporcional em relação ao binômio benefício *versus* ônus para a coletividade.

2.2.13 Princípio da autotutela

Maria Sylvia Zanella Di Pietro afirma que "Para assegurar que as entidades da administração indireta observem o princípio da especialidade, elaborou-se outro princípio: o do *controle* ou *tutela*, em consonância com o qual a administração pública direta fiscaliza as atividades dos referidos entes, com o objetivo de garantir a observância de suas finalidades institucionais" (ob. cit., p. 73). Esse é o conteúdo do princípio da tutela ou controle, que não se confunde com o princípio da autotutela.

De acordo com a doutrina de Antonio Cecílio Moreira Pires, pelo princípio da autotutela, "A Administração pode, a qualquer momento, de ofício ou provocadamente, rever os seus atos, anulando-os por questões de ilegalidade ou revogando-os por motivos de conveniência ou oportunidade, de forma justificada" (ob. cit., p. 35).

Sobre o tema, é muito importante conhecer o teor das seguintes súmulas do STF:

> Súmula 346: "A Administração Pública pode declarar a nulidade dos seus próprios atos".

> Súmula 473: "A Administração Pública pode anular os seus próprios atos, quando eivados de vícios que os tornem ilegais, porque deles não se

originam direitos; ou revogá-los, por motivo de conveniência ou oportunidade, respeitados os direitos adquiridos, e ressalvada, em todos os casos, a apreciação judicial".

Saliente-se, por fim, que o exercício dessas prerrogativas deve respeitar sempre o devido processo legal (CF, art. 5.º, LV).

2.3 QUESTÕES

1. **(OAB/SP 134.º) A Lei Complementar n.º 1.025, de 7 de dezembro de 2007, do estado de São Paulo, ao criar a Agência Reguladora de Saneamento e Energia do Estado de São Paulo (ARSESP), dispôs que essa agência, no desempenho de suas atividades, deveria obedecer, entre outras, às diretrizes de "adequação entre meios e fins, vedada a imposição de obrigações, restrições e sanções em medida superior àquelas estritamente necessárias ao atendimento do interesse público" (art. 2.º, III) e de "indicação dos pressupostos de fato e de direito que determinem as suas decisões" (art. 2.º, V). Tais diretrizes dizem respeito aos seguintes princípios:**

   a) eficiência e devido processo legal.
   b) razoabilidade e objetividade.
   c) proporcionalidade e motivação.
   d) legalidade e formalidade.

2. **(OAB/SP 136.º) Assinale a opção correta com relação aos princípios que regem a administração pública.**

   a) Não ofende o princípio da moralidade administrativa a nomeação de servidora pública do Poder Executivo para cargo em comissão em tribunal de justiça no qual o vice-presidente seja parente da nomeada.
   b) A administração pública pode, sob a invocação do princípio da isonomia, estender benefício ilegalmente concedido a um grupo de servidores a outro grupo que esteja em situação idêntica.
   c) Ato administrativo não pode restringir, em razão da idade do candidato, inscrição em concurso para cargo público.
   d) O Poder Judiciário pode dispensar a realização de exame psicotécnico em concurso para investidura em cargo público, por ofensa ao princípio da razoabilidade, ainda quando tal exigência esteja prevista em lei.

3. **(OAB/Nacional 2007_3) O diretor-geral de determinado órgão público federal exarou despacho concessivo de aposentadoria a um servidor em cuja contagem do tempo de serviço fora utilizada certidão de tempo de contribuição do INSS, falsificada pelo próprio beneficiário. Descoberta a fraude alguns meses mais tarde, a referida autoridade tornou sem efeito o ato de aposentadoria.**

   Na situação hipotética considerada, o princípio administrativo aplicável ao ato que tornou sem efeito o ato de aposentadoria praticado é o da

   a) autotutela.
   b) indisponibilidade dos bens públicos.

c) segurança jurídica.
d) razoabilidade das decisões administrativas.

GABARITO: As respostas destes testes encontram-se no final do livro.

Obs.: Mais questões sobre este capítulo estão disponíveis para *download* gratuito no *site* www.editorametodo.com.br.

3 PODERES DA ADMINISTRAÇÃO PÚBLICA

3.1 INTRODUÇÃO

Por estar essencialmente voltada à realização dos interesses da coletividade, conforme assinala Diógenes Gasparini, a administração pública submete-se a um regime peculiar de atuação que lhe atribui ônus, restrições e sujeições, ao lado de poderes que lhe permitem, adequadamente, cumprir suas finalidades. O poder administrativo, dessa forma, é atribuído à autoridade pública para assegurar a supremacia do interesse público sobre o particular que, eventualmente, pretende contrapô-lo. Nessas condições, o poder de agir se converte em dever de agir (ob. cit., p. 56).

Os poderes administrativos decorrem da atribuição de competências. Estas, por sua vez, decorrem da lei (arts. 61, § 1.º, II, e 84, VI, da CF). Dessa forma, podemos concluir que os poderes administrativos decorrem sempre da lei e não meramente dos princípios norteadores da atividade administrativa em geral.

É importante ressaltar que o uso desses poderes não é ilimitado ou incondicionado. Seu uso, para ser legal, tem que ser normal (abrangendo também a moralidade administrativa). Assim, diante da anormalidade, teremos a configuração do *abuso de poder*, que é gênero, do qual o *excesso de poder* (que se caracteriza na hipótese em que o agente exorbita sua competência para a prática do ato) e o *desvio de finalidade* (caracterizado quando o agente praticar o ato com finalidade diversa da estatuída pela lei) são espécies.

Segundo a maioria dos doutrinadores, o "poder" conferido à administração pública é um "poder-dever", uma vez que a administração pública não pode deixar de exercê-lo, dada a existência de um interesse coletivo a proteger.

São poderes da administração pública:

1) o poder vinculado e o discricionário;
2) o poder normativo (ou regulamentar);
3) o poder disciplinar;
4) o poder hierárquico;
5) o poder de polícia.

3.2 PODERES VINCULADOS E DISCRICIONÁRIOS

Os poderes vinculados e discricionários não são poderes autônomos; são, na realidade, atributos de outros poderes da administração pública.

O poder discricionário "É a prerrogativa legal conferida à administração pública, de modo explícito ou implícito, para a prática de atos administrativos com liberdade na escolha de sua conveniência, oportunidade e conteúdo" (Hely Lopes Meirelles, ob. cit., p. 110). A discricionariedade, portanto, é a "liberdade" de ação administrativa dentro dos limites estabelecidos pela lei e, portanto, não se confunde com arbitrariedade.

A doutrina de Antonio Cecilio Moreira Pires (ob. cit., p. 49) identifica duas possibilidades que configuram a discricionariedade:

1) a norma traz em seu bojo conceitos vagos, imprecisos (como, por exemplo, "interesse público" e "notória especialização"); e
2) a norma permite à administração uma alternativa de conduta. Como se vê, o ato discricionário sempre se desenvolve dentro de uma margem de liberdade conferida pela lei, ao contrário do ato arbitrário, que extrapola os limites desta, sendo, portanto, ilegal.

O poder vinculado é aquele que decorre da lei, trazendo consigo a ideia de restrição. Quando a administração executa determinado ato vinculado, ela deve observar, rigidamente, o que determina a lei, não cabendo, nesse caso, nenhum tipo de liberdade ao administrado para a avaliação da conveniência e a oportunidade do ato. Assim, pode-se dizer, resumidamente, que o poder discricionário concede ao administrado uma pequena liberdade na execução de determinado ato, sempre levando em conta determinados critérios; já o poder vinculado está totalmente restrito à lei, e não comporta nenhum tipo de análise por parte do administrado, a quem cabe apenas o dever de executar o ato de acordo com o determinado em lei.

3.3 PODER NORMATIVO OU REGULAMENTAR

O poder normativo ou regulamentar pode ser definido como "a atribuição privativa do chefe do Poder Executivo para expedir atos normativos, chamados regulamentos, compatíveis com a lei e visando desenvolvê-la" (Diógenes Gasparini, ob. cit., p. 110).

Essa espécie de poder é privativa do chefe do Executivo e se exterioriza por meio de decreto. Somente pode ser exercitado quando a lei conferir certa margem de discricionariedade para a administração pública decidir sobre a melhor forma de executar o comando decorrente da lei ("regulamentos de execução"). Se o legislador esgotou a matéria, não há necessidade de regulamento sendo, portanto, ato subordinado à lei. Assim, e diante da sistemática adotada pela Constituição, não se deve admitir os chamados "decretos regulamentares autônomos" (corrente defendida por Hely Lopes Meirelles), nos quais o Poder Executivo disciplina matérias de sua competência exclusiva (se não há lei para tal, cabe ao Poder Legislativo elaborá-la, e não ao Poder Executivo). Entretanto, alguns doutrinadores consideram que o art. 84, VI, da CF autoriza a edição dos regulamentos autônomos, sem prévia lei em sentido estrito e nos casos que especifica.

Em qualquer caso, os decretos não podem: a) contrariar a lei; b) criar direitos; c) impor obrigações, proibições ou penalidades que não estejam previstas em lei, sob pena de ofensa ao princípio da legalidade (arts. 5.º, II, e 37, *caput*, da CF).

É importante destacar que na hipótese em que o Presidente exorbite o poder regulamentar, o Congresso Nacional, nos termos do art. 49, V, da CF, poderá sustar o decreto. A jurisprudência do STF admite, ainda, a sua sujeição ao controle concentrado de constitucionalidade (art. 102, I, *a*, da CF).

Em relação à omissão do Poder Executivo em editar regulamentos, a CF/1988 prevê os seguintes remédios constitucionais para supri-la: mandado de injunção (art. 5.º, LXXI – quando a falta de regulamentação impede o exercício de direitos e liberdades constitucionais, prerrogativas afetas à nacionalidade, soberania e cidadania) e ação de inconstitucionalidade por omissão (art. 103, § 2.º, da CF – omissão de medida para tornar efetiva norma constitucional).

3.4 PODER DISCIPLINAR

O poder disciplinar "É a faculdade de punir internamente as infrações funcionais dos servidores e demais pessoas sujeitas à disciplina dos órgãos e serviços da Administração" (Hely Lopes Meirelles, ob. cit., p. 116).

Trata-se de um poder obrigatório e dotado de uma certa discricionariedade. Ele não abrange, contudo, os particulares, os quais estão sujeitos ao poder de polícia. A discricionariedade existe, limitadamente, nos procedimentos previstos para a apuração da falta, uma vez que os estatutos funcionais não estabelecem regras rígidas como as da esfera penal.

Vale lembrar que a administração pública não tem liberdade de escolha quanto a punir ou deixar de punir. Ao ter conhecimento de algum indício de infração praticada por agente público, a administração pública tem, obrigatoriamente, dever de instaurar o procedimento adequado para apurar esse ato do agente público. A omissão nesta seara pode caracterizar o crime de condescendência criminosa, previsto no art. 320 do Código Penal.

Segundo o art. 5.º, LV, da CF, nenhuma penalidade poderá ser aplicada sem prévia apuração, por meio de procedimento legal, em que sejam assegurados o contraditório e a ampla defesa, com os meios e recursos a eles inerentes (princípio do devido processo legal).

3.5 PODER HIERÁRQUICO

O poder hierárquico "É o poder que dispõe o Executivo para distribuir e escalonar as funções de seus órgãos, bem como ordenar e rever a atuação de seus agentes, estabelecendo a relação de subordinação entre os servidores do seu quadro pessoal" (cf. Hely Lopes Meirelles, ob. cit., p. 113).

O poder hierárquico, conforme assinala Diógenes Gasparini, "não existe no Judiciário e no Legislativo, enquanto Poderes Judiciário e Legislativo. Existe, no entanto, nas estruturas administrativas que há no interior dos órgãos que lhes dão sustentação (secretarias, diretorias). Esses órgãos podem e devem ser estruturados segundo o princípio da hierarquia" (ob. cit., p. 40).

Dessa hierarquia da administração pública decorrem diversas faculdades, conforme a doutrina de Maria Sylvia Zanella Di Pietro (ob. cit., p. 92):

• *editar* atos normativos (resoluções, portarias, instruções), com o objetivo de ordenar a atuação dos órgãos subordinados;
• *dar ordens* aos subordinados, que implica no dever de obediência para estes últimos, salvo para ordens manifestamente ilegais;
• *controlar* (ou fiscalizar) a atividade dos órgãos inferiores, para verificar a legalidade de seus atos e o cumprimento de suas obrigações;
• *aplicar* sanções em caso de infrações disciplinares;
• *avocar* atribuições, desde que estas não sejam da competência exclusiva do órgão subordinado;
• *delegar* atribuições que não lhes sejam privativas.

A relação hierárquica é o vínculo que coordena e subordina uns aos outros os órgãos da Administração Pública, graduando a autoridade de cada um.

Nos Poderes Legislativo e Judiciário não existe hierarquia no sentido de relação de coordenação e subordinação, no que diz respeito às suas funções institucionais. No judiciário, há uma distribuição de competências entre as instâncias, mas uma funcionando com independência em relação à outra (o juiz da instância superior não pode substituir-se ao da instância inferior, nem dar ordens ou revogar e anular os atos por este praticados). No Legislativo, a distribuição de competências entre Câmara e Senado se faz com plena independência funcional.

3.6 PODER DE POLÍCIA

3.6.1 Definição

O poder de polícia, sem dúvida um dos temas com maior índice de indagações em provas e concursos, é o mecanismo de controle de que dispõe a administração pública para limitar direitos e liberdades individuais, tendo em vista o interesse social. Diógenes Gasparini o conceitua como sendo a "atribuição de que dispõe a administração pública para condicionar o uso, o gozo e a disposição da propriedade e o exercício da liberdade dos administrados no interesse público ou social" (ob. cit., p. 115). O aludido autor ressalta que as restrições decorrentes do exercício do poder de polícia incidem sobre a liberdade e a propriedade, não sobre os respectivos direitos.

O fundamento do poder de polícia é a *supremacia geral* que o Estado exerce em seu território sobre todas as pessoas, bens e atividades.

O Código Tributário Nacional, em seu art. 78, define o poder de polícia como:

> "Considera-se poder de polícia a atividade da administração pública que, limitando ou disciplinando direito, interesse ou liberdade, regula a prática de ato ou abstenção de fato, em razão de interesse público concernente à segurança, à higiene, à ordem, aos costumes, à disciplina da produção e do mercado, ao exercício de atividades econômicas dependentes de concessão ou autorização do Poder Público, à tranqüilidade pública ou ao respeito à propriedade e aos direitos individuais ou coletivos".

3.6.2 Polícia administrativa e judiciária

Existem dois tipos de polícia: a polícia administrativa e a polícia judiciária.

A *polícia administrativa* cuida da adequação dos interesses individuais com o coletivo, podendo agir preventivamente (proibição de porte de arma) ou de forma repressiva (apreensão de arma), sendo concretizada por intermédio de atos de administração. Atua por meio de órgão e manifesta-se por meio de atos normativos tanto de alcance geral (ex.: portarias, regulamentos, normas administrativas) como de efeitos concretos e específicos (ex.: fechamento de estabelecimento comercial irregular, guinchamento de veículos etc.).

A polícia judiciária não trata da prevenção e da repressão das infrações, mas, sim, exclusivamente, da repressão, pois é privativa de corporações especializadas, tais como a polícia civil e a polícia federal.

A atividade desempenhada pela polícia militar, em algumas searas, também podem ser qualificada como polícia judiciária (por exemplo, elaboração de Termos Circunstanciados de Ocorrências em acidentes em rodovias, em matéria de crimes ambientais).

A principal diferença que se costuma apontar entre as duas está no caráter preventivo da polícia administrativa, que se predispõe unicamente a impedir ou paralisar atividades antissociais, e no repressivo da polícia judiciária, que se preordena à responsabilização dos violadores da ordem jurídica. Assim, a primeira terá por objetivo impedir as ações antissociais, e a segunda, punir os infratores da lei penal.

Veja o seguinte quadro:

	Finalidade	Atuação	Incidência	Regência
Polícia administrativa	Predispõe-se unicamente a impedir ou paralisar atividades antissociais	Atua por meio de órgãos da Administração (incluindo a Polícia Militar)	Sobre bens e direitos	Normas administrativas
Polícia judiciária	Preordena-se à responsabilização dos violadores da ordem jurídica	Atua por meio da polícia de segurança (Polícia Civil e Polícia Militar)	Sobre pessoas	Direito processual penal

3.6.3 Atributos do poder de polícia

São atributos do poder de polícia ou características da administração pública:

– Discricionariedade (em regra)
– Autoexecutoriedade
– Coercibilidade

Em relação à discricionariedade do poder de polícia, Maria Sylvia Zanella Di Pietro esclarece que "Em grande parte dos casos concretos, a administração pública terá que decidir qual o melhor momento de agir, qual o meio de ação mais adequado, qual a sanção cabível diante das previstas na norma legal" (ob. cit., p. 113).

Porém, em outros casos, a lei já estabelece que, diante de determinadas situações, a administração pública terá que adotar uma solução previamente estabelecida, sem qualquer possibilidade de opção; são hipóteses em que o exercício do poder de polícia será *vinculado* (ex.: a licença – uma vez preenchidos os requisitos previstos em lei, a Administração está obrigada a concedê-la).

No tocante à autoexecutoriedade, "É a faculdade de a administração decidir e executar diretamente sua decisão por seus próprios meios, sem intervenção do Judiciário" (Hely Lopes Meirelles, ob. cit., p. 128). Conforme ensina Maria Sylvia Zanella Di Pietro: "A autoexecutoriedade não existe em todas as medidas de polícia. Para que a Administração possa se utilizar dessa faculdade, é necessário que a lei autorize expressamente, ou que se trate de medida urgente, sem a qual poderá ser ocasionado prejuízo maior para o interesse público. No primeiro caso, a medida deve ser adotada em consonância com o procedimento legal, assegurando-se ao interessado o direito de defesa, agora previsto expressamente no art. 5.º, LV, da Constituição. No segundo caso, a própria urgência da medida dispensa observância de procedimento especial, o que não autoriza a Administração a agir arbitrariamente ou a exceder-se no emprego da força, sob pena de responder civilmente o Estado pelos danos causados (cf. art. 37, § 6.º, da Constituição), sem prejuízo da responsabilidade criminal, civil e administrativa dos servidores envolvidos" (ob. cit., p. 114).

A coercibilidade significa a possibilidade de a administração pública impor a decisão administrativa proferida, independentemente da manifestação de vontade por parte do particular, autorizando ainda o emprego de força para o seu cumprimento. O uso da força física pela administração, nas situações necessárias, é justificado por meio desse atributo, tornando-o, assim, indissociável da autoexecutoriedade.

3.6.4 Meios de atuação

As quatro pessoas políticas de direito público interno – União, Estados, Distrito Federal e Municípios – desempenham atividades de polícia administrativa, em sentido amplo, por intermédio de *atos normativos*, os quais criam as limitações administrativas ao exercício dos direitos e das atividades individuais, disciplinando a aplicação da lei em casos concretos, baixando decretos, portarias, instruções, dentre outros mecanismos de normatização, ou em sentido estrito, por meio de *atos administrativos*, ligados a casos concretos, compreendendo medidas preventivas com o objetivo de adequar o comportamento individual à lei.

3.6.5 Limitações do poder de polícia

O poder de polícia apresenta algumas limitações, em virtude de os direitos fundamentais do indivíduo estarem garantidos pela Constituição Federal. Diógenes Gasparini ressalta que "É na conciliação da necessidade de limitar ou restringir o desfrute da liberdade individual e da propriedade particular com os direitos fundamentais, reconhecidos a favor dos administrados, que se encontram os limites dessa atribuição. Assim, mesmo que a pretexto do exercício do poder de polícia, não se pode aniquilar os mencionados direitos. Qualquer abuso é passível de controle judicial" (ob. cit., p. 119).

Como todo ato administrativo, o poder de polícia sofre também algumas restrições impostas pela lei, quanto à competência, forma, finalidade, motivos e ao objeto. Em relação a esses dois últimos, mesmo que disponham de certa dose de discricionariedade, essa deve ser sempre exercida nos limites traçados pela lei.

Quanto aos fins, o poder de polícia só deve ser exercido para atender ao interesse público. O não atendimento ao interesse público resultará em desvio de poder por parte da autoridade.

Alguns autores, como Maria Sylvia Zanella Di Pietro (ob cit., p. 116), mencionam regras a serem observadas pela polícia administrativa para não eliminar os direitos individuais. Dentre elas:

– necessidade	- significa que a medida de polícia só deve ser usada para evitar ameaça real ou provável perturbação ao interesse público.
– proporcionalidade	- determina a adequação entre o direito individual e o prejuízo a ser evitado.
– eficácia	- significa que a medida tomada deve ser adequada para impedir o dano ao interesse público.

Por isso, os meios de coação só devem ser usados quando não houver outra forma eficaz para alcançar o mesmo objetivo, cabendo ao Poder Judiciário apreciar a realidade, a razoabilidade e a legitimidade dos motivos em que o ato discricionário da administração foi expedido, estando o exercício do poder de polícia sujeito à censura judiciária.

3.7 QUESTÕES

1. **(OAB 2011.1 – FGV) A qualificação como Organizações da Sociedade Civil de Interesse Público (OSCIPs) de pessoas jurídicas de direito privado, sem fins lucrativos, cujos objetivos sociais e normas estatutárias atendam aos requisitos previstos na respectiva lei é ato**

   a) complexo, uma vez que somente se aperfeiçoa com a instituição do Termo de Parceria.
   b) composto, subordinando-se à homologação da Chefia do Poder Executivo.
   c) discricionário, uma vez que depende de avaliação administrativa quanto à sua conveniência e oportunidade.
   d) vinculado ao cumprimento dos requisitos estabelecidos em lei.

2. **(OAB 2010.2 – FVG) A doutrina costuma afirmar que certas prerrogativas postas à Administração encerram verdadeiros poderes, que são irrenunciáveis e devem ser exercidos sempre que o interesse público clamar. Por tal razão são chamados poder-dever. A esse respeito é correto afirmar que:**

   a) o poder regulamentar é amplo, e permite, sem controvérsias, a edição de regulamentos autônomos e executórios.
   b) o poder disciplinar importa à administração o dever de apurar infrações e aplicar penalidades, mesmo não havendo legislação prévia.
   c) o poder de polícia se coloca discricionário, conferindo ao administrador ilimitada margem de opções quanto à sanção a ser, eventualmente, aplicada.
   d) o poder hierárquico é inerente à ideia de verticalização administrativa, e revela as possibilidades de controlar atividades, delegar competência, avocar competências delegáveis e invalidar atos, dentre outros.

3. **(OAB 2010.2 – FVG) O poder de polícia, conferindo a possibilidade de o Estado limitar o exercício da liberdade ou das faculdades de proprietário, em prol do interesse público**

   a) gera a possibilidade de cobrança, como contrapartida, de preço público.
   b) se instrumentaliza sempre por meio de alvará de autorização.

c) afasta a razoabilidade, para atingir os seus objetivos maiores, em prol da predominância do interesse público.

d) deve ser exercido nos limites da lei, gerando a possibilidade de cobrança de taxa.

4. (OAB 2010.2 – FVG) No âmbito do Poder discricionário da Administração Pública, não se admite que o agente público administrativo exerça o Poder discricionário

a) quando estiver diante de conceitos legais e jurídicos parcialmente indeterminados, que se tornam determinados à luz do caso concreto e à luz das circunstâncias de fato.

b) quando estiver diante de conceitos legais e jurídicos técnico-científicos, sendo, neste caso, limitado às escolhas técnicas, por óbvio possíveis.

c) quando estiver diante de conceitos valorativos estabelecidos pela lei, que dependem de concretização pelas escolhas do agente, considerados o momento histórico e social.

d) em situações em que a redação da Lei se encontra insatisfatória ou ultrapassada.

5. (VII Exame de Ordem Unificado – FGV) É correto afirmar que o poder de polícia, conferindo a possibilidade de o Estado limitar o exercício da liberdade ou das faculdades de proprietário, em prol do interesse público,

a) gera a possibilidade de cobrança de preço público.

b) se instrumentaliza sempre, e apenas, por meio de alvará de autorização.

c) para atingir os seus objetivos maiores, afasta a razoabilidade, em prol da predominância do interesse público.

d) deve ser exercido nos limites da lei, gerando a possibilidade de cobrança de taxa.

GABARITO: As respostas destes testes encontram-se no final do livro.

Obs.: Mais questões sobre este capítulo estão disponíveis para *download* gratuito no *site* www.editorametodo.com.br.

4 ATOS ADMINISTRATIVOS

4.1 CONSIDERAÇÕES GERAIS

O ato administrativo "é toda manifestação de vontade da administração pública que, no exercício de sua função administrativa, agindo concretamente, tem por fim imediato adquirir, resguardar, transferir, modificar ou extinguir direitos, com vistas à realização de sua finalidade pública e sujeita ao controle jurisdicional" (cf. Antonio Cecílio Moreira Pires, ob. cit., p. 44).

Classificam-se em: típicos ou atípicos; unilaterais ou bilaterais; vinculados ou discricionários. O *ato unilateral* está presente tão somente a vontade da administração pública. O *ato bilateral* (contrato administrativo) envolve a vontade da administração pública e de um particular (ou órgão administrativo).

4.2 ATRIBUTOS DO ATO ADMINISTRATIVO

Os atos administrativos gozam dos seguintes atributos:

– presunção de legitimidade	Pelo fato de a Administração Pública estar subordinada ao princípio da legalidade, que exige a conformação de seus atos com a lei, todos os atos que praticam são presumidos como legítimos e verdadeiros. Entretanto, esta presunção é relativa (ou *juris tantum*).
– imperatividade	Segundo esse atributo, a administração pode impor seus atos diretamente a terceiros, desde que legais, e independentemente do seu consentimento, criando, portanto, obrigações para os administrados.
– exigibilidade	Consiste na possibilidade de a Administração impor seus atos a terceiros utilizando-se de meios indiretos de coerção (ex.: multas).
– auto-executoriedade	Em decorrência desse atributo, o ato administrativo pode ser executado pela Administração Pública sem que haja necessidade de provocação do Judiciário para fazer cumprir as determinações e execuções de seus atos.

No que se refere à autoexecutoriedade, cabe alertar que o seu reconhecimento tornou-se mais restrito a partir da promulgação da CF de 1988, que, em seu art. 5.º, LV, assegura o contraditório e a ampla defesa inclusive nos processos administrativos. Porém, quando o interesse público estiver em situação de perigo iminente, a autoexecutoriedade deve ser reconhecida. Esse é o entendimento firmado pelo E. Tribunal de Justiça de São Paulo, 8.ª C., Ap. 179.373-1/7, j. 24.11.1992, rel. Des. Antonio Marson, no qual restou assentado que: "o contraditório e a ampla defesa, garantias constitucionais proclamadas no dispositivo da Lei Maior (art. 5.º, LV), devem ser observados, não há dúvida, como regra geral, mas não absoluta, sob pena de ficar desamparado em muitos casos o interesse público, quando então se impõe a prevalência da autoexecutoriedade de que gozam os atos administrativos, relegando-se para fase posterior o direito de defesa".

4.3 ELEMENTOS DO ATO ADMINISTRATIVO

Os atos administrativos, no que tange à sua elaboração, exigem o cumprimento dos seguintes requisitos ou elementos:

– competência (ou *sujeito*);
– objeto;
– forma;
– finalidade;
– motivo.

A ***competência*** diz respeito ao poder atribuído ao agente para a prática de determinados atos. Diferentemente do conceito de sujeito dado pelo Direito Civil, o sujeito, como elemento do ato administrativo, precisa ter não só capacidade civil, mas também competência. Ex.: o varredor de rua ("gari"), mesmo tendo ingressado na Administração Pública mediante regular concurso público (art. 37, II, da CF), não pode lacrar estabelecimento que vende alimentos deteriorados.

Assim, somente o ente com personalidade jurídica é titular de direitos e obrigações, ou seja, somente as pessoas políticas de direito público (União, Estados, Municípios e Distrito Federal) têm capacidade para a distribuição de funções. Contudo, as funções que competem a esses entes são distribuídas entre os órgãos administrativos, tais como ministérios e secretarias, e também entre os agentes públicos.

A competência é sempre decorrente da lei; é inderrogável e pode ser delegada ou avocada.

O ***objeto***, também chamado de conteúdo, diz respeito ao efeito jurídico imediato pretendido pelo ato. Assim, como no direito privado, o objeto deve ser lícito, possível, certo (definido quanto ao destinatário, aos efeitos, ao tempo e ao lugar) e moral.

Quanto à ***forma***, pode-se dizer que ela é mais importante no direito administrativo do que no privado, já que a obediência à forma e ao procedimento constitui garantia jurídica para o administrado e para a própria administração pública. Por meio do respeito à forma é que se possibilita o controle da administração pública. Contudo, isso não quer dizer que a administração esteja sujeita a formas rígidas; o que se exige, via de regra, é que a forma escrita seja respeitada, para que, assim, tudo fique documentado e passível de verificação a todo o momento.

A ***finalidade*** "é o bem jurídico objetivado com o ato. Vale dizer, é o resultado previsto legalmente como o correspondente à tipologia do ato administrativo, consistindo no alcance dos objetivos por ele comportados"(cf. Celso Antônio Bandeira de Mello, ob. cit., p. 347). Pode-se dizer que a finalidade é o efeito mediato do ato jurídico. Maria Sylvia Zanella Di Pietro ensina que "A finalidade distingue-se do motivo, porque este antecede a prática do ato, correspondendo aos fatos, às circunstâncias que levam a administração pública a praticar o ato; aquela sucede à prática do ato, porque corresponde a algo que a administração quer alcançar com a sua edição" (ob. cit., p. 202). Entretanto, ambos contribuem para a formação da vontade da administração.

As expressões "motivo" e "motivação" do ato administrativo não se confundem.

O ***motivo*** é o pressuposto de fato e de direito que enseja a edição do ato administrativo. O pressuposto de fato é o conjunto de circunstâncias que levaram a administração pública a praticar o ato, e o de direito é o dispositivo legal em que se baseia o ato. Vale lembrar que uma vez consignados expressamente os motivos do ato, estes ficarão vinculados, atuando como elementos vinculantes da Administração (*teoria dos motivos determinantes*).

A *motivação* é a exposição dos motivos, ou melhor, é a demonstração escrita que os pressupostos de fato realmente existiram. A motivação é necessária seja para os atos vinculados, seja para os discricionários, pois constitui garantia de legalidade.

Por fim, vale observar que a *competência*, a *forma* e a *finalidade* são elementos sempre vinculados e, por não ficarem sujeitas à discricionariedade do agente administrativo, são suscetíveis de apreciação do Poder Judiciário. Os *motivos* serão apreciados quando estiverem vinculados à expedição do ato (teoria dos motivos determinantes) e na hipótese de inobservância dos critérios da razoabilidade e proporcionalidade dos atos administrativos.

4.4 ATO ADMINISTRATIVO E SUA MANIFESTAÇÃO NOS TRÊS PODERES

Tanto o Poder Executivo quanto o Legislativo, bem como o Judiciário, praticam atos administrativos. O ato administrativo não se vincula somente à administração pública, mas também aos outros poderes, quando exercem função administrativa.

4.5 INVALIDAÇÃO DO ATO ADMINISTRATIVO

Anulação ou invalidação do ato administrativo é o desfazimento do ato por razões de ilegalidade.

São *inválidos* os atos administrativos que desatendam aos pressupostos legais e regulamentares de sua edição ou aos princípios da administração.

Os atos administrativos podem ser invalidados pela própria administração pública, independentemente de provocação do interessado, com base no seu *poder de autotutela* ou pelo Poder Judiciário, mediante provocação.

Tem-se como regra que a administração pública tem o dever de invalidar o ato ilegal em obediência ao princípio da legalidade, não se tratando, assim, de conduta discricionária, mas vinculada.

O ato de invalidação tem efeitos ***ex tunc*** (eficácia retroativa). Quando o ato administrativo é invalidado, desconstituem-se os efeitos do ato ilegal.

Existem situações, entretanto, que a invalidação de um ato administrativo, sem a consideração dos direitos surgidos para os administrados em virtude da sua edição, pode causar sérios prejuízos materiais para a administração e para os administrados, violando gravemente o princípio da segurança jurídica.

Esse princípio, segundo J. J. Canotilho, é uma das vigas mestras da ordem jurídica e, ainda, é um subprincípio do Estado Democrático de Direito. Assim, para os atos praticados com vícios sanáveis a Lei 9.784/1999, no seu art. 55, previu o que a doutrina costuma chamar de ***convalidação*** ou ***sanatória*** do ato administrativo, assim redigido: "Em decisão na qual se evidencie não acarretarem lesão ao interesse público nem prejuízo a terceiros, os atos que apresentarem defeitos sanáveis poderão ser convalidados pela própria Administração".

Em suma, quando o administrador estiver diante de um ato inválido (ou nulo) duas situações podem surgir:

1.ª) a decretação da nulidade **fere** o princípio da segurança jurídica, caso em que o ato deve ser mantido por meio da convalidação ou sanatória; e

2.ª) a decretação **não fere** o aludido princípio, caso em que o ato deve ser expurgado do mundo jurídico em razão da sua ilegalidade (ou ilegitimidade).

A doutrina e a jurisprudência entendem que o prazo para anulação do ato administrativo é de cinco anos, por interpretação analógica do art. 1.º do Decreto 20.910/1932 e do art. 21 da Lei 4.717/1965.

4.6 CLASSIFICAÇÃO DOS ATOS ADMINISTRATIVOS

Os atos administrativos são classificados:

1) **Quanto às prerrogativas**, os atos administrativos podem ser de império ou de gestão.

Os *atos de império* são os "praticados pela administração com todas as prerrogativas e privilégios de autoridade e impostos unilateral e coercitivamente ao particular independentemente de autorização judicial, sendo regidos por um direito especial exorbitante do direito comum, porque os particulares não podem praticar os atos semelhantes, a não ser por delegação do poder público" (cf. Maria Sylvia Zanella Di Pietro, ob. cit., p. 213). São regidos pelo direito público.

Os *atos de gestão* "são os que a administração pratica sem o uso de poderes comandantes" (cf. Celso Antônio Bandeira de Mello, ob. cit., p. 367). Nesses atos, a administração atua sem os privilégios decorrentes da sua condição, sujeitando-se, como os particulares, às regras do direito privado. É o que ocorre, por exemplo, na administração de bens e serviços, onde não há qualquer reflexo sobre a esfera dos administrados, e também nos atos puramente negociais, onde convergem os interesses da administração e do particular. São, portanto, regidos pelo direito privado.

2) **Quanto à função da vontade**, classificam-se em atos administrativos propriamente ditos e puros (ou meros atos administrativos).

Os *atos administrativos propriamente ditos*, ou atos negociais, são aqueles que, de acordo com a doutrina de Hely Lopes Meirelles, contêm uma declaração de vontade do Poder Público coincidente com a pretensão do particular, visando à concretização de negócios jurídicos públicos ou à atribuição de certos direitos ou vantagens ao interessado (ob. cit., p. 176). Tais atos são unilateriais e não adentram a esfera contratual.

São, por exemplo, os atos da administração pública que têm por finalidade o tombamento de certo imóvel, a demissão de um determinado funcionário. Nesse tipo de ato administrativo encontram-se os atos que são dotados de imperatividade e os que não possuem esse atributo. Os primeiros impõem-se ao particular, independentemente de seu consentimento, enquanto os segundos provêm do resultado do consentimento de ambas as partes, ou seja, administrado e Administração Pública.

O *mero ato administrativo* é aquele praticado pela administração pública quando esta emite um parecer, expede uma certidão ou declara seu desejo, por meio de um voto em um órgão colegiado. Por não produzirem efeitos jurídicos imediatos, estão excluídos do conceito de ato administrativo, sendo considerados, portanto, atos da administração.

3) **Quanto à formação da vontade**, os atos administrativos podem ser simples, complexos e compostos.

Simples são aqueles "que decorrem da manifestação da vontade de um só órgão, seja ele singular ou colegiado" (cf. Maria Sylvia Zanella Di Pietro, ob. cit., p. 215). Exs.: o simples despacho de um chefe de seção, a decisão de um conselho de contribuintes etc.

Complexos "são os atos resultantes da conjugação de vontades de órgãos diversos" (Diógenes Gasparini, ob. cit., p. 82). Exs.: portarias intersecretariais e intermunicipais; a nomeação, procedida por autoridade de um órgão, que deve recair sobre pessoa cujo nome consta de lista tríplice elaborada por outro órgão.

Compostos são aqueles que resultam da manifestação também de dois ou mais órgãos, onde a manifestação de vontade de um único órgão deverá ser verificada por um segundo órgão. "Enquanto no ato complexo fundem-se as vontades para praticar um só ato, no composto, praticam-se dois atos, um principal e outro acessório" (cf. Maria Sylvia Zanella Di Pietro, ob. cit., p. 215). São atos compostos, em regra, os que dependem de autorização, aprovação, proposta, parecer, laudo técnico etc.

4) **Quanto aos destinatários**, os atos podem ser gerais ou individuais.

Gerais são aqueles que atingem todas as pessoas que se encontram na mesma situação. São, por exemplo, os regulamentos.

Individuais são aqueles que produzem efeitos jurídicos no caso concreto, ou seja, destinando-se a determinados sujeitos. Por exemplo, a licença para edificar.

5) **Quanto à exequibilidade**, o ato pode ser perfeito, imperfeito, pendente e consumado.

Perfeito "é o ato que está em condições de produzir efeitos jurídicos, porque já completou todo o seu ciclo de formação" (cf. Maria Sylvia Zanella Di Pietro, ob. cit., p. 217).

Imperfeito "é o que não está apto a produzir efeitos jurídicos, porque não completou seu ciclo de formação" (cf. Maria Sylvia Zanella Di Pietro, ob. cit., p. 217).

Pendente é o que depende de uma condição ou termo para a produção de seus efeitos.

Consumado é aquele que já exauriu seus efeitos e assim já se tornou definitivo, não podendo mais ser impugnado.

6) **Quanto aos efeitos**, os atos podem ser constitutivos, declaratórios e enunciativos.

Constitutivos "são aqueles que fazem nascer uma situação jurídica, seja produzindo-a originariamente, seja extinguindo ou modificando situação anteior" (cf. Celso Antônio Bandeira de Mello, ob. cit., p. 365). Por exemplo, a permissão, autorização, dispensa.

Declaratórios "são os que afirmam a existência de uma situação de fato ou de direito" (Diógenes Gasparini, ob. cit., p. 82). Por exemplo, admissão, licença, homologação, isenção, anulação.

Enunciativo "é aquele por meio do qual a administração pública apenas atesta ou reconhece determinada situação de fato ou de direito" (cf. Maria Sylvia Zanella Di Pietro, ob. cit., p. 218). Por exemplo, certidões, atestados, informações, pareceres.

Das classificações elaboradas pelos doutrinadores, merece destaque a elaborada por Hely Lopes Meirelles que agrupa os atos administrativos em cinco espécies distintas: atos normativos, ordinatórios, negociais, enunciativos e punitivos.

Rapidamente, cabe identificar cada uma destas espécies:

a) *atos normativos*: são "aqueles que contêm um comando geral do Executivo, visando a correta aplicação da lei". Exemplos: decretos, regimentos, regulamentos;

b) *atos ordinatórios*: são "os que visam disciplinar o funcionamento da administração e a conduta funcional de seus agentes". Exemplos: instruções, circulares, avisos, portarias, ordens de serviço, ofícios, despachos;

c) *atos negociais*: são "os que contêm uma declaração de vontade do poder público coincidente com a pretensão do particular, visando à concretização de negócios jurídicos públicos, ou à outorga de certas faculdades ao interessado no ato". Exemplos: licenças, autorizações, permissões, aprovações, vistos, admissões, dispensas e renúncias;

d) *atos enunciativos*: são "todos aqueles em que a administração se limita a certificar ou atestar um fato, ou a emitir uma opinião sobre determinado assunto, sem se vincular ao seu enunciado". Exemplos: certidões, atestados, pareceres administrativos;

e) *atos punitivos*: são "os que contêm uma sanção imposta pela administração àqueles que infringem disposições legais, regulamentares ou ordinatórias dos bens ou serviços públicos". Exemplos: multas, interdições de atividades, destruições de coisas e afastamentos de cargos ou funções.

4.7 VÍCIOS DO ATO ADMINISTRATIVO

Os vícios no direito administrativo, assim como no Direito Civil, podem atingir os cinco elementos do ato: a competência (capacidade), a forma, o objeto, o motivo e a finalidade.

No tocante à ***competência***, os principais vícios são:

a) **excesso de poder** - que se caracteriza quando o agente excede os limites de sua competência. É uma espécie de abuso de poder. Ocorre, por exemplo, quando o agente, em vez de aplicar uma pena prevista a um determinado fato, aplica uma outra mais grave. Nesse caso, ele claramente excedeu sua competência, sendo que sua conduta poderá tipificar o crime de abuso de autoridade;

b) **usurpação de função** - usurpar significa exercer indevidamente uma função, e ocorre quando alguém pratica determinado ato sem estar investido no cargo ou função para tanto. De acordo com o art. 328 do CP, "usurpar o exercício de função pública" é crime;

c) **função "de fato"** - esse tipo de vício ocorre quando o agente que pratica determinado ato está irregularmente investido no cargo ou função, apesar da situação aparentar legalidade. Diferentemente do que ocorre na usurpação de função, no qual o ato é considerado inexistente, o ato praticado pelo agente de fato é válido, pois se presume que o administrado agiu de boa-fé. A função de fato ocorre, por exemplo, quando o agente continua exercendo sua função, após o término do seu prazo de contratação.

Quanto ao ***objeto*** do ato administrativo, este sempre deverá ser lícito, possível, moral e determinado. Assim, será nulo o ato que: a) for proibido por lei; b) for diverso do previsto em lei para um caso determinado; c) for impossível de ser realizado; d) for imoral; e) for incerto quanto aos destinatários.

Quanto à ***forma***, constitui nulidade a inobservância total ou parcial da forma em um determinado ato.

Com relação aos ***motivos***, estes também acarretam o vício do ato quando não presentes ou, ainda, se presentes, forem falsos.

Já com relação à ***finalidade***, o ato estará viciado quando ocorrer desvio de poder ou finalidade, que se dá quando o agente pratica um ato visando a determinado fim diverso do previsto. Nesse sentido, uma desapropriação realizada por um prefeito, somente com o intuito de prejudicar o particular, estará viciada de desvio de finalidade, pois não visa a atender ao interesse público. É unânime entre os doutrinadores o entendimento que o desvio de poder se detecta por meio de indícios.

Da mesma maneira que no Direito Civil, os vícios presentes nos atos administrativos podem gerar nulidade absoluta (ato nulo) ou relativa (ato anulável). Estará caracterizada a *nulidade absoluta* quando o vício não comportar saneamento ou convalidação. E estará presente a *nulidade relativa* quando o ato for passível de ser sanável ou convalidado.

4.8 ESPÉCIES DE ATOS ADMINISTRATIVOS

As espécies de atos administrativos são englobadas em dois grandes grupos: quanto ao conteúdo e quanto à forma.

Quanto ao *conteúdo*, são espécies de atos administrativos: a autorização, a licença, a admissão, a permissão, a aprovação e a homologação, o parecer e o visto.

Quanto à *forma*, são atos administrativos: o decreto, a portaria, a resolução, a circular, o despacho e o alvará.

4.8.1 Espécies de atos administrativos quanto ao conteúdo

4.8.1.1 Autorização

A autorização pode ser conceituada sob três aspectos. Primeiramente, a autorização é o ato unilateral e discricionário da administração pública que faculta ao particular o desempenho de uma atividade ou de determinado ato.

A autorização também pode significar um ato unilateral e discricionário pelo qual o Poder Público faculta ao particular o uso privativo de bem público a título precário (autorização de uso).

Além disso, a autorização pode significar um ato unilateral e discricionário, pelo qual o Poder Público delega ao particular a exploração de serviço público a título precário (autorização de serviço público).

Em todas as hipóteses a autorização será ato **unilateral, discricionário e precário**, ou seja, não confere direito subjetivo ao seu titular e estará sujeita à retirada por motivos de conveniência ou oportunidade.

Como exemplos, podemos citar a autorização para o porte de arma e a autorização para uso especial de bem público.

4.8.1.2 Licença

A licença é um ato administrativo negocial **unilateral, vinculado e definitivo**, pelo qual a administração pública concede ao particular, que preencher certos requisitos, o exercício de uma atividade. Uma vez preenchidos todos os requisitos, seu titular terá direito subjetivo à obtenção da licença. Por exemplo, licença para construir.

4.8.1.3 Permissão

A permissão é "o ato administrativo **unilateral, discricionário e precário**, gratuito ou oneroso, pelo qual a administração pública faculta ao particular a execução de serviço público ou a utilização privativa de bem público" (cf. Maria Sylvia Zanella Di Pietro, ob. cit., p. 221). Por ser discricionário, o ato pode ser revogado a qualquer tempo, não gerando direito adquirido para o permissionário. Como exemplo, temos a permissão de uso de bem público e as permissões de transporte coletivo (esse exemplo é uma rara situação de *permissão condicionada*, onde o ato tem o prazo de sua vigência determinado).

4.8.1.4 Aprovação

A aprovação é o ato negocial e **unilateral** que irá promover o controle do mérito e da legalidade do ato administrativo. Esse controle poderá ser feito pela administração pública antes ou depois da expedição do ato, analisando-se, de forma **discricionária**, os aspectos de conveniência e oportunidade e, de forma vinculada, a legalidade do ato.

4.8.1.5 Homologação

A homologação é o "ato administrativo **unilateral, vinculado** e de controle, realizado *a posteriori*, onde a administração pública reconhece a legalidade do ato ou do procedimento" (cf. Antonio Cecílio Moreira Pires, ob. cit., p. 52), para, a partir de então, conferir-lhe eficácia. Por exemplo, licitação.

4.8.1.6 Parecer

Parecer "é o ato pelo qual os órgãos consultivos da administração emitem uma opinião sobre assuntos técnicos ou jurídicos de sua competência" (cf. Hely Lopes Meirelles, ob. cit., p. 222). Trata-se de ato enunciativo.

4.8.1.7 Admissão

Admissão é o ato administrativo **unilateral e vinculado** pela qual a administração pública reconhece ao administrado que preencha os requisitos predeterminados pela lei o direito à prestação de um determinado serviço público. Por exemplo, matrícula em escola pública.

4.8.1.8 Visto

Visto é o simples ato **unilateral e vinculado**, no qual o chefe de um órgão ou seção controla internamente outro ato da própria administração ou do administrado, aferindo sua legitimidade procedimental para dar-lhe operatividade.

4.8.2 Espécies de atos administrativos quanto à forma

4.8.2.1 Decreto

Decreto é a forma por meio da qual se revestem os atos administrativos normativos, de efeitos individuais ou gerais, de competência privativa do chefe do Poder Executivo. Os decretos podem ser dirigidos a todas as pessoas que se encontrem na mesma posição, como também a uma pessoa ou a um grupo de pessoas determinadas.

4.8.2.2 Resolução ou portaria

Resoluções "são atos normativos expedidos pelas altas autoridades do Executivo (mas não pelo chefe do Executivo, que só deve expedir decretos) ou pelos presidentes de tribunais, órgãos legislativos e colegiados administrativos, para disciplinar matéria de sua competência exclusiva" (cf. Hely Lopes Meirelles, ob. cit., p. 174).

Portarias "são atos administrativos (ordinatórios) internos pelos quais os chefes de órgãos, repartições ou serviços expedem determinações gerais ou especiais a seus subordinados, ou designam servidores para funções e cargos secundários" (idem, p. 176).

A diferença entre a resolução, portaria e decreto é que este somente é emitido pelo chefe do Executivo, enquanto aqueles partem de outras autoridades.

4.8.2.3 *Circular*

A circular é o meio de transmissão de ordens escritas, de caráter uniforme, das autoridades aos seus subordinados.

4.8.2.4 *Despacho*

Despacho é o ato administrativo ordinatório que contém uma decisão proferida pela autoridade administrativa sobre questão de interesse individual ou coletivo que fora levado à sua apreciação.

4.8.2.5 *Alvará*

Alvará é o meio hábil para que a administração pública conceda licença ou autorização para a prática de ato ou exercício de uma determinada atividade, sujeitos ao poder de polícia do Estado. O alvará é a forma, da qual a licença ou a autorização é o conteúdo.

4.9 EXTINÇÃO DO ATO ADMINISTRATIVO

Os atos administrativos extinguem-se, de acordo com a tradicional classificação de Celso Antônio Bandeira de Mello (ob. cit., p. 151), por:

a) cumprimento de seus efeitos;
b) desaparecimento do sujeito ou do objeto;
c) mera retirada, que se divide em:

c.1) **revogação**, a qual ocorre por razões de oportunidade e conveniência. Há um pressuposto indispensável a autorizar a revogação, o qual consiste em fato superveniente à prática do ato que venha a alterar a situação preexistente;

c.2) **invalidação** (ou anulação para alguns doutrinadores), que é o desfazimento do ato por razões de ilegalidade, podendo ser proferida de ofício pela administração pública ou de forma provocada pelo interessado por meio do Poder Judiciário (ação civil pública, ação individual, ação popular, mandado de segurança etc.);

c.3) **cassação**, a qual ocorre pelo descumprimento de condições estabelecidas juridicamente por parte do destinatário;

c.4) **caducidade**, quando uma norma jurídica nova torna inadmissível a situação antes permitida pelo direito e concretizada pelo ato precedente;

c.5) **contraposição**, quando os efeitos do ato posterior são contrários aos efeitos dos atos anteriores.

Sobre a diferença entre a anulação e a revogação, é muito importante conhecer a Súmula 473 do STF: "A administração pode anular seus próprios atos, quando eivados de vícios que os tornam ilegais, porque deles não se originam direitos; ou revogá-los, por motivo de conveniência ou oportunidade, respeitados os direitos adquiridos e ressalvada, em todos os casos, a apreciação judicial".

Veja abaixo o quadro:

ANULAÇÃO do ato administrativo	Retirada do ato em decorrência de sua ilegalidade. Efeitos *ex tunc*.
REVOGAÇÃO do ato administrativo	Retirada do ato em razão de sua inconveniência/inoportunidade. Efeitos *ex nunc*.
CASSAÇÃO do ato administrativo	Retirada do ato em razão de descumprimento de condição pelo beneficiário. Efeitos *ex nunc*.

4.10 QUESTÕES

1. **(OAB Nacional 2010 – I) Assinale a opção correta no que se refere à revogação dos atos administrativos.**

   a) A revogação do ato administrativo produz efeitos *ex tunc*.

   b) Atos vinculados não podem ser objeto de revogação.

   c) A revogação pode atingir certidões e atestados.

   d) Atos que gerarem direitos adquiridos poderão ser revogados.

2. **(OAB Nacional 2009 – III) De acordo com a classificação dos atos administrativos, constitui ato de gestão**

   a) o decreto de regulamentação.

   b) o embargo de obra.

   c) a apreensão de bens.

   d) o negócio contratual.

3. **(OAB Nacional 2009 – III) A autorização de uso de bem público por particular caracteriza-se como ato administrativo**

   a) unilateral, discricionário e precário, para atender interesse predominantemente particular.

   b) vinculado e bilateral, ensejando indenização ao particular no caso de revogação pela administração.

   c) bilateral, efetivado mediante a celebração de contrato com a administração, de forma a atender interesse eminentemente público.

d) discricionário e precário, empregado para atender interesse predominantemente público, formalizado após a realização de licitação.

4. (VII Exame de Ordem Unificado – FGV) Acerca das modalidades de extinção dos atos administrativos, assinale a alternativa correta.

a) A renúncia configura modalidade de extinção por meio da qual são extintos os efeitos do ato por motivo de interesse público.

b) A cassação configura modalidade de extinção em que a retirada do ato decorre de razões de oportunidade e conveniência.

c) A revogação configura modalidade de extinção que ocorre quando a retirada do ato se dá por ter sido praticado em contrariedade com a lei.

d) A caducidade configura modalidade de extinção em que ocorre a retirada do ato por ter sobrevindo norma jurídica que tornou inadmissível situação antes permitida pelo direito e outorgada pelo ato precedente.

5. (OAB 2011.3 – FGV) A autorização de uso de bem público por particular caracteriza-se como ato administrativo

a) discricionário e bilateral, ensejando indenização ao particular no caso de revogação pela administração.

b) unilateral, discricionário e precário, para atender interesse predominantemente particular.

c) bilateral e vinculado, efetivado mediante a celebração de um contrato com a Administração Pública, de forma a atender interesse eminentemente público.

d) discricionário e unilateral, empregado para atender a interesse predominantemente público, formalizado após a realização de licitação.

6. (OAB 2011.2 – FGV) A revogação representa uma das formas de extinção de um ato administrativo. Quanto a esse instituto, é correto afirmar que

a) pode se dar tanto em relação a atos viciados de ilegalidade ou não, desde que praticados dentro de uma competência discricionária.

b) produz efeitos retroativos, retirando o ato do mundo, de forma a nunca ter existido.

c) apenas pode se dar em relação aos atos válidos, praticados dentro de uma competência discricionária, produzindo efeitos *ex nunc*.

d) pode se dar em relação aos atos vinculados ou discricionários, produzindo ora efeito *ex tunc*, ora efeito *ex nunc*.

7. (OAB 2011.1 – FGV) Em âmbito federal, o direito de a Administração Pública anular atos administrativos eivados de vício de ilegalidade, dos quais decorram efeitos favoráveis para destinatários de boa-fé

a) decai em cinco anos, contados da data em que praticado o ato.

b) não se submete a prazo prescricional.

c) prescreve em dez anos, contados da data em que praticado o ato.

d) não se submete a prazo decadencial.

8. (OAB/Nacional 2007_2) Em relação aos atos administrativos, assinale a opção correta.

a) Os atos de gestão são os que a administração pratica no exercício do seu poder supremo sobre os particulares.

b) A presunção de legitimidade é atributo apenas dos atos administrativos vinculados.

c) Revogação consiste na supressão de ato legítimo e eficaz realizada pela administração, por considerá-lo inconveniente ao interesse público.

d) A anulação de um ato administrativo, em regra, implica o dever da administração de indenizar o administrado pelos prejuízos decorrentes da invalidação do ato.

9. (OAB/Nacional 2007_3) O conselho diretor de uma autarquia federal baixou resolução disciplinando que todas as compras de material permanente acima de cinquenta mil reais só poderiam ser feitas pela própria sede. Ainda assim, um dos superintendentes estaduais abriu licitação para compra de microcomputadores no valor de trezentos mil reais. A licitação acabou sendo feita sem incidentes, e o citado superintendente homologou o resultado e adjudicou o objeto da licitação à empresa vencedora. Nessa situação, o superintendente

a) agiu com excesso de poder.

b) agiu com desvio de poder.

c) cometeu mera irregularidade administrativa, haja vista a necessidade da compra e o atendimento aos requisitos de validez expressos na Lei de Licitações.

d) cometeu o crime de prevaricação, que consiste em praticar ato de ofício (a licitação) contra expressa ordem de superior hierárquico (a resolução do conselho diretor).

10. (OAB/Nacional 2007_3) Considerando que há evidentes elementos de identidade entre ato jurídico e ato administrativo, e que este é espécie do gênero ato jurídico, assinale a opção correta.

a) Existem atos praticados pelos administradores públicos que não se enquadram como atos administrativos típicos, como é o caso dos contratos disciplinados pelo direito privado.

b) Atos administrativos, atos da administração e atos de gestão administrativa são expressões sinônimas.

c) O exercício de cargo público em caráter efetivo é conditio sine quae non para prática do ato administrativo.

d) Mesmo nos casos em que o administrador público contrata com o particular em igualdade de condições, está caracterizado o ato administrativo, pois a administração pública está sendo representada por seu agente.

11. (OAB/Nacional 2008_2) Assinale a opção incorreta no que se refere à revogação de atos administrativos.

a) Os atos discricionários são, via de regra, suscetíveis de revogação.

b) Os atos que exauriram seus efeitos podem ser revogados, desde que motivadamente.

c) Ao Poder Judiciário é vedado revogar atos administrativos emanados do Poder Executivo.

d) Os atos que geram direitos adquiridos não podem ser revogados.

12. (OAB/MG – Abril/2008) Quanto a disciplina dos atos administrativos, marque a afirmativa INCORRETA.

a) Atos normativos decorrem do poder regulamentar da Administração Pública.

b) Os atos administrativos gozam de presunção de legitimidade, atributo que autoriza sua imediata aplicabilidade.

c) Competência, forma, motivo, objeto e finalidade são elementos de validade do ato administrativo.

d) Multa de trânsito é ato administrativo decorrente do poder disciplinar da Administração Pública.

13. (OAB/MG – Agosto/2008) A licença para construir expedida pelo Diretor do Departamento de Regulação Urbana do Município X em favor de João de Deus é INCORRETAMENTE classificada como ato administrativo:

a) discricionário.
b) individual.
c) negocial.
d) simples.

14. (OAB/Nacional 2009.I) Um ministro de Estado, após o recebimento de parecer opinativo da consultoria jurídica do Ministério que chefia, baixou portaria demitindo determinado servidor público federal.

Considerando essa situação hipotética e o conceito de ato administrativo, assinale a opção correta.

a) O motivo, na hipótese, é o parecer da consultoria jurídica do Ministério.
b) O ato de demissão do servidor não é passível de anulação pelo Poder Judiciário, visto que a valoração acerca da existência, ou não, da infração é tema que compete exclusivamente ao Poder Executivo.
c) O ato opinativo, como o parecer da referida consultoria jurídica, por não produzir efeitos jurídicos imediatos, não é considerado ato administrativo propriamente dito. Dessa forma, será ato administrativo o ato decisório que o acolha ou rejeite, mas não o parecer, que é considerado ato da administração.
d) O ato de demissão é ilegal por ter sido proferido por autoridade incompetente, haja vista que a delegação de poderes, nessa hipótese, é vedada.

GABARITO: As respostas destes testes encontram-se no final do livro.

Obs.: Mais questões sobre este capítulo estão disponíveis para *download* gratuito no *site* www.editorametodo.com.br.

5 SERVIÇOS PÚBLICOS

5.1 CONCEITO

Serviço público "é todo aquele prestado pela administração pública ou por seus delegados, sob normas e controles estatais, para satisfazer necessidades essenciais ou secundárias da coletividade ou simples conveniência do Estado" (cf. Hely Lopes Meirelles, ob. cit., p. 311).

Os **elementos** necessários para a caracterização de serviço público são os seguintes: 1) atividade de interesse público; 2) presença do Estado; 3) procedimento de direito público.

Esses serviços podem ser delegados a outras entidades públicas ou privadas, na forma de concessão, permissão ou autorização.

Assim, em sentido amplo, pode-se dizer que serviço público é a atividade ou organização abrangendo todas as funções do Estado; já em sentido estrito, são as atividades exercidas pela administração pública.

O chamado *serviço de utilidade pública* é o elenco de serviços prestados à população ou postos à sua disposição, pelo Estado e seus agentes, basicamente de infraestrutura e de uso geral, como correios e telecomunicações, fornecimento de energia, dentre outros.

5.2 PRINCÍPIOS DO SERVIÇO PÚBLICO

Maria Sylvia Zanella Di Pietro, baseada na doutrina francesa de René Chapus, indica três princípios que são inerentes ao regime jurídico dos serviços públicos, a saber:

1) o da continuidade do serviço público;
2) o da mutabilidade do regime jurídico; e
3) o da igualdade dos usuários.

Apenas para esgotar o assunto, ressaltamos que a doutrina de Hely Lopes Meirelles apresenta, ainda, os seguintes princípios:

1) da *permanência*: corresponde ao princípio da continuidade;
2) da *generalidade*: corresponde ao princípio da igualdade dos usuários;
3) da eficiência: exige a atualização do serviço público, sendo correlato ao princípio da mutabilidade do regime jurídico;
4) da *modicidade*: segundo esse princípio, as taxas ou tarifas exigidas como contraprestação devem ser justas, de tal forma que o acesso pelos menos economicamente privilegiados não seja restringido; e
5) da *cortesia*: segundo esse princípio, alguns serviços públicos, em razão da sua natureza essencial, devem ser prestados de forma gratuita (ex.: saúde, educação) ou mediante contribuição do usuário inferior ao preço de custo.

Os princípios da continuidade, mutabilidade do regime jurídico e igualdade dos usuários serão analisados a seguir:

5.2.1 Princípio da continuidade

O *princípio da continuidade* do serviço público determina que o serviço público deve ser sempre contínuo, **sem interrupções**, ainda mais quando se tratar de serviços essenciais, cuja aplicação está relacionada aos contratos administrativos e ao exercício da função pública.

No tocante aos contratos, esse princípio traz algumas consequências importantes:

a) estabelecimento de prazos rigorosos ao contraente, os quais devem ser cumpridos;
b) a aplicação da teoria da imprevisão, para recompor o equilíbrio econômico-financeiro do contrato e permitir a continuação do serviço;
c) a inaplicabilidade da *exceptio non adimpleti contractus* contra a administração pública;
d) o reconhecimento de privilégios para a administração pública, por exemplo, a encampação e o uso compulsório dos recursos humanos e materiais da empresa contratada, quando necessário para dar continuidade à execução do serviço (reversão de bens).

Já com relação ao exercício da função pública, constituem aplicação do princípio da continuidade:

a) as normas que exigem a permanência do servidor em serviço, quando aquele pede exoneração, pelo prazo fixado em lei;
b) os institutos da substituição, suplência e delegação; e
c) a proibição do direito de greve.

5.2.2 Princípio da mutabilidade

Pelo *princípio da mutabilidade* fica estabelecido que a execução dos serviços públicos pode ser alterada desde que para atender o interesse público. Assim, nem os servidores, nem os usuários de serviços públicos, nem os contratados pela administração pública têm direito adquirido à manutenção de determinado regime jurídico.

5.2.3 Princípio da igualdade dos usuários

Finalmente, o *princípio da igualdade* dos usuários diante do serviço público estipula que não haverá distinção entre as pessoas interessadas em contratar com a administração pública. Dessa forma, se tais pessoas possuírem condições legais de contratação não poderão ser diferenciadas.

5.3 CLASSIFICAÇÃO DO SERVIÇO PÚBLICO

Os serviços públicos podem ser classificados de diversas formas:

1) Quanto à essencialidade ou imprescindibilidade.

Serviços públicos propriamente ditos ou *originários* – "são os que a administração presta diretamente à comunidade por reconhecer a sua essencialidade e necessidade para a sobrevivência do grupo social e do próprio Estado" (cf. Hely Lopes Meirelles, ob. cit., p. 312). Em virtude da sua essencialidade, não admitem delegação ou outorga para sua prestação. Por exemplo, hospitais públicos e polícia.

Serviços de utilidade pública ou *derivados* – "são os que a administração, reconhecida a sua conveniência (não essencialidade, nem necessidade) para os membros da comunidade, presta-os diretamente ou aquiesce em que sejam prestados por terceiros (concessionários, permissionários ou autorizatários), nas condições regulamentadas e sob seu controle, mas por conta e risco dos prestadores, mediante remuneração dos usuários" (idem, ibidem). Por não serem essenciais, e sim úteis à coletividade, admitem delegação ou outorga. Por exemplo, transporte coletivo e fornecimento de energia.

2) Quanto aos destinatários dos serviços.

Serviços uti universi ou *gerais* – são os serviços que satisfazem indiscriminadamente à coletividade. São indivisíveis, não mensuráveis na sua utilização. Uma outra característica desse tipo de serviço é que eles são mantidos pelos impostos e não por taxa ou tarifa, que é a remuneração mensurável e proporcional ao uso individual do serviço. Como exemplo, pode-se citar o serviço de água e esgoto.

Serviços uti singuli ou *individualizáveis* – são os que "satisfazem os usuários certos, que os fruem individualmente" (cf. Diógenes Gasparini, ob. cit., p. 231), como, por exemplo, o serviço de telefonia.

3) Quanto à adequação.

Serviços próprios do Estado – são os serviços públicos inerentes à soberania do Estado – como defesa nacional ou polícia judiciária – atendendo a coletividade. Em outras palavras, serviços próprios do Estado são os executados diretamente pela administração pública, que usa de sua supremacia sobre os administrados. Não cabe delegação. Geralmente são gratuitos ou de baixa remuneração, para que fiquem ao alcance de todos os membros da coletividade.

Serviços impróprios do Estado – "são os que não afetam substancialmente as necessidades da comunidade, mas satisfazem interesses comuns de seus membros e, por isso, a administração os presta remuneradamente, por seus órgãos ou entidades descentralizadas (autarquias, empresas públicas, sociedades de economia mista, fundações governamentais) ou delega sua prestação a concessionários, permissionários ou autorizatários" (cf. Hely Lopes Meirelles, ob. cit., p. 313).

4) Quanto ao objeto ou finalidade.

Serviços administrativos – são os executados pela administração pública para o atendimento das suas necessidades internas ou para preparar a prestação de outros serviços para o público.

Serviços empresariais – são os executados pela administração pública de forma direta ou indireta para acolher as necessidades coletivas de ordem econômica. Os que prestam esses serviços têm rendas, denominadas tarifas ou preço público.

5) Quanto à compulsoriedade.

Serviços compulsórios – são serviços que não podem ser recusados, tais como a coleta de lixo, a rede esgoto; se remunerados, são pagos por meio de taxas.

Serviços facultativos – são aqueles em que o usuário pode aceitar ou não, como, por exemplo, o transporte coletivo, que, se utilizado, será pago por tarifas.

6) Quanto à titularidade.

Os serviços públicos são partilhados em federais (art. 21 da CF), estaduais (art. 25, §§ 1.º e 2.º, da CF/1988 – remanescentes) e municipais (art. 30 da CF). Já os serviços públicos comuns, ou seja, de todos os entes federados, estão previstos no art. 23 da CF.

5.4 FORMAS E MEIOS DE PRESTAÇÃO DE SERVIÇOS

A prestação do serviço público pode ser centralizada, descentralizada e desconcentrada. A execução pode ser direta ou indireta.

– *Serviço centralizado* – segundo Diógenes Gasparini, "diz-se que a prestação dos serviços públicos é centralizada quando a atividade, sobre integrar o aparelho administrativo do Estado, é realizada por meio dos órgãos que o compõem, em seu próprio nome e sob sua inteira responsabilidade" (ob. cit., p. 240).

– *Serviço descentralizado* – é aquele "em que o Poder Público transfere sua titularidade ou, simplesmente, sua execução, por outorga ou delegação, a autarquias, fundações, entidades paraestatais, empresas privadas ou particulares individualmente" (cf. Hely Lopes Meirelles, ob. cit., p. 322), e, ainda, a consórcios públicos com personalidade jurídica de direito público, incluídos pela Lei 11.107/2005.

– *Serviço desconcentrado* – é o serviço executado pela administração pública, mas distribuído entre seus órgãos para facilitar sua realização.

O serviço público, quando outorgado, é transferido a uma nova entidade estatal, mediante lei e só é retirado ou modificado por lei. O serviço público, quando delegado, é passado a terceiros por ato administrativo unilateral (permissão ou autorização) ou bilateral (contrato de concessão), podendo ser revogado, modificado ou até anulado.

5.5 CONCESSÃO DE SERVIÇOS PÚBLICOS

5.5.1 Introdução

De acordo com os arts. 21 a 32 da Constituição Federal, possuem competência para a execução de serviços públicos todos os entes federados, ou seja, a União, os Estados-membros, o Distrito Federal e os Municípios. Como já citado, os entes federados podem delegar suas funções a entidades públicas e privadas, assunto este tratado pela Lei 8.987/1995.

O art. 175 da CF outorga ao Poder Público a incumbência de prestar serviços públicos, podendo executá-los diretamente (regime jurídico de direito público) ou sob regime de concessão ou permissão (regime jurídico de direito privado).

Todavia, a administração pública não pode optar, em ato meramente administrativo, por um regime jurídico (público ou privado) não autorizado em lei, tendo em vista sua vinculação ao princípio da legalidade.

Os serviços públicos só podem ser delegados ou concedidos a pessoas jurídicas ou a consórcios privados de empresas mediante concorrência pública. Na hipótese de contratação de consórcios públicos a licitação será dispensada (art. 2.º, § 1.º, III, da Lei 11.107/2005).

Admite-se, também, a subconcessão desde que haja previsão expressa no contrato e que seja precedida de concorrência.

O poder concedente sempre deverá fiscalizar os serviços, bem como intervir na concessão.

O concessionário constrói, conserva e reforma a obra por sua conta e risco. Dessa forma, passa a explorar o serviço por prazo determinado, obtendo remuneração gradativamente ao seu investimento. Por exemplo, pedágio.

5.5.2 Encargos assumidos pelas partes e intervenção

A concessão transfere encargos tanto para o poder concedente quanto para as concessionárias.

Os principais encargos do poder concedente são os seguintes: regulamentar o serviço concedido e fiscalizar permanentemente a sua prestação; aplicar as penalidades regulamentares e contratuais; extinguir a concessão, nos casos previstos na lei e no contrato; zelar pela boa qualidade do serviço, receber, apurar e solucionar queixas e reclamações dos usuários, que serão cientificados, em até trinta dias, das providências tomadas; declarar de utilidade pública os bens necessários à execução do serviço ou obra pública, promovendo as desapropriações, diretamente ou mediante outorga de poderes à concessionária, caso em que será desta a responsabilidade pelas indenizações cabíveis (o mesmo se aplica em relação à instituição de servidões administrativas).

Os principais encargos da concessionária são os seguintes: prestar serviço adequado, de acordo com a lei, as normas técnicas aplicáveis e o contrato; manter em dia o inventário e o registro dos bens vinculados à concessão; prestar contas da gestão do serviço ao poder concedente e aos usuários, nos termos definidos no contrato; cumprir e fazer cumprir as normas do serviço e as cláusulas contratuais da concessão; promover as desapropriações e constituir servidões autorizadas pelo poder concedente, conforme previsto no edital e no contrato; zelar pela integridade dos bens vinculados à prestação do serviço, bem como segurá-los adequadamente; e captar, aplicar e gerir os recursos financeiros necessários à prestação do serviço.

É importante salientar que as contratações, inclusive de mão de obra, feitas pela concessionária serão regidas pelas disposições de direito privado e pela legislação trabalhista, não se estabelecendo qualquer relação entre os terceiros contratados pela concessionária e o poder concedente.

Caso o serviço público concedido não esteja sendo prestado de forma adequada ou as normas contratuais, regulamentares e legais não estejam sendo fielmente cumpridas, o poder concedente poderá, mediante **decreto** (que conterá a designação do interventor, o prazo da intervenção e os objetivos e limites da medida) intervir na concessão pelo prazo máximo de 180 dias (se o poder concedente não apurar tais infrações durante esse período, a intervenção será considerada inválida).

Sendo declarada a intervenção, o poder concedente deverá, no prazo de trinta dias, instaurar **procedimento administrativo** para comprovar as causas determinantes da medida e apurar responsabilidades, assegurado o direito de ampla defesa.

Caso seja comprovado que a intervenção não observou os pressupostos legais e regulamentares, será declarada sua nulidade, devendo o serviço ser imediatamente devolvido à concessionária, sem prejuízo de seu direito à indenização. Cessada a intervenção, se não for extinta a concessão, a administração do serviço será devolvida à concessionária, precedida de prestação de contas pelo interventor, que responderá pelos atos praticados durante a sua gestão.

5.5.3 Diferenças entre concessão e permissão

A *concessão* tem caráter mais estável. Na concessão:

a) é necessária autorização legislativa;

b) é exigida a licitação na modalidade de concorrência; e

c) há forma de contrato e prazo estipulado, abrangendo somente pessoas jurídicas e consórcio privado de empresas.

Já a *permissão* apresenta-se sob caráter precário e, em regra, não necessita de autorização legislativa. Admite qualquer modalidade de licitação. É formalizada por contrato de adesão e sem prazo fixado. Abrange tanto pessoas jurídicas como físicas.

Nas duas formas, há supremacia do poder concedente em relação ao contratante particular.

5.5.4 Extinção da concessão

A concessão de serviços poderá se extinguir em virtude do advento do termo contratual, da encampação, da caducidade, da anulação, da rescisão e pela falência ou extinção da empresa concessionária e falecimento ou incapacidade do titular, no caso de empresa individual.

Na ***encampação***, o poder concedente, motivado pelo interesse público, mediante lei autorizativa específica e após prévio pagamento de indenização, retoma coativamente o serviço público até então prestado pelo concessionário. Pode-se dizer que o Estado na encampação "toma" de volta os serviços que foram concedidos.

Na ***caducidade*** a situação é semelhante à encampação, mas decorre da inadimplência por parte do concessionário. Para que seja declarada a caducidade, a inadimplência da concessionária deverá ser verificada em processo administrativo, assegurado o direito de ampla defesa, independentemente do pagamento de prévia indenização (ao contrário do que ocorre na encampação). São exemplos de fatos que dão causa à declaração de caducidade: serviços prestados pelo concessionário de forma inadequada ou deficiente; paralisação do serviço (salvo caso fortuito ou força maior), descumprimento de cláusulas contratuais ou disposições legais ou regulamentares concernentes à concessão; transferência de concessão ou do controle societário sem prévia anuência do poder concedente (art. 27 da Lei 8.987/1995).

A ***anulação*** ocorre quando são praticados atos de ilegalidade por uma das partes contratantes.

A ***rescisão*** do contrato de concessão (que significa o desfazimento do contrato durante o prazo de sua execução) pode ser judicial ou amigável.

A rescisão amigável (ou administrativa) é aquela feita por acordo entre as partes, sendo reduzida a termo em processo administrativo, desde que seja conveniente para a administração pública e precedida de autorização escrita e fundamentada da autoridade competente.

A *rescisão* judicial é aquela determinada pelo Poder Judiciário em face do descumprimento do contrato pelo poder concedente. Para que possa ser pleiteada, o concessionário deverá promover ação específica para esse fim, comprovar o descumprimento das cláusulas contratuais pelo poder concedente e manter a prestação do serviço até a decisão judicial transitar em julgado.

Em qualquer hipótese de extinção do contrato de concessão a lei determina a *reversão* em favor do poder concedente dos bens, direitos e privilégios transferidos ao concessionário que estiveram afetados à prestação do serviço público. Tal instituto encontra seu fundamento no princípio da continuidade dos serviços públicos e está previsto no art. 36 da Lei 8.987/1995. Em relação aos consórcios públicos, a reversão está prevista no art. 11, § 1.º, da Lei 11.107/2005.

5.6 QUESTÕES

1. **(OAB 2011.1 - FGV) O contrato de prestação de serviços de que a Administração Pública seja a usuária direta ou indireta, ainda que envolva a execução de obra ou fornecimento e instalação de bens, denomina-se concessão**

   a) patrocinada.
   b) de uso de bem público.
   c) administrativa.
   d) comum.

2. **(OAB 2010.2 - FVG) Uma determinada empresa concessionária transfere o seu controle acionário para uma outra empresa privada, sem notificar, previamente, o Poder concedente, parte no contrato de concessão. Assinale a alternativa que indique a medida que o Poder concedente poderá tomar, se não restarem atendidas as mesmas exigências técnicas, de idoneidade financeira e regularidade jurídica por esta nova empresa.**

a) Poderá o Poder concedente declarar a caducidade da concessão, tendo em vista o caráter *intuitu personae* do contrato de concessão.

b) Poderá retomar o serviço, por motivo de interesse público, através da encampação, autorizada por lei específica, após prévio pagamento da indenização.

c) Poderá o Poder concedente anular o contrato de concessão, através de decisão administrativa, uma vez que a transferência acionária da empresa concessionária sem a notificação prévia ao Poder concedente gera irregularidade, insusceptível de convalidação.

d) Nada poderá fazer o Poder concedente, uma vez que a empresa concessionária, apesar da alteração societária, não desnatura o caráter *intuitu personae* do contrato de concessão.

3. (OAB Nacional 2010 – I) Júlia, que está desempregada, não conseguiu pagar a tarifa de energia elétrica de sua residência, referente ao mês de janeiro de 2010. Por esse motivo, o fornecimento de energia foi suspenso por ordem da diretoria da concessionária de energia elétrica, sociedade de economia mista. Considerando essa situação hipotética, assinale a opção correta.

a) O fornecimento de energia elétrica à residência de Júlia não poderia ter sido suspenso em razão do inadimplemento, visto que, conforme entendimento do STJ, constitui serviço público essencial.

b) A lei de regência autoriza a suspensão do serviço desde que haja prévia notificação do usuário.

c) Lei estadual poderia, de forma constitucional, criar isenção dessa tarifa, nos casos de impossibilidade material de seu pagamento, como no caso do desemprego do usuário.

d) Não caberia mandado de segurança contra o ato da diretoria da concessionária, porque ela não é autoridade pública.

4. (OAB 2011.1 – FGV) Ao tomar conhecimento de que o serviço público de transporte aquaviário concedido estava sendo prestado de forma inadequada, causando gravíssimos transtornos aos usuários, o ente público, na qualidade de poder concedente, instaurou regular processo administrativo de verificação da inadimplência da concessionária, assegurando-lhe o contraditório e a ampla defesa. Ao final do processo administrativo, restou efetivamente comprovada a inadimplência, e o poder concedente deseja extinguir a concessão por inexecução contratual.

Qual é a modalidade de extinção da concessão a ser observada no caso narrado?

a) Anulação.

b) Caducidade.

c) Rescisão.

d) Encampação.

5. (IX Exame de Ordem Unificado – FGV) Acerca dos serviços considerados como serviços públicos *uti singuli*, assinale a afirmativa correta.

a) Serviços em que não é possível identificar os usuários e, da mesma forma, não é possível a identificação da parcela do serviço utilizada por cada beneficiário.

b) Serviços singulares e essenciais prestados pela Administração Pública direta e indireta.

c) Serviços em que é possível a identificação do usuário e da parcela do serviço utilizada por cada beneficiário.

d) Serviços que somente são prestados pela Administração Pública direta do Estado.

GABARITO: As respostas destes testes encontram-se no final do livro.

Obs.: Mais questões sobre este capítulo estão disponíveis para *download* gratuito no *site* www.editorametodo.com.br.

6

ADMINISTRAÇÃO INDIRETA

A administração pública pode ser *direta* ou *indireta*. "Administração direta é o conjunto de órgãos integrados na estrutura administrativa da União" (cf. Hely Lopes Meirelles, ob. cit., p. 694), dos Estados, do Distrito Federal e dos Municípios; "administração indireta é o conjunto dos entes (personalizados) que, vinculados a um Ministério, prestam serviços públicos ou de interesse público" (idem, ibidem).

Pelo *princípio da simetria*, a administração direta e a indireta dos Estados-membros, do Distrito Federal e dos Municípios apresentam configuração semelhante à administração direta e indireta da União.

A administração indireta ou descentralizada é aquela que se forma pela via da descentralização administrativa, ou seja, quando a titularidade ou a execução dos serviços públicos é transferida para outras pessoas jurídicas (autarquias, fundações, empresas públicas, empresas privadas, consórcios públicos com personalidade jurídica de direito público). Os governos da União, dos Estados-membros, do Distrito Federal e dos Municípios, por meio de lei, por lhes ser conveniente, criam entes dotados de personalidade jurídica, sob seu controle, que ora prestarão serviços públicos (autarquias), ora atuarão no âmbito educacional (fundações públicas), ou ainda no campo empresarial (empresas públicas ou sociedades de economia mista), para perseguirem atividades típicas ou atípicas do Estado.

Dessa forma, a descentralização ocorre mediante a constituição de autarquias, empresas públicas, fundações, sociedades de economia mista e consórcios públicos (incluídos pela Lei 11.107/2005), compondo, assim, a administração indireta.

6.1 CARACTERÍSTICAS COMUNS DOS ENTES DA ADMINISTRAÇÃO INDIRETA

São características comuns dos entes da administração indireta:

1) serem criados e se extinguirem por leis específicas;
2) serem dotados de personalidade jurídica própria;
3) terem patrimônios próprios;
4) terem orçamento e receita próprios;
5) serem dotadas de órgão diretivo próprio;
6) destinarem-se a exercer certas atividades específicas, algumas típicas e outras atípicas do Estado;
7) os direitos contra elas prescrevem em cinco anos.

Os entes da administração indireta têm um regime jurídico que lhes é peculiar, distinto do regime dos órgãos da administração pública em geral.

6.2 CRIAÇÃO E EXTINÇÃO DOS ENTES DA ADMINISTRAÇÃO INDIRETA

Com referência ao que dispõe a Constituição Federal, em seu art. 37, XIX, somente lei específica poderá **criar** autarquia e somente lei específica pode **autorizar** a criação de fundação, empresa pública e sociedade de economia mista.

Segundo o art. 37, XX, da CF, depende de autorização legislativa, em cada caso, a criação de subsidiárias dos entes da administração indireta. Subsidiárias são empresas criadas após autorização do Poder Legislativo e controladas pelo ente da administração indireta que as criaram.

Maria Sylvia Zanella Di Pietro (ob. cit., p. 310) destaca que quando o Estado cria uma pessoa jurídica privada, ela aparece com praticamente todas as características indicadas para as pessoas públicas, ou seja, é criada e extinta pelo poder público, seu fim principal não é o lucro, exceto quando se tratar de sociedade de economia mista; não pode se afastar do fim para o qual foi criada; sujeita-se ao controle positivo do Estado; e recebe, por vezes, algumas prerrogativas autoritárias.

Vale ressaltar que os entes da administração descentralizada só podem ser criados e extintos por meio de lei. Apesar de os consórcios públicos serem constituídos por contrato, a celebração deste depende de prévia subscrição e de posterior ratificação, mediante lei, do protocolo de intenções.

6.3 CONTROLE DOS ENTES DA ADMINISTRAÇÃO INDIRETA

O fenômeno de controle sobre os entes descentralizados denomina-se *tutela*. Tutela é o poder que a pessoa política, criadora do ente da administração indireta, tem de influir sobre tal ente, com o propósito de orientá-lo ao cumprimento dos objetivos públicos, em vista dos quais fora criado, promovendo harmonia entre a pessoa política e os objetivos do ente com a atuação da administração pública em geral. Não se confunde com a hierarquia, que só existe dentro da administração direta.

Existem dois tipos de tutela: tutela ordinária e tutela extraordinária.

A ***tutela ordinária*** é aquela que se desenvolve nos termos da lei. Já a ***extraordinária*** é aquela adotada em circunstâncias excepcionais.

Assim, verifica-se que o controle resulta do poder de supervisão de uma entidade sobre outra. O administrador da entidade autônoma responsabiliza-se pelos atos ali praticados.

No âmbito da União, a tutela também é denominada *supervisão ministerial*, dado que todas as entidades da administração indireta, no âmbito da União, encontram-se sujeitas à supervisão da Presidência da República e do respectivo Ministério.

6.4 TIPOS DE CONTROLE

O ente centralizado pode exercer quatro tipos de controle sobre a entidade descentralizada:

- *controle de legitimidade (ou de legalidade)*: "é o que objetiva verificar unicamente a conformação do ato ou do procedimento administrativo com as normas legais que o regem" (cf. Hely Lopes Meirelles. ob. cit., p. 627).
- *controle de mérito*: é aquele em que a lei permite ao controlador examinar a conveniência e oportunidade dos atos das entidades descentralizadas. Essa forma de controle não se estende ao Poder Judiciário.
- *controle preventivo*: é aquele realizado antes da conclusão do ato ou antes do momento em que adquire operatividade, como requisito para sua eficácia.
- *controle repressivo*: é o controle que tem lugar depois da produção do ato e não é requisito para sua eficácia.

6.5 RESPONSABILIDADE DOS ENTES

Em decorrência do disposto no art. 37, § 6.º, da CF, os entes da administração indireta são responsáveis por seus atos. A responsabilidade do Estado, em relação aos atos praticados pelos entes da administração indireta, é apenas subsidiária.

6.6 AUTARQUIAS

De acordo com o art. 5.º, I, do Decreto-lei 200/1967, a autarquia é "o serviço autônomo, criado por lei, com personalidade jurídica, patrimônio e receita próprios, para executar atividades típicas da Administração Pública, que requeiram, para seu melhor funcionamento, gestão administrativa e financeira descentralizada." São entes autônomos e com capacidade de autoadministração, segundo a legislação que a criou.

As autarquias, como parte integrante da administração indireta, somente podem ser criadas por lei específica, jamais por decreto ou resolução. Além disso, são dotadas de personalidade jurídica de direito público, estão imunes à tributação e desfrutam de prazos processuais especiais para contestar e recorrer, bem como foro judicial privilegiado.

Os funcionários das autarquias não se confundem com os funcionários públicos, devendo ser denominados *servidores autárquicos*. Contudo, são equiparados aos funcionários públicos para efeitos penais.

De acordo com a Súmula 644 do STF: "Ao procurador autárquico não é exigível a apresentação de instrumento de mandato para representá-la em juízo".

Portanto, falar em autarquia é referir-se a pessoas jurídicas de direito público, com patrimônio próprio e atribuições estatais específicas. Trata-se de uma forma de descentralização administrativa, caracterizada pela personificação de um serviço público retirado da administração pública centralizada.

6.6.1 Características das autarquias

São características das autarquias:

1) serem criadas por lei específica e com personalidade de direito público;
2) terem patrimônios próprios;
3) terem capacidade de autoadministração sob controle finalístico;
4) desempenharem atribuições tipicamente públicas.

6.6.2 Entes políticos a que se vinculam

As autarquias existem no âmbito da União, dos Estados-membros, do Distrito Federal e dos Municípios, e estão vinculadas a essas pessoas jurídicas de direito público interno. No âmbito federal, as autarquias vinculam-se ao Ministério em cuja área de competência estiver enquadrada sua atividade principal (art. 4.º, parágrafo único, do Decreto-lei 200/1967).

6.6.3 Espécies de autarquias

As autarquias são classificadas em autarquias de regime comum e de regime especial.

As *autarquias de regime comum* são aquelas cuja disciplina de controle é restrita, sendo que a escolha de seus dirigentes é feita pelo chefe do Poder Executivo por meio de nomeação dos dirigentes para cargo em comissão. Na órbita federal, pode-se citar o exemplo do INSS; na estadual, do Hospital das Clínicas da Faculdade de Medicina da Universidade de Ribeirão Preto; na municipal (município de São Paulo), do Instituto de Previdência do Município – IPREM.

As *autarquias de regime especial* diferem das de regime comum em virtude da lei instituidora, que confere àquelas privilégios específicos e maior autonomia para o desempenho de suas atividades. Exemplos: Banco Central do Brasil e Agências Reguladoras (ex.: ANATEL – Agência Nacional de Telecomunicações, ANP – Agência Nacional do Petróleo).

6.6.4 Responsabilidade direta das autarquias e subsidiária do Estado

Pelo fato de as autarquias serem dotadas de personalidade jurídica, a responsabilidade decorrente dos seus atos será direta. Além disso, somente em caso de exaustão de seus recursos, é que o ente político criador será responsabilizado. Daí tratar-se de responsabilidade subsidiária. De acordo com o previsto no art. 37, § 6.º, da CF, a responsabilidade das pessoas jurídicas de direito público é objetiva (independe de dolo ou culpa) na modalidade da teoria do risco administrativo.

6.6.5 Prescrição

Dá-se a prescrição das ações contra as autarquias e os demais entes descentralizados no prazo de cinco anos do evento danoso, de acordo com o Decreto 20.910/1932.

6.6.6 Bens autárquicos

Os bens das autarquias são considerados bens públicos de uso especial e, por isso:

1) são alienáveis apenas nos termos e condições previstas em lei;
2) são insuscetíveis de usucapião;
3) são impenhoráveis;
4) não podem ser objeto de direitos reais de garantia.

6.6.7 Regime de funcionários

O quadro pessoal de cada autarquia está sujeito ao regime jurídico previsto pela lei da entidade que a criou. A Lei 8.112/1990, que dispõe sobre o regime jurídico dos servidores públicos civis da União, das autarquias e das fundações públicas federais, por conter normas gerais, também pode ser aplicada às autarquias estaduais e municipais. Apesar de a EC 19/98 ter suprimido a obrigatoriedade do regime jurídico único para os servidores dessas entidades, em 2 de agosto de 2007, o Supremo Tribunal Federal deferiu parcialmente medida liminar na ADI 2.135/DF, com efeitos *ex nunc*, para suspender a vigência do art. 39, *caput*, da Constituição Federal, com a redação atribuída pela referida emenda constitucional. Com essa decisão, subsiste, para a administração pública direta, autárquica e fundacional, a obrigatoriedade de adoção do regime jurídico único, ressalvadas as situações consolidadas na vigência da legislação editada nos termos da emenda declarada suspensa (STJ, REsp 820.696, Rel. Min. Arnaldo Esteves Lima, j. 02.09.2008, Quinta Turma).

6.6.8 Poder desapropriante

Desde que expressamente autorizadas por lei, algumas autarquias (como, por exemplo, o DER) podem, mediante ato de seu diretor, decretar a utilidade pública de imóvel para fins de desapropriação.

6.7 FUNDAÇÕES PÚBLICAS

6.7.1 Considerações preliminares

Antonio Cecilio Moreira Pires ensina que “a fundação pode ser definida como pessoa jurídica de direito público ou privado, para o desempenho de atividades estatais ligadas à ordem social, com capacidade de autodeterminação e sujeita a controle” (ob. cit., p. 147).

Sendo uma universalidade de bens personalizados, as fundações podem ter tanto natureza pública (caso em que seria uma modalidade da autarquia, denominada "autarquia fundacional") quanto privada. É o seu ato constitutivo que determina sua natureza jurídica, portanto.

As fundações públicas integram a estrutura da administração indireta, colaborando com suas atividades culturais, de pesquisa etc. Sua principal característica é não possuírem fins lucrativos, sendo o seu patrimônio destinado à realização de certos fins que ultrapassam o âmbito da entidade. O seu principal objetivo é o benefício da coletividade.

As fundações possuem: 1) autonomia administrativa; 2) patrimônio próprio gerido pelos respectivos órgãos de direção; e 3) funcionamento custeado por recursos da União e de outras fontes, de acordo como o Decreto-lei 200/1967.

São exemplos de fundações, na órbita federal, a FUNAI, o IBGE; na estadual, a Fundação Padre Anchieta, a Fapesp.

6.7.2 Regime jurídico das fundações públicas

Como já mencionado, cabe ao Estado optar pela sua natureza pública ou privada. Se as fundações públicas forem criadas como pessoas jurídicas de direito público de capacidade exclusivamente administrativa, serão, portanto, assemelhadas às autarquias, e será aplicado, nesse caso, o regime autárquico.

6.8 EMPRESAS PÚBLICAS

O exercício da atividade econômica pelo Estado pode ser feito por meio de empresa pública, de sociedade de economia mista ou de outras entidades que explorem atividade econômica (eventualmente até autarquias), sujeitando-se ao regime jurídico das empresas privadas.

A empresa pública, de acordo com a doutrina de Diógenes Gasparini, "pode ser conceituada como sendo a sociedade mercantil-industrial, constituída mediante autorização de lei e essencialmente sob a égide de direito privado, com capital exclusivamente da administração pública ou composto, em sua maior parte, de recursos dela advindos e de entidades governamentais, destinada a realizar imperativos da segurança nacional e relevantes interesses da comunidade" (ob. cit., p. 285).

As empresas públicas integram a estrutura da administração indireta do Estado, como entes viabilizadores da atuação empresarial. É entidade dotada de personalidade jurídica de direito privado, com patrimônio próprio e capital exclusivo público para exploração direta de atividade voltada para o Estado e criada por lei específica. A sua atuação é marcada pelo *princípio da excepcionalidade* e da *subsidiariedade*. Daí concluir-se que a existência e atuação das empresas públicas somente são admitidas em face dos imperativos de segurança nacional e de relevante interesse público, jamais como mero instrumento de exploração econômica. Podem adotar qualquer forma societária (sociedade anônima, sociedade em comandita por ações etc.).

6.8.1 Regime jurídico das empresas públicas

As empresas públicas submetem-se a um regime jurídico híbrido no qual as normas de direito privado sofrem derrogação parcial pelas normas de direito público na medida considerada essencial para que seja atingida a finalidade perseguida pelo interesse público. Essa derrogação decorre da própria Constituição e também das leis ordinárias e complementares abrangendo tanto aquelas de caráter genérico (aquelas que se aplicam a todas as entidades) como as de caráter específico (leis que criaram determinada entidade).

O art. 173, § 1.º, III, da CF, declara que a lei deverá dispor sobre a licitação, observados os princípios da Administração Pública. Isso significa que a licitação deverá existir, possibilitando, apenas, procedimentos simplificados.

6.8.2 Espécies de empresas públicas

São espécies de empresas públicas:

1) as exploradoras de atividade econômica; e
2) as prestadoras de serviços públicos – coordenação da execução de obras públicas.

As empresas públicas podem ser:

1) empresa pública unipessoal, cujo capital social foi integralizado por uma só pessoa jurídica de direito público: a União, os Estados-membros, o Distrito Federal ou os Municípios; e
2) empresa pública pluripessoal, cujo capital social foi integralizado por mais de uma pessoa jurídica de direito público.

6.8.3 Admissão e dispensa de pessoal nas empresas públicas

Em decorrência do disposto no art. 37, II, da CF, a investidura em cargo ou emprego público depende de aprovação prévia em concurso de provas ou de provas e títulos, de acordo com a natureza e a complexidade do cargo ou emprego, na forma prevista em lei, ressalvadas as nomeações para cargo em comissão.

6.9 SOCIEDADE DE ECONOMIA MISTA

6.9.1 Introdução

Em conformidade com o Decreto-lei 200/1967, a sociedade de economia mista é a entidade dotada de personalidade jurídica de direito privado, criada por lei para a exploração de atividade econômica, sob a forma de sociedade anônima, cujas ações com direito a voto pertençam, em sua maioria, à União ou a entidades da administração indireta.

Elas permitem associar o capital público com o privado. São destinadas a atividades industriais, comerciais, de serviços, de mineração etc.

Dentre as sociedades de economia mista, podemos destacar nas esferas:

1) federal: o Banco do Brasil, a Petrobrás;
2) estadual (em São Paulo): a Companhia Energética de São Paulo (Cesp), a Companhia de Saneamento Básico do Estado de São Paulo (Sabesp) etc.;
3) municipal (em São Paulo): Companhia Municipal de Processamentos de Dados (Prodam).

6.9.2 Sociedade de economia mista *versus* empresa pública

É importante observar que a sociedade de economia mista não se confunde com a empresa pública tendo em vista que:

1) enquanto o capital das empresas públicas é constituído por recursos integralmente provenientes de pessoas jurídicas de direito público, nas sociedades de economia mista há conjugação de recursos particulares com os provenientes de pessoas jurídicas de direito público;
2) empresas públicas podem adotar qualquer forma societária admitida em direito; já as sociedades de economia mista têm obrigatoriamente a forma de sociedade anônima. Entretanto, ambos os respectivos funcionários são contratados pelo regime da CLT, uma vez que não são considerados servidores públicos;
3) as empresas públicas e as sociedades de economia mista são pessoas jurídicas de direito privado (art. 173, § 1.º, II, da CF), criadas nos termos do art. 37, XIX, da CF;
4) com relação a privilégios e prerrogativas deferidas a esses entes, a doutrina e a jurisprudência discrepam. Os juristas (p. ex., Paulo Magalhães da Costa Coelho. *Manual de direito administrativo.* São Paulo: Saraiva, 2004, p. 80) que enfrentam a questão pontuam que as sociedades de economia mista e empresas públicas, quando exploradoras de atividade econômica, e as prestadoras de serviços públicos, quando remuneradas por preços públicos ou tarifas, não detêm privilégios processuais e tributários (imunidade e isenções) de nenhuma ordem. Porém, quando prestadoras de serviços públicos, gozam de certos privilégios (imunidades tributárias, impenhorabilidade dos bens destinados a sua atividade etc.);
5) o pessoal das empresas públicas e das sociedades de economia mista estão jungidos ao regime da CLT (são empregados públicos), mas se equiparam a

funcionários públicos para efeitos penais (art. 327 do Código Penal) e também respondem por atos de improbidade administrativa (Lei 8.429/1992);

6) o ingresso nos quadros das empresas públicas e sociedades de economia mista se faz por meio de regular concurso público (art. 37, II, da CF). Porém, os empregados públicos não adquirem estabilidade, pois tal prerrogativa somente é destinada a detentores de cargos públicos de provimento efetivo em virtude de concurso público (art. 41 da CF). Os empregados públicos devem, outrossim, observar a regra de inacumulatividade de cargo, emprego ou função e suas respectivas hipóteses excepcionadoras (art. 37, XVI e XVII, da CF);

7) devem, enquanto não editada a lei específica de que trata o art. 173, § 1.º, da CF, alterado pela EC 19/1998, se submeter ao regime licitatório, regulado pela Lei 8.666/93 (lei geral das licitações);

8) as sociedades de economia mista e empresas públicas, quando exercerem atividades econômicas, se sujeitam ao mesmo regime das empresas privadas (mesmas obrigações trabalhistas, tributárias e civis), por força do disposto no art. 173, § 1.º, II, da CF;

9) as sociedades de economia mista e empresas públicas, quando exercerem atividades econômicas, não ensejam a responsabilização subsidiária do Estado por seus atos e obrigações;

10) as sociedades de economia mista e empresas públicas, quando prestadoras de serviços públicos, respondem objetivamente por danos causados a terceiros (art. 37, § 6.º, da CF). Não havendo possibilidade de reparação dos danos por insuficiência de patrimônio, responderá o Estado pelos danos, em caráter subsidiário;

11) a questão envolvendo a possibilidade de falência das empresas públicas e sociedades de economia mista é controversa. Tais entidades, quando forem criadas para prestarem serviço público, não estão sujeitas à falência, por força do princípio da continuidade do serviço público e da supremacia do interesse público. No entanto, se ambas exploram atividade econômica, ambas poderão falir, pois estão submetidas ao regime jurídico precipuamente privado.

É importante ressaltar que nas sociedades de economia mista a participação acionária do Estado poderá ser majoritária ou minoritária; entretanto, mais da metade das ações com direito a voto devem pertencer ao Estado, com o objetivo de conservar, para o Estado, o domínio do objeto social da sociedade anônima.

Embora as sociedades de economia mista tenham personalidade jurídica de direito privado, o fato de estarem previstas na Constituição Federal, como instrumento adequado para o desempenho de atividades de natureza comercial e industrial, a ser utilizado para assegurar os imperativos da segurança nacional ou o relevante interesse coletivo, derroga algumas normas de direito privado para instituir, dessa forma, um regime híbrido aplicando-se normas de direito público quando houver lei expressa nesse sentido. Portanto, as sociedades de economia mista sujeitam-se primordialmente ao direito privado, a não ser que haja a previsão expressa de incidência de norma de direito público.

6.9.2.1 Os conselhos de administração das sociedades de economia mista e empresas públicas federais

A Lei 12.353/2010 prevê a participação de representante dos empregados nos conselhos de administração das empresas públicas e sociedades de economia mista, que possuam mais de 200 (duzentos) empregados próprios, suas subsidiárias e controladas e demais empresas em que a União, direta ou indiretamente, detenha a maioria do capital social com direito a voto (art. 1.º), desde que possuam 200 ou mais empregados próprios (art. 5.º). Para tanto, os estatutos das empresas públicas e sociedades de economia mista deverão prever a participação nos seus conselhos de administração de representante dos trabalhadores, assegurado o direito da União de eleger a maioria dos seus membros.

Cabe alertar que os membros escolhidos devem atender os requisitos do cargo (previstos em lei ou no estatuto da empresa), bem como serão escolhidos dentre os empregados ativos da empresa pública ou sociedade de economia mista, pelo voto direto de seus pares, em eleição organizada pela empresa em conjunto com as entidades sindicais que os representem.

6.9.3 Regime jurídico das sociedades de economia mista

De acordo com o art. 173, § 1.º, da CF, as sociedades de economia mista, as empresas públicas e outras entidades que exploram atividade econômica sujeitam-se ao regime jurídico próprio das empresas privadas, inclusive quanto às obrigações trabalhistas (CLT) e tributárias.

6.9.4 Sociedade de economia mista de segundo grau

A sociedade de economia mista de segundo grau é uma sociedade subsidiária pertencente a uma outra sociedade de economia mista. As subsidiárias não podem ser criadas sem autorização legislativa, em decorrência do estabelecido no inciso XX do art. 37 da CF.

6.9.5 Mera participação acionária do Estado

A mera participação acionária do Estado não confere à entidade particular a natureza de sociedade de economia mista.

6.9.6 Foro para julgamento das ações

As sociedades de economia mista, que, da mesma maneira que as empresas públicas, são exploradoras de atividade econômica, não gozam de foro privilegiado. Diferem, nesse aspecto, das prestadoras de serviços públicos, que têm essa garantia.

6.10 CONSÓRCIOS PÚBLICOS

6.10.1 Introdução e conceito

Consórcio público é a associação temporária entre dois ou mais entes da federação (União, Estados, Distrito Federal e Municípios), com personalidade jurídica própria (é titular de direitos e assume obrigações em nome próprio), de natureza pública (associação pública) ou privada, constituída para a realização de objetivos de interesse comum.

Sua origem está nas associações dos Municípios, que já eram previstas desde a Constituição de 1937. Na Constituição de 1988, está previsto no art. 241 (com redação alterada pela EC 19/1998).

Além de conferir mais segurança jurídica e administrativa às parcerias entre os entes consorciados, os consórcios viabilizam a gestão pública dos bens e serviços públicos solucionando problemas comuns e melhorando sua prestação por meio de políticas e ações conjuntas ("gestão associada").

Também é possível fazer alianças em regiões de interesse comum, como bacias hidrográficas ou polos regionais de desenvolvimento, a exemplo do que já ocorre com o "Consórcio de Desenvolvimento Integrado do Vale do Paraíba – Codivap", o "Consórcio Intermunicipal do Grande ABC" (ambos do Estado de SP e criados para o desenvolvimento regional) e o "Consórcio Intermunicipal de Saúde do Vale do Ribeira" (este também do Estado de SP e criado para a área da saúde).

Os consórcios públicos podem ser firmados entre todas as esferas de governo (Municípios-Municípios, Municípios-Estados, Estados-União, Municípios-Estado-União). Entretanto, a União somente participará de consórcios públicos de que também façam parte todos os Estados em cujos territórios estejam situados os Municípios consorciados (não se admite, portanto, o consórcio Município-União).

Podem constituir-se como pessoa jurídica de direito público (associação pública) ou de direito privado (sem fins econômicos). No entanto, somente o primeiro integra a administração indireta de todos os entes da Federação consorciados (nova espécie de descentralização administrativa).

O consórcio público com personalidade jurídica de direito privado, apesar não integrar a estrutura da administração pública, deverá observar as normas de direito público no que concerne à realização de licitação, celebração de contratos, prestação de contas e admissão de pessoal, e será regido pela CLT.

É importante salientar que os consórcios privados (modalidade de concentração de empresas) previstos no art. 278, § 1.º, da Lei 6.404/1976 (LSA) não estão submetidos à Lei 11.107/2005. Dessa forma, os consórcios privados não têm personalidade jurídica própria e as pessoas jurídicas consorciadas respondem individualmente pelas obrigações assumidas (não há presunção de solidariedade). A Lei 11.107/2005 não se aplica aos convênios de cooperação, contratos de programa para gestão associada de serviços públicos ou instrumentos congêneres que tenham sido celebrados anteriormente a sua vigência (06.04.2005).

Nosso ordenamento, portanto, prevê duas espécies de consórcios: os públicos (que podem ter personalidade jurídica de direito público ou privado e são regidos pela Lei 11.107/2005) e os privados (regidos pela LSA). A Lei 11.107/2005 foi regulamentada pelo Decreto 6.017/2007.

6.10.2 Características

As principais características dos consórcios públicos são as seguintes:

- são contratos administrativos plurilaterais, pois os interesses dos contratantes convergem para a mesma finalidade;
- possuem natureza jurídica de autarquias sendo, por isso, chamados pela doutrina de "autarquias multifederadas" ou "plurifederadas";
- podem ter personalidade jurídica de direito público ou de direito privado;
- têm como representante legal o Chefe do Poder Executivo de qualquer um dos entes consorciados, que deverá ser eleito para um mandato temporário, de acordo com as regras a serem estabelecidas no protocolo de intenções;
- o momento da aquisição da personalidade jurídica é determinado pela espécie de consórcio público contratado: I - se for de direito público, no caso de constituir associação pública, a aquisição ocorrerá com o início da vigência das leis de ratificação do protocolo de intenções; II - se for de direito privado, a aquisição ocorrerá a partir do momento em forem atendidos os requisitos da legislação civil (registro dos atos constitutivos no RPEM);
- responsabilidade solidária dos entes consorciados pelas obrigações remanescentes até que haja decisão que indique os responsáveis por cada obrigação, garantindo-se o direito de regresso;
- para o cumprimento de seus objetivos, só os consórcios com personalidade jurídica de direito público pode promover desapropriações e instituir servidões;
- possibilidade de os consórcios serem contratados pela administração direta ou indireta dos entes da federação consorciados sendo, nesses casos, a licitação dispensada;
- possuem capacidade tributária ativa (arrecadação de tarifas e preços públicos);

- podem outorgar concessão, permissão ou autorização de obras ou serviços públicos (desde que haja autorização no contrato de consórcio público);
- podem realizar licitação da qual, nos termos do edital, decorram contratos administrativos celebrados por órgãos ou entidades dos entes da Federação consorciados;
- fiscalização contábil, operacional e patrimonial pelo Tribunal de Contas competente para apreciar as contas do Chefe do Poder Executivo que representa legalmente os consórcios inclusive quanto à legalidade, legitimidade e economicidade das despesas, atos, contratos e renúncia de receitas, sem prejuízo do controle externo a ser exercido em razão de cada um dos contratos de rateio.

6.10.3 Constituição

Os consórcios são constituídos em duas fases:

- 1.ª fase: *prévia subscrição de protocolo de intenções*. O "protocolo de intenções" definirá o número de votos que cada ente consorciado possui na assembleia-geral (mas cada ente terá, no mínimo, 1 voto);
- 2.ª fase: *ratificação do protocolo de intenções, mediante lei*. Essa ratificação poderá ser realizada com reservas que, se aceita pelos demais consorciados, implicarão consorciamento parcial ou total. Estará dispensado desta ratificação o ente da Federação que, antes de subscrever o protocolo de intenções, disciplinar por lei a sua participação no consórcio público. Somente após a edição da lei que ratificou o protocolo de intenção é que o contrato de consórcio estará concluído.

6.10.4 Gestão associada e instrumentos

A gestão associada é a conjugação de esforços entre os entes consorciados para a prestação de serviços públicos de interesse destes. Formaliza-se por meio de três instrumentos: o protocolo de intenções, o contrato de rateio e o contrato de programa.

O ***protocolo de intenções*** é o instrumento pelo qual os entes políticos estabelecem as cláusulas essenciais do futuro contrato de consórcio, como, por exemplo, a denominação, a finalidade, o prazo de duração e a sede do consórcio; a identificação dos entes da Federação consorciados; a indicação da área de atuação do consórcio; a previsão de que o consórcio público é associação pública ou pessoa jurídica de direito privado sem fins econômicos e, ainda, a forma de eleição e a duração do mandato do representante legal do consórcio público, que, obrigatoriamente, deverá ser Chefe do Poder Executivo de ente da Federação consorciado.

Além de prever expressamente a autorização para a gestão associada de serviços públicos, o protocolo de intenções deverá explicitar: a) as competências cujo exercício se transferiu ao consórcio público (delegação de competência); b) os serviços públicos objeto da gestão associada e a área em que serão prestados; c) a autorização para licitar ou outorgar concessão, permissão ou autorização da prestação dos serviços; d) as condições a que deve obedecer o contrato de programa, no caso de a gestão associada envolver também a prestação de serviços por órgão ou entidade de um dos entes da Federação consorciados; e) os critérios técnicos para cálculo do valor das tarifas e de outros preços públicos, bem como para seu reajuste ou revisão.

O ***contrato de rateio*** é o instrumento pelo qual os entes dispõem sobre as contribuições econômicas, ou seja, as transferências de recursos financeiros e humanos (cessão de servidores) e de bens de um ente estatal para o consórcio público. Este contrato deverá ser formalizado em cada exercício financeiro e terá prazo de vigência não superior ao das dotações que o suportam, com exceção dos contratos que tenham por objeto exclusivamente projetos consistentes em programas e ações contemplados em plano plurianual ou a gestão associada de serviços públicos custeados por tarifas ou outros preços públicos.

A lei veda que as contribuições econômicas sejam feitas por meio de simples cláusula no contrato de consórcio, salvo quando se tratar de doação, destinação ou cessão do uso de bens móveis ou imóveis e de transferências ou cessões de direitos operadas por força de gestão associada de serviços públicos.

O ***contrato de programa***, por sua vez, é o instrumento pelo qual os entes consorciados dispõem sobre as contribuições obrigacionais, ou seja, a constituição e a regulamentação das obrigações assumidas por um ente da Federação em relação aos outros ou em relação ao consórcio público (a licitação para a sua celebração é dispensável). O contrato permanecerá vigente mesmo quando extinto o consórcio público ou o convênio de cooperação que autorizou a gestão associada de serviços públicos.

6.10.5 Extinção

Em razão da personalidade jurídica própria, os entes consorciados, isolados ou em conjunto, bem como o consórcio público, são partes legítimas para exigir o cumprimento das obrigações previstas no contrato de rateio, vedando a lei a aplicação desses recursos obtidos para o atendimento de despesas genéricas, inclusive transferências ou operações de crédito.

O ente consorciado que não consignar, em sua lei orçamentária ou em créditos adicionais, as dotações suficientes para suportar as despesas assumidas por meio de contrato de rateio poderá ser excluído do consórcio público após prévia suspensão.

A retirada do ente da Federação do consórcio público dependerá de ato formal de seu representante na assembleia-geral, na forma previamente disciplinada por lei. Os bens destinados ao consórcio público pelo consorciado que se retira somente serão revertidos ou retrocedidos no caso de expressa previsão no contrato de consórcio público ou no instrumento de transferência ou de alienação. Em qualquer situação, a retirada ou a extinção do consórcio público não prejudicará as obrigações já constituídas, inclusive os contratos de programa, cuja extinção dependerá do prévio pagamento das indenizações eventualmente devidas.

A alteração ou a extinção de contrato de consórcio público dependerá de instrumento aprovado pela assembleia-geral, que será ratificado mediante lei por todos os entes consorciados.

6.11 ENTES PARAESTATAIS

Os entes paraestatais não integram a administração direta ou indireta. Logo, não há vínculo hierárquico e não estão submetidos à tutela. São dotados de personalidade jurídica de direito privado. Os entes paraestatais (ou entes de cooperação) são as "pessoas jurídicas de direito privado dispostas paralelamente ao Estado, ao lado do Estado, para executar cometimentos de interesse do Estado, mas não privativos do Estado" (cf. Hely Lopes Meirelles, ob. cit., p. 353). Abrangem os *serviços sociais autônomos* e as *organizações sociais*.

Os ***serviços sociais autônomos*** são todos aqueles instituídos por lei, com personalidade de Direito Privado, para ministrar assistência ou ensino a certas categorias sociais ou grupos profissionais, sem fins lucrativos, sendo mantidos por dotações orçamentárias ou por contribuições parafiscais (idem, p. 354).

As ***organizações sociais*** são as pessoas jurídicas de Direito Privado, sem fins lucrativos, cujas atividades estatutárias sejam dirigidas ao ensino, à pesquisa científica, ao desenvolvimento tecnológico, à proteção e preservação do meio ambiente, à cultura e à saúde, atendidos os requisitos previstos na Lei 9.637/1998 (idem, p. 355).

Exemplificativamente:

1) Ordens ou conselhos profissionais: CRM, CRO, CREA etc.;
2) Fundações de apoio: Fuvest, Fipe, Vunesp etc.;

3) Fundações fechadas de previdência privada: Fundação Cesp, Petros etc.;
4) Empresas controladas pelo poder público;
5) Serviços sociais autônomos: Sesi, Senai, Sesc, Senac;
6) Organizações sociais (Lei 9.637/1998);
7) Organizações da sociedade civil de interesse público (Lei 9.790/1999); e
8) Particulares em colaboração com o Estado: autorizatários, permissionários, concessionários.

As *organizações da sociedade civil de interesse público* são as pessoas jurídicas de direito privado, sem fins lucrativos, instituídas por iniciativa de particulares, para desempenhar serviços sociais não exclusivos do Estado com o incentivo e fiscalização do Poder Público, mediante vínculo jurídico instituído por meio de termo de parceria (Lei 9.790/1999).

Ao contrário do que ocorre nas *organizações sociais*, a atuação das *organizações da sociedade civil de interesse público* não afeta as atribuições nem determina a extinção da entidade pública que presta o serviço público (ambas continuam a prestar o serviço público em parceria). Ademais, os requisitos para a obtenção da qualificação são mais rígidos do que os exigidos para as organizações sociais.

Sobre a natureza jurídica da OAB, vide ADI 3.026 (Rel. Min. Eros Grau), em que restou consignado que a "OAB não é uma entidade da Administração Indireta da União. A Ordem é um serviço público independente, categoria ímpar no elenco das personalidades jurídicas existentes no direito brasileiro. 4. A OAB não está incluída na categoria na qual se inserem essas que se tem referido como 'autarquias especiais' para pretender-se afirmar equivocada independência das hoje chamadas 'agências'. 5. Por não consubstanciar uma entidade da Administração Indireta, a OAB não está sujeita a controle da Administração, nem a qualquer das suas partes está vinculada. Essa não vinculação é formal e materialmente necessária. 6. A OAB ocupa-se de atividades atinentes aos advogados, que exercem função constitucionalmente privilegiada, na medida em que são indispensáveis à administração da Justiça [art. 133 da CB/1988]. É entidade cuja finalidade é afeita a atribuições, interesses e seleção de advogados. Não há ordem de relação ou dependência entre a OAB e qualquer órgão público. 7. A Ordem dos Advogados do Brasil, cujas características são autonomia e independência, não pode ser tida como congênere dos demais órgãos de fiscalização profissional. A OAB não está voltada exclusivamente a finalidades corporativas. Possui finalidade institucional. 8. Embora decorra de determinação legal, o regime estatutário imposto aos empregados da OAB não é compatível com a entidade, que é autônoma e independente. 9. Improcede o pedido do requerente no sentido de que se dê interpretação conforme o art. 37, inciso II, da Constituição do Brasil ao *caput* do art. 79 da Lei 8.906, que determina a aplicação do regime trabalhista aos servidores da OAB. 10. Incabível a exigência de concurso público para admissão dos contratados sob o regime trabalhista pela OAB".

Cabe apontar, ainda, que o E. STF reconhece a imunidade tributária à OAB com fulcro no art. 150, VI, *a*, da CF (RE 259.976 AgR/RS, Rel. Min. Joaquim Barbosa, j. 23.03.2010).

6.12 QUESTÕES

1. **(OAB 2010.2 – FVG) No Direito Público brasileiro, o grau de autonomia das Agências Reguladoras é definido por uma independência**

a) administrativa total e absoluta, uma vez que a Constituição da República de 1988 não lhes exige qualquer liame, submissão ou controle administrativo dos órgãos de cúpula do Poder Executivo.

b) administrativa mitigada, uma vez que a própria lei que cria cada uma das Agências Reguladoras define e regulamenta as relações de submissão e controle, fundado no poder de supervisão dos Ministérios a que cada uma se encontra vinculada, em razão da matéria, e na superintendência atribuída ao chefe do Poder Executivo, como chefe superior da Administração Pública.

c) legislativa total e absoluta, visto que gozam de poder normativo regulamentar, não se sujeitando assim às leis emanadas pelos respectivos Poderes legislativos de cada ente da federação brasileira.

d) política decisória, pois não estão obrigadas a seguir as decisões de políticas públicas adotadas pelos Poderes do Estado (executivo e legislativo).

2. **(OAB 2011.1 – FGV) A Lei 11.107, de 6 de abril de 2005, dispõe sobre normas gerais para a União, os Estados, o Distrito Federal e os Municípios contratarem consórcios públicos para a realização de objetivos de interesse comum. A respeito do regime jurídico aplicável a tais consórcios públicos, assinale a alternativa correta.**

a) A União somente participará de consórcios públicos em que também façam parte todos os Estados em cujos territórios estejam situados os Municípios consorciados.

b) É vedada a celebração de contrato de consórcio público para a prestação de serviços cujo período seja inferior a cinco anos.

c) É vedada a celebração de contrato de consórcio público cujo valor seja inferior a R$ 20.000.000,00 (vinte milhões) de reais.

d) Os consórcios públicos na área de saúde, em razão do regime de gestão associada, são dispensados de obedecer aos princípios que regulam o Sistema Único de Saúde.

3. **(OAB 2011.3 – FGV) Quatro municípios celebram um consórcio público para desenvolverem um projeto comum para o tratamento industrial de lixo coletado em suas respectivas áreas, criando uma pessoa jurídica para gerenciar as atividades do consórcio. À luz da legislação aplicável, assinale a alternativa correta.**

a) Como se trata de atividade tipicamente estatal, essa pessoa jurídica administrativa deverá ser obrigatoriamente uma autarquia, criada por lei oriunda do maior município celebrante do pacto.

b) O ordenamento jurídico brasileiro admite, no caso, tanto a criação de uma pessoa jurídica de direito público (a chamada associação pública) quanto de direito privado.

c) O ordenamento jurídico brasileiro não admite a criação de uma entidade desse tipo, pois as pessoas jurídicas integrantes da Administração Indireta são apenas as indicadas no art. 5.º do Decreto-Lei 200/1967.

d) A pessoa jurídica oriunda de um consórcio público não poderá ser, em hipótese alguma, uma pessoa jurídica de direito privado, pois isso não é admitido pela legislação aplicável.

4. (OAB/Nacional 2008_1) No que diz respeito à administração indireta, assinale a opção incorreta.

a) As entidades da administração indireta, incluindo-se as regidas por normas de direito privado, têm legitimação ativa para propor ação civil pública.

b) As pessoas jurídicas de direito privado prestadoras de serviços públicos atuam com autonomia de vontade, sujeitando-se apenas a normas de direito privado.

c) Todas as entidades da administração indireta federal, sejam elas de direito público ou de direito privado, estão sujeitas ao controle externo realizado pelo Poder Legislativo, com o auxílio do Tribunal de Contas da União.

d) As pessoas jurídicas de direito privado prestadoras de serviços públicos sujeitam-se à responsabilidade civil objetiva.

5. (VIII Exame de Ordem Unificado – FGV) Quanto às pessoas jurídicas que compõem a Administração Indireta, assinale a afirmativa correta.

a) As autarquias são pessoas jurídicas de direito público, criadas por lei.

b) As autarquias são pessoas jurídicas de direito privado, autorizadas por lei.

c) As empresas públicas são pessoas jurídicas de direito público, criadas por lei.

d) As empresas públicas são pessoas jurídicas de direito privado, criadas para o exercício de atividades típicas do Estado.

6. (OAB/MG – Abril/2008) Quanto a organização administrativa brasileira, julgue os itens abaixo e marque a alternativa CORRETA.

I – As autarquias são pessoas jurídicas de direito público pertencentes à Administração Pública Indireta, logo, submetem-se ao controle hierárquico do ente político.

II – As empresas públicas são pessoas jurídicas de direito privado, portanto, seus agentes submetem-se ao regime de trabalho celetista.

III – Tanto as sociedades de economia mista quanto as organizações sociais pertencem à Administração Pública Indireta.

Está correto o que se afirma em:

a) I, apenas.

b) II, apenas.

c) II e III, apenas.

d) I e II, apenas.

7. (IX Exame de Ordem Unificado – FGV) Atento à crescente especulação imobiliária, e ciente do sucesso econômico obtido pelas construtoras do País com a construção de imóveis destinados ao público de alta renda, o Estado "X" decide ingressar nesse lucrativo mercado. Assim, edita uma lei autorizando a criação de uma em-

presa pública e, no mesmo ano, promove a inscrição dos seus atos constitutivos no registro das pessoas jurídicas. Assinale a alternativa que apresenta a alegação que as construtoras privadas, incomodadas pela concorrência de uma empresa pública, poderiam apresentar.

a) A nulidade da constituição daquela pessoa jurídica, uma vez que as pessoas jurídicas estatais só podem ser criadas por lei específica.

b) O objeto social daquela empresa só poderia ser atribuído a uma sociedade de economia mista e não a uma empresa pública.

c) Os pressupostos de segurança nacional ou de relevante interesse coletivo na exploração daquela atividade econômica não estão presentes.

d) A criação da empresa pública não poderia ter ocorrido no mesmo ano em que foi editada a lei autorizativa.

8. (OAB Nacional 2009 – II) As agências reguladoras, na qualidade de autarquias,

a) estão sujeitas à tutela ou controle administrativo exercido pelo ministério a que se achem vinculadas, nos limites estabelecidos em lei.

b) podem ter suas decisões alteradas ou revistas por autoridades da administração a que se subordinem.

c) não dispõem de função normativa.

d) podem ser criadas por decreto.

GABARITO: As respostas destes testes encontram-se no final do livro.

Obs.: Mais questões sobre este capítulo estão disponíveis para *download* gratuito no *site* www.editorametodo.com.br.

RESTRIÇÕES DO ESTADO SOBRE A PROPRIEDADE PRIVADA E SOBRE O DOMÍNIO ECONÔMICO

7.1 INTRODUÇÃO

Nos termos da estrutura estatal explicitada em nossa Constituição, a propriedade privada e o exercício da livre empresa estão condicionados ao bem-estar social, escopo da justiça social.

Para propiciar esse bem-estar social, o Estado poderá intervir na propriedade privada e nas atividades econômicas das empresas quando tais riquezas não estiverem sendo usufruídas de acordo com os interesses sociais e as necessidades coletivas. É importante salientar, entretanto, que tal intervenção só poderá ser realizada dentro dos estritos limites traçados pela CF/1988.

7.2 FUNDAMENTO

As restrições do Estado sobre a propriedade privada têm como fundamento o ***princípio da função social da propriedade***.

De acordo com o direito civil, o direito de propriedade concede ao seu titular os poderes de usar, gozar e de dispor da coisa, bem como de reavê-la de quem injustamente a detenha. Todavia, por existirem interesses de maior relevância, o Estado limita os direitos individuais em favor de interesses públicos, evitando, assim, que haja prevalência de um sobre o outro, o que claramente contraria os próprios princípios da administração pública.

A Constituição Federal, em seu art. 182, § 4.º, dispõe que a propriedade urbana cumpre sua função social quando atende às exigências fundamentais de ordenação da cidade expressas no plano-diretor, obrigatório em cidades com mais de 20.000 habitantes.

Prevê, ainda, a faculdade do Poder Público Municipal de, mediante lei específica para área incluída no plano-diretor, exigir, nos termos da lei federal, do proprietário do solo urbano não edificado, subutilizado ou não utilizado, que promova seu adequado aproveitamento, sob pena, sucessivamente, de:

a) parcelamento ou edificação compulsória;
b) IPTU progressivo no tempo;
c) desapropriação com pagamento mediante títulos da dívida pública de emissão previamente aprovada pelo Senado Federal, com prazo de resgate de até dez anos, em parcelas anuais, iguais e sucessivas, assegurados o valor real da indenização e os juros legais.

Já com relação à propriedade rural, o art. 186 da CF determina que sua função social é cumprida quando sua utilização atender, simultaneamente, segundo critérios e graus de exigência estabelecidos em lei, os seguintes requisitos:

I – aproveitamento racional e adequado;
II – utilização adequada dos recursos naturais disponíveis e preservação do meio ambiente;
III – observância das disposições que regulam as relações de trabalho;
IV – exploração que favoreça o bem-estar dos proprietários e dos trabalhadores.

Quando a propriedade não cumprir, ou melhor, não satisfizer sua função social, seu proprietário poderá sofrer os efeitos da desapropriação **para fins de reforma agrária**, conforme preceitua o art. 184 da CF, a ser procedida **unicamente pela União**.

Dessa forma, a propriedade deve atender às seguintes diretrizes:

1) quando urbana, a propriedade deverá atender ao plano-diretor do município, sendo que o proprietário deverá proceder a edificação no terreno não construído ou o seu parcelamento;
2) quando rural, o proprietário deverá utilizar a terra de forma econômica e promover sua produtividade.

Uma vez que não estejam presentes as diretrizes mencionadas, o proprietário estará sujeito a restrições impostas pelo Estado que visam a promoção da justiça social.

7.3 MODALIDADES

O Poder Público pode intervir na propriedade privada por intermédio dos seguintes institutos:

1) da desapropriação;
2) da requisição;
3) das limitações ou servidões administrativas;
4) da ocupação temporária; e
5) do tombamento.

7.3.1 Desapropriação

7.3.1.1 Introdução

A desapropriação, também conhecida por expropriação, consiste na **transferência compulsória** da propriedade particular ou pública, devido à necessidade, utilidade pública ou interesse social.

Na lição de Celso Antônio Bandeira de Mello, "desapropriação se define como o procedimento através do qual o Poder Público, fundado em necessidade pública, utilidade pública ou interesse social, compulsoriamente despoja alguém de um bem certo, normalmente adquirindo-o para si, em caráter originário, mediante indenização prévia, justa e pagável em dinheiro, salvo no caso de certos imóveis urbanos ou rurais, em que, por estarem em desacordo com a função social legalmente caracterizada para eles, a indenização far-se-á em títulos da dívida pública, resgatáveis em parcelas anuais e sucessivas, preservado o seu valor real" (ob. cit., p. 686).

A desapropriação deve ser concretizada mediante prévia e justa indenização em dinheiro (art. 5.º, XXIV, CF). Na hipótese de desapropriação para fins de política urbana, a CF prevê, excepcionalmente, que a indenização seja feita por meio do pagamento com títulos da dívida pública, sendo a emissão destes previamente aprovada pelo Senado Federal, com prazo de resgate de até dez anos, em parcelas anuais, iguais e sucessivas, assegurados o valor real da indenização e os juros legais, quando se tratarem de área urbana não edificada, subutilizada ou não utilizada (art. 182, § 4.º, III, da CF).

7.3.1.2 Características

São características da desapropriação:

1) é forma originária de aquisição de propriedade, pois não provém de nenhum título anterior, tornando-se insuscetível de reivindicação, estando liberada de quaisquer ônus;

2) a desapropriação é feita por meio de um procedimento administrativo estruturado em duas fases: 1.º fase de natureza **declaratória**, em que se declara formalmente a existência da necessidade, utilidade pública ou interesse social; 2.º fase de caráter **executório**, compreendendo a estimativa e o pagamento da justa indenização e a transferência do bem;

3) o sujeito ativo é o poder público ou seus delegados;

4) presença dos pressupostos de necessidade pública, utilidade pública ou interesse social;

5) o objeto é a perda de um bem; e

6) o sujeito passivo é o proprietário do bem expropriado.

7.3.1.3 Os fundamentos

A ***necessidade pública*** na desapropriação surge quando a administração pública está diante de uma situação de emergência, que, para ser resolvida satisfatoriamente, exige a transferência urgente de bens de terceiros para o domínio da administração pública, para seu uso imediato.

O ***interesse social*** estará configurado quando o Estado estiver diante dos chamados interesses sociais, ou seja, daqueles interesses diretamente ligados às camadas mais pobres da população, concernentes a, por exemplo, melhoria de vida, maior e mais equitativa distribuição de riqueza, atenuação das desigualdades sociais.

Já a ***utilidade pública*** apresenta-se quando a transferência de bens de terceiros para a administração é conveniente e vantajosa, embora não imprescindível.

O *interesse social* distingue-se da *utilidade pública* pelo fato de o bem a ser desapropriado se destinará diretamente à coletividade ou aos beneficiários credenciados pela lei. Ao passo que, se fosse caso de utilidade pública, o bem seria destinado à própria administração pública ou aos seus delegados.

Os casos de desapropriação por interesse social são disciplinados pela Lei 4.132/1962 e Decreto-lei 554/1969 (revogado pela Lei Complementar 76/1993), sobre desapropriação de imóveis rurais.

O Estatuto da Cidade – Lei 10.257/2001 –, que regulamentou os arts. 182 e 183 da CF e estabeleceu diretrizes gerais da política urbana, também prevê a possibilidade de desapropriação do imóvel em área incluída no Plano Diretor cujo proprietário não tenha cumprido com a obrigação de parcelamento, edificação ou utilização compulsórios (art. 5.º) determinado por lei municipal específica. Referido diploma prevê um grande número de instrumentos de implantação de política urbana (art. 4.º), tais como as servidões e as limitações administrativas, o tombamento de imóveis ou de mobiliário urbano, a instituição de zonas especiais de interesse social, a concessão de direito real de uso, a concessão de uso especial para fins de moradia, a usucapião especial de imóvel urbano (que poderá ser coletiva – art. 10), o direito de superfície, dentre outros. Recomenda-se a leitura atenta desse diploma, que poderá ser objeto de questionamento quanto à esses instrumentos.

7.3.1.4 Bens que podem ser desapropriados

Todos os bens e direitos patrimoniais podem ser desapropriados (expropriados). A posse legítima ou de boa-fé, as ações, quotas ou direitos de qualquer sociedade também são desapropriáveis, pois têm valor econômico.

Os bens públicos são passíveis de desapropriação, desde que haja autorização legislativa, sendo que a União pode desapropriar bens de qualquer pessoa política; os Estados-membros, dos Municípios, e estes não podem desapropriar bens de nenhuma pessoa política.

No caso de autarquias, fundações públicas, empresas estatais, concessionárias e outras, seus bens são expropriáveis, independentemente de autorização legislativa, dependendo somente da autorização da pessoa política que delegou o serviço.

7.3.1.5 Indenização

Preceitua a Constituição que a indenização ao proprietário do bem desapropriado deve ser justa. Essa indenização é uma forma de compensação pela perda sofrida pelo proprietário e é uma exigência feita pelo legislador com o intuito de evitar desequilíbrios e injustiças.

A indenização deverá abranger as seguintes parcelas: valor do bem expropriado (inclusive benfeitorias necessárias e úteis, desde que estas tenham sido autorizadas pelo expropriante), lucros cessantes e danos emergentes, juros compensatórios (de 12% ao ano) e moratórios (de 6% ao ano), honorários advocatícios, custas e despesas judiciais e correção monetária.

O direito à indenização é de natureza pública e deve ser prévia, justa e em dinheiro, salvo as hipóteses previstas nos arts. 182, § 4.º, III, e 184 da CF. Assim, para o imóvel urbano não edificado, subutilizado ou não utilizado que não atenda ao Plano Diretor, o pagamento da indenização será feito mediante títulos da dívida pública de emissão previamente aprovada pelo Senado Federal, com prazo de resgate de até 10 anos, em parcelas iguais e sucessivas, assegurados o valor real da indenização e os juros legais; e para o imóvel rural que não esteja cumprindo sua função social, sujeito, portanto, à Reforma Agrária, o pagamento será feito mediante títulos da dívida agrária, com cláusula de preservação do valor real, resgatáveis no prazo de até 20 anos, a partir do segundo ano de sua emissão, e cuja utilização será definida em lei.

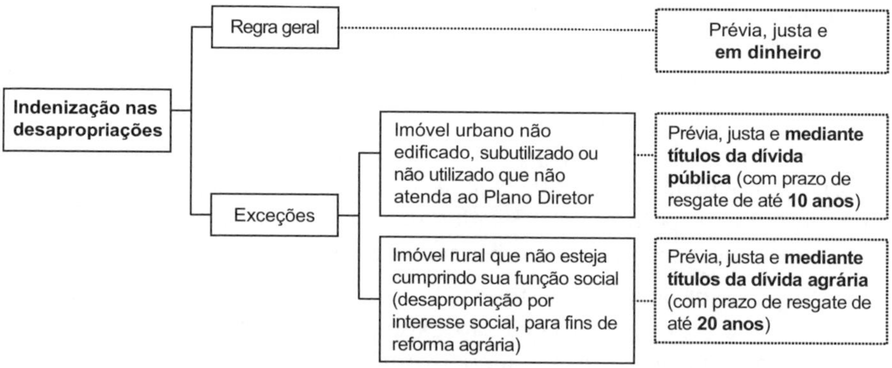

A única hipótese de expropriação do direito de propriedade sem indenização está prevista no art. 243 da CF, que determina o **confisco sem qualquer indenização** de glebas onde forem localizadas culturas ilegais de **plantas psicotrópicas**.

Dessa forma, em todos os casos de desapropriação, devem ser incluídos no cálculo da indenização o valor do bem expropriado, os lucros cessantes e os danos emergentes, os juros compensatórios, os juros moratórios, os honorários advocatícios, a correção monetária, além da despesa com desmonte e transporte de mecanismos instalados e em funcionamento.

7.3.1.6 Tipos de desapropriação

São alguns dos tipos de desapropriação:

1) Desapropriação por zona – consiste na desapropriação de áreas contíguas e necessárias ao desenvolvimento posterior da obra a que se destina ou de zonas que se valorizem extraordinariamente em consequência da realização da obra ou do serviço público. Tais áreas, uma vez desapropriadas, poderão ser vendidas a terceiros para a obtenção de recursos financeiros para custear a obra ou o serviço realizado (art. 4.º do Dec.-lei 3.365/1941);
2) Desapropriação para urbanização ou reurbanização – a desapropriação destina-se a implantar novos núcleos urbanos, com vistas a zoneamento ou renovação de bairros envelhecidos (art. 5.º, i, do Dec.-lei 3.365/1941; art. 44 da Lei 6.766/1979 e art. 8.º da Lei 10.257/2001 – Estatuto da Cidade);
3) Desapropriação para atender ao plano diretor – a desapropriação é motivada pela não edificação, subutilização ou não utilização de área (art. 182, § 4.º, III, da CF);
4) Desapropriação por interesse social – tem por finalidade promover a justa distribuição da propriedade ou condicionar seu uso ao bem-estar social. No primeiro caso a competência é somente da União (reforma agrária) e no segundo, de todos os entes políticos (art. 1.º da Lei 4.132/1962 e art. 184 da CF).

7.3.1.7 Procedimento administrativo e judicial da desapropriação

A *declaração para a desapropriação*, ou declaração expropriatória, pode ser elaborada, na maior parte das vezes, pelo chefe do Poder Executivo (por meio de decreto) ou pelo Poder Legislativo (por meio de lei).

A desapropriação somente se inicia com o acordo administrativo ou com a citação da ação judicial. Antes disso, não tem qualquer efeito sobre o direito de propriedade. O decreto expropriatório, contudo, produz os seguintes efeitos:

a) submete o bem à força expropriatória do Estado;
b) fixa o estado do bem;
c) dá início à contagem do prazo de caducidade;
d) concede à administração o direito de penetrar no bem para a realização de verificações e inspeções.

A declaração expropriatória decai em **cinco anos** quando de utilidade ou necessidade pública, e em dois anos quando de interesse social.

Inicia-se um processo expropriatório em via administrativa, consubstanciado no acordo entre as partes quanto ao preço. Já na esfera do Judiciário, será examinado o aspecto formal do decreto e será dado prosseguimento na ação, sendo admitido o depósito provisório, concedendo-se ou não imissão na posse, e, ao final, o juiz fixará a justa indenização e adjudicará o bem ao poder expropriante.

Por meio da declaração de urgência, o poder expropriante poderá requerer imissão provisória da posse, no prazo máximo de 120 dias.

O interesse da desapropriação deve ser do Poder Público, ou da coletividade, sob pena de nulidade da desapropriação.

Ocorre desvio de finalidade quando o bem expropriado não atende ou não se destina à finalidade pública (***tredestinação***). No entanto, se for desviado para outro fim público, não estará caracterizado o desvio.

O antigo proprietário terá direito à anulação da desapropriação ou à retrocessão quando ficar evidente o desvio de finalidade.

Não cabe ao Poder Judiciário analisar os fundamentos da utilidade, necessidade ou interesse social.

7.3.1.8 Anulação da desapropriação

Caso a desapropriação seja lesiva ao patrimônio público, qualquer cidadão poderá propor ação popular ou mandado de segurança para que o procedimento seja declarado nulo. O prazo é de prescrição, e é de **cinco anos**.

O ato da administração pública também poderá ser objeto de mandado de segurança.

O Decreto-lei 3.365/1941, nos seus arts. 9.º e 20, prevê ainda o ajuizamento, pelo expropriado, de "ação direta" (ação ordinária declaratória de nulidade) caso seja detectada alguma ilegalidade no ato declaratório de utilidade pública ou interesse social quanto à competência, à finalidade, à forma ou mesmo quanto aos seus próprios fundamentos (utilidade pública ou interesse social).

7.3.1.9 Retrocessão

A *retrocessão* "é a obrigação que se impõe ao expropriante de oferecer o bem ao expropriado, mediante a devolução do valor da indenização, quando não lhe der o destino declarado no ato expropriatório" (cf. Hely Lopes Meirelles, ob. cit., p. 585).

Sobre o emprego da retrocessão, em nossa legislação surgiram três correntes distintas:

1) Há quem entenda não mais existir no direito brasileiro a retrocessão como direito real de reivindicar o imóvel de volta, subsistindo apenas como direito pessoal de pleitear perdas e danos com base no art. 519 do CC.
2) Há quem entenda que permanece a retrocessão como um direito de reivindicação do imóvel expropriado.
3) Há quem veja na retrocessão um direito de natureza mista, cabendo ao expropriado a ação de exercício da preferência ou, se assim entender, de pleitear perdas e danos. Em síntese, é a volta do bem ou as perdas e danos.

Para quem entende que a retrocessão é um direito pessoal, o prazo para se fazer uso da retrocessão é de cinco anos a partir da declaração expropriatória. Para quem entende que a retrocessão é um direito real, o prazo é de dez anos (art. 205 do CC).

7.3.1.10 Desistência da desapropriação

A desistência da desapropriação pelo Poder Público expropriante pode ocorrer até que seja feita a incorporação do bem ao patrimônio público; se móvel, até a tradição e, se imóvel, até o trânsito em julgado da sentença ou com o registro em cartório. Após a incorporação do bem expropriado ao patrimônio público, somente por meio da retrocessão será possível retornar o bem expropriado ao patrimônio do antigo proprietário.

Com a desistência, o bem deverá ser devolvido nas mesmas condições em que o expropriante recebeu do proprietário; caso contrário, é inadmissível a desistência.

7.3.2 Servidão administrativa

7.3.2.1 Introdução

A *servidão administrativa*, também chamada de servidão pública, é ônus real de uso imposto pela administração à propriedade particular para assegurar a realização de obras ou serviços públicos mediante indenização. Por exemplo, a instalação de rede de energia elétrica ou gasoduto, dentro de uma propriedade particular.

A servidão administrativa é o uso de uma propriedade privada pelo poder público mediante uma indenização pelos prejuízos efetivamente suportados pelo proprietário.

7.3.2.2 Características

São características da servidão administrativa:

1) ser ônus real do Poder Público sobre a propriedade particular;
2) ter como finalidade a serventia pública;
3) manter a posse e o domínio do imóvel com o proprietário; e
4) possuir perpetuidade.

A servidão administrativa ou pública é instituída por meio da edição de lei ou mediante um ato administrativo declaratório editado pelo Poder Público, sendo formalizada por meio de acordo administrativo ou sentença judicial. Quando a servidão decorrer de ato administrativo, para que seja constituída deverá ser inscrita no registro imobiliário competente (art. 167, I, 6, da Lei 6.015/1973). Quando decorrente de edição de lei, o ônus real dispensa o registro em cartório.

7.3.2.3 Servidão de direito privado (civil) e de direito público (administrativa)

A servidão de direito privado (servidão civil) e a servidão de direito público (servidão administrativa) não podem ser confundidas, já que apresentam características diferentes:

1) as servidões civis traduzem-se em uma obrigação negativa (deixar de fazer) enquanto as servidões administrativas traduzem-se por obrigações positivas (fazer);
2) as servidões administrativas não se extinguem pela prescrição, como as civis;
3) as servidões administrativas podem gravar bens do domínio público; as civis, não; e
4) as servidões administrativas dão origem à indenização pelos prejuízos suportados; já quando se trata de servidão civil, não há que falar em indenização.

7.3.2.4 Servidões decorrentes da lei

Pode-se citar as seguintes servidões decorrentes de lei:

1) servidão sobre terrenos marginais (faixa de 15,4 metros paralela aos rios);
2) servidão a favor das fontes de água mineral, termal ou gasosa e dos recursos hídricos;
3) servidão sobre prédios vizinhos de obras ou imóveis pertencentes ao patrimônio histórico e artístico nacional;
4) servidão em torno de aeródromos e helipontos;

5) servidão militar;
6) servidão de aqueduto; e
7) servidão de energia elétrica.

7.3.2.5 Quanto à indenização

A indenização será paga **conforme o prejuízo** que a servidão causar ao imóvel, em conformidade com sua normal destinação. Se não causar danos, não será devida qualquer indenização.

7.3.2.6 Extinção

Pode-se citar como causas extintivas da servidão:

1) perda da coisa gravada;
2) transformação da coisa por fato que a torne incompatível com seu destino;
3) a desafetação da coisa dominante; e
4) a incorporação do imóvel serviente ao patrimônio público.

Como já mencionado, um traço característica das servidões é seu **caráter perpétuo**. Elas somente serão extintas quando cessar a necessidade de utilização do prédio serviente pelo Poder Público.

Também poderá ser extinta a servidão, mesmo antes do tempo determinado, se não mais existir a necessidade pública que a ocasionou, hipótese em que a administração, usando das suas prerrogativas, poderá cancelar o ônus real, caso esteja registrado em cartório. Uma outra forma de extinguir a servidão administrativa ocorre se a coisa dominante for desafetada ou, ainda, se afetada, o foi para fim diverso, em que não seja necessária a servidão. A servidão também se extingue quando ocorrer a reunião das coisas serviente e dominante no domínio de um só titular (confusão).

7.3.3 Requisição administrativa

7.3.3.1 Considerações preliminares

A *requisição administrativa* "é o ato pelo qual o Estado, em proveito de um interesse público, constitui alguém, de modo unilateral e autoexecutório, na obrigação de prestar-lhe um serviço ou ceder-lhe *transitoriamente o uso* de uma coisa *in natura*, obrigando-se a indenizar os prejuízos que tal medida efetivamente acarretar ao obrigado" (cf. Celso Antônio Bandeira de Mello, ob. cit., p. 725).

Em outras palavras, a requisição é a retirada **coercitiva e temporária** de bens da posse de particulares, pelo Poder Público, para elidir **iminente perigo público**. A requisição de bens não se confunde com a desapropriação por ser temporária e não implicar a perda da propriedade. Não se confunde, ademais, com o confisco, porque esse, além de implicar a perda definitiva dos bens, tem caráter de punição.

7.3.3.2 Características

A requisição não necessita da intervenção do Poder Judiciário para sua execução (autoexecutoriedade) e, quando se referir a bens, está condicionada à existência de perigo público iminente.

Os atos devem, portanto, conter os seguintes elementos:

1) ato discricionário quanto ao objeto e oportunidade da medida;
2) condicionamento à existência de um perigo público iminente;
3) vinculação à lei quanto à competência da autoridade requisitante; e
4) procedimento adequado.

Esses requisitos poderão ser apreciados pelo Poder Judiciário para anular a requisição ou estipular a quantia da indenização.

As requisições civis e militares, em tempo de guerra, estão regulamentadas no Decreto-lei 4.812/1942, trazendo como autoridades competentes para analisar a requisição, os ministros e comandantes militares e o ministro da Justiça, estendendo-se ao presidente da República, ministros, interventores e governadores de Estado.

Lembre-se: o que mais diferencia a requisição temporária dos outros tipos de limitações da propriedade, como, por exemplo, a ocupação, é seu caráter de urgência, causado por um perigo público iminente, segundo o art. 5.º, XXV, da CF.

7.3.4 Ocupação temporária

A *ocupação temporária* "é a utilização transitória, remunerada ou gratuita, de bens particulares pelo Poder Público, para a execução de obras, serviços ou atividades públicas ou de interesse público" (cf. Hely Lopes Meirelles, ob. cit., p. 592). Geralmente a ocupação ocorre em terrenos baldios ou propriedades inexploradas.

Constitui, nesse caso, instituto complementar da desapropriação e apresenta os seguintes pressupostos:

1) realização de obras públicas;
2) necessidade de ocupação de terrenos vizinhos;
3) inexistência de edificação no terreno ocupado;
4) obrigatoriedade de indenização; e
5) prestação de caução prévia, quando exigida.

É prerrogativa do Poder Público, podendo ser transferida a concessionários e empreiteiros, desde que autorizadas pela administração pública.

7.3.5 Limitação administrativa

7.3.5.1 Introdução

Limitação administrativa é toda imposição de ordem pública que condiciona o exercício dos direitos ou de atividades particulares em prol do bem-estar social. São imposições unilaterais e imperativas que podem ser:

1) positivas – fazer;
2) negativas – não fazer; e
3) permissivas – deixar de fazer.

As limitações, em regra, *não são indenizáveis*. Pode-se falar em indenização quando elas impedirem ou diminuírem muito o aproveitamento da propriedade. Visam a proteção dos interesses da comunidade, evitando um dano possível à coletividade.

Podem atingir quaisquer bens, direitos ou atividades individuais. No entanto, incidem preferencialmente sobre a propriedade privada.

7.3.5.2 Competência

As *competências* para a instituição de limitações administrativas podem estar expressas em leis ou decretos. Todas as pessoas políticas têm competência para legislar sobre as limitações administrativas.

Uma vez instituída pelo poder público, contra a limitação não cabe nenhuma medida administrativa ou judicial por parte do particular, pois o Estado age em atendimento ao princípio da supremacia do interesse público sobre o particular, valendo-se, para isso, do seu poder de polícia.

Entretanto, se a Administração agir com abuso de poder, extravasando os limites da lei, o particular poderá socorrer-se ao Poder Judiciário para opor-se à limitação e para pleitear eventuais prejuízos dela decorrentes.

7.3.5.3 O direito de vizinhança

O particular pode ingressar com ação em face de seu vizinho, para exigir o atendimento das limitações administrativas à construção.

Segundo a jurisprudência, o proprietário lesado por obra vizinha tem ação contra o dono da obra e contra a entidade pública que a autorizou, em sendo ilegal.

Existem algumas diferenças entre limitações administrativas e o direito de vizinhança:

1) direito de vizinhança – instituído por lei civil; protege interesses privados; uti singuli; protege o interesse de vizinhos; e
2) limitação administrativa – instituída por lei e regulamentos de ordem pública; protege a coletividade; uti universi; protege indistintamente todos os indivíduos.

7.3.6 Tombamento

7.3.6.1 Introdução

A Constituição Federal, em seu art. 23, III, estabelece que é competência comum da União, dos Estados, do Distrito Federal e dos Municípios proteger os documentos, as obras e outros bens de valor histórico, artístico e cultural, os monumentos, as paisagens naturais notáveis e os sítios arqueológicos.

O tombamento, nesse sentido, é a forma de intervenção na propriedade privada pelo Poder Público, que visa a proteção do patrimônio histórico, artístico e cultural nacional. O Poder Público determina a inscrição do bem no chamado *Livro do Tombo*.

7.3.6.2 Bens que podem ser tombados

Podem ser tombados os seguintes bens: bens móveis e imóveis, materiais e imateriais, públicos (inclusive os da União) e privados, monumentos naturais, sítios, paisagens.

O tombamento segue um **procedimento administrativo vinculado** que se inicia com o tombamento provisório (em que se assegura a preservação do bem até a decisão final) e termina com o tombamento definitivo (inscrição no Livro do Tombo e no Cartório do Registro de Imóveis). Deve existir um parecer técnico do Instituto do Patrimônio

Histórico Artístico Nacional (IPHAN), para que qualquer ente federado realize o tombamento.

7.3.6.3 Efeitos do tombamento

São efeitos do tombamento:

1) positivo – o proprietário deve fazer obras de conservação no bem; caso não tenha condições de arcar com os custos, o proprietário deve informar à autoridade competente, que poderá arcar com os custos da obra ou providenciar a desapropriação (art. 19, § 1.º do Decreto-lei 25/1937); e
2) negativo – sem prévia autorização do órgão técnico responsável, o bem tombado não poderá ser destruído, demolido ou restaurado, sob pena de multa.

Os prédios vizinhos ao tombado, em decorrência desse tombamento, sofrem uma série de restrições, como, por exemplo, não podem colocar anúncios ou construir obras que dificultem a visibilidade do bem tombado.

7.4 ATUAÇÃO NO DOMÍNIO ECONÔMICO

O Estado atua na ordem econômica supletivamente nos casos expressamente permitidos pela Constituição e na forma em que a lei estabelecer. Os principais instrumentos de atuação do Estado na ordem econômica são:

1) monopólio;
2) repressão ao abuso do poder econômico;
3) controle do abastecimento;
4) tabelamento de preços; e
5) criação de empresas estatais (empresas públicas e sociedade de economia mista).

O Estado pode atuar na economia em caráter monopolista, explorando diretamente e em caráter exclusivo determinado bem, serviço ou atividade, podendo, ainda, conceder privilégios para a exploração do bem ou de alguma atividade monopolizada a um ou mais interessados (art. 177 da CF).

O Conselho Administrativo de Defesa Econômica (CADE) – autarquia federal, vinculada ao Ministério da Justiça com função judicante sob todo o território nacional – foi criado pela Lei 8.884/1994 para disciplinar o mercado e coibir o abuso do poder econômico. Por meio do CADE, o Estado intervém na órbita econômica, coibindo abusos dos monopolistas e oligopolistas que dificultam a livre-concorrência e a livre-iniciativa. Atualmente, é regulamentado pela Lei 12.529/2011 (em vigor 180 dias após sua publicação), a qual criou e estruturou o Sistema Brasileiro de Defesa da Concorrência, de que faz parte o CADE.

Com a criação de agências executivas, tais como a Aneel, Anatel e ANP, o Estado atua diretamente na regulamentação do mercado.

Com a criação de agências executivas, tais como a Aneel, Anatel e ANP, o Estado atua diretamente na regulamentação do mercado.

7.5 QUESTÕES

1. (OAB 2010.2 – FVG) Nas hipóteses de desapropriação, em regra geral, os requisitos constitucionais a serem observados pela Administração Pública são os seguintes:

a) comprovação da necessidade ou utilidade pública ou de interesse social; pagamento de indenização prévia ao ato de imissão na posse pelo Poder Público, e que seja justa e em dinheiro; e observância de ato administrativo, sem contraditório por parte do proprietário.

b) comprovação da necessidade ou utilidade pública ou de interesse social; pagamento de indenização prévia ao ato de imissão na posse pelo Poder Público, e que seja justa e em dinheiro; e observância de procedimento administrativo, com respeito ao contraditório e ampla defesa por parte do proprietário.

c) comprovação da necessidade ou utilidade pública ou de interesse social; pagamento de indenização prévia ao ato de imissão na posse pelo Poder Público, e que seja justa e em títulos da dívida pública ou quaisquer outros títulos públicos, negociáveis no mercado financeiro; e observância de procedimento administrativo, com respeito ao contraditório e ampla defesa por parte do proprietário.

d) comprovação da necessidade ou utilidade pública ou de interesse social; pagamento de indenização, posteriormente ao ato de imissão na posse pelo Poder Público, e que seja justa e em dinheiro; e observância de procedimento administrativo, com respeito ao contraditório e ampla defesa por parte do proprietário.

2. (OAB/Nacional 2009.I) Acerca da intervenção do Estado na propriedade privada, assinale a opção correta.

a) A desapropriação por interesse social, para fins de reforma agrária, é de competência da União e dos estados, devendo ser realizada sobre imóvel rural que não esteja cumprindo a sua função social, mediante prévia indenização em títulos da dívida agrária.

b) Ocorre a desapropriação indireta quando a entidade da administração direta decreta a desapropriação, sendo o processo expropriatório desenvolvido por pessoa jurídica integrante da administração descentralizada.

c) A limitação administrativa consiste na instituição de ônus real de uso pelo poder público sobre a propriedade privada.

d) A desapropriação, que consiste na transferência de propriedade de terceiro ao poder público, tem por objeto bens móveis ou imóveis, corpóreos ou incorpóreos, públicos ou privados.

3. (OAB Nacional 2009 – II) Acerca da intervenção do Estado na propriedade, assinale a opção correta.

a) A ocupação temporária não pode incidir sobre bens imóveis.

b) A servidão administrativa é um direito pessoal.

c) No tombamento, modalidade de intervenção restritiva da propriedade, não há mudança de propriedade.

d) O direito de preempção municipal, por meio do qual se assegura ao município preferência para aquisição do imóvel urbano objeto de alienação onerosa entre particulares, não é exemplo de limitação administrativa.

4. **(OAB Nacional 2009 – III) Assinale a opção correta com relação às modalidades de restrição do Estado sobre a propriedade.**

a) A servidão administrativa afeta a exclusividade do direito de propriedade, visto que transfere a outrem faculdades de uso e gozo.

b) A requisição de imóveis é restrição imposta ao proprietário que não utiliza adequadamente a sua propriedade.

c) As limitações administrativas consubstanciam obrigações de caráter específico a proprietários determinados, sem afetar o caráter absoluto do direito de propriedade, que confere ao titular o poder de usar, gozar e dispor da coisa do modo como melhor lhe convier.

d) O tombamento, que configura instituição de direito real de natureza pública, impõe ao proprietário a obrigação de suportar ônus parcial sobre o imóvel e não afeta o caráter absoluto do direito de propriedade.

5. **(OAB Nacional 2010 – I) Acerca da desapropriação e dos institutos a ela relacionados, assinale a opção correta.**

a) Tratando-se de desapropriação por utilidade pública para a realização de obra, as áreas contíguas necessárias à execução da obra poderão ser abrangidas pela desapropriação, independentemente da inclusão dessas áreas na declaração de utilidade pública.

b) A fase declaratória, durante a qual o poder público manifesta sua vontade na futura desapropriação, é iniciada com a declaração expropriatória e formalizada por meio de ato exclusivo do chefe do Poder Executivo federal, estadual ou municipal; por isso, não pode o dirigente máximo de autarquia ou de agência reguladora, por exemplo, expedir declaração expropriatória.

c) O decreto expropriatório caduca no prazo de cinco anos caso a desapropriação por utilidade pública não seja efetivada mediante acordo ou judicialmente, sendo o termo final desse prazo, para as desapropriações que correrem na via judicial, o do trânsito em julgado da ação de desapropriação.

d) No caso de imissão prévia na posse, na desapropriação por necessidade ou utilidade pública e interesse social, havendo divergência entre o preço ofertado em juízo e o valor do bem, os juros moratórios destinam-se a recompor a perda decorrente do atraso no efetivo pagamento da indenização fixada na sentença; desse modo, só serão devidos esses juros se o pagamento não for feito até 1.º de janeiro do exercício seguinte àquele em que o pagamento deveria ter sido feito.

6. **(OAB/Nacional 2008_1) No que concerne à intervenção do Estado sobre a propriedade privada, é correto afirmar que**

a) a servidão administrativa afeta o caráter absoluto do direito de propriedade, implicando limitação perpétua do mesmo em benefício do interesse coletivo.

b) as limitações administrativas constituem medidas previstas em lei com fundamento no poder de polícia do Estado, gerando para os proprietários obrigações positivas ou negativas, com o fim de condicionar o exercício do direito de propriedade ao bem-estar social.

c) a requisição de bens móveis e fungíveis impõe obrigações de caráter geral a proprietários indeterminados, em benefício do interesse geral, não afetando o caráter perpétuo e irrevogável do direito de propriedade.

d) o tombamento implica a instituição de direito real de natureza pública, impondo ao proprietário a obrigação de suportar um ônus parcial sobre o imóvel de sua propriedade, em benefício de serviços de interesse coletivo.

7. **(OAB/Nacional 2008_2) A modalidade de intervenção estatal que gera a transferência da propriedade de seu dono para o Estado é**

a) a desapropriação.

b) a servidão administrativa.
c) a requisição.
d) o tombamento.

8. (OAB/MG – Abril/2008) Assinale a alternativa CORRETA no que se refere a desapropriação:

a) A desapropriação sempre é precedida de indenização justa, prévia e em dinheiro.
b) Os juros moratórios são devidos desde a perda da posse, e os compensatórios desde o decreto expropriatório.
c) Os juros moratórios são devidos desde a citação do expropriado, e os compensatórios desde a perda da posse do objeto da desapropriação.
d) A desapropriação é forma originária de aquisição de propriedade.

9. (OAB/MG – Agosto/2008) É CORRETO afirmar que a desapropriação de imóvel urbano pelo descumprimento da função social da propriedade:

a) depende da existência de um Plano Diretor.
b) é de competência exclusiva da União.
c) não requer pagamento de indenização.
d) só pode ocorrer em municípios com mais de 20.000 (vinte mil) habitantes.

10. (OAB/MG – Agosto/2008) Não se inclui entre os efeitos do tombamento:

a) a alienação do bem tombado depende de autorização do Poder Público.
b) a reparação ou restauração do bem tombado só pode ser feita com autorização do Poder Público.
c) a retirada provisória do bem tombado do País depende de autorização do Poder Público.
d) os proprietários de imóveis vizinhos do bem não podem fazer obras que impeçam a visibilidade do bem tombado.

11. (OAB/MG – Agosto/2008) Ao direito do expropriado de exigir de volta a propriedade imóvel caso não lhe seja dada a destinação para a que se desapropriou dá-se a denominação de:

a) investidura.
b) tredestinação.
c) retrocessão.
d) legitimação de posse.

12. (IX Exame de Ordem Unificado – FGV) A desapropriação é um procedimento administrativo que possui duas fases: a primeira, denominada declaratória e a segunda, denominada executória. Quanto à fase declaratória, assinale a afirmativa correta.

a) Acarreta a aquisição da propriedade pela Administração, gerando o dever de justa indenização ao expropriado.
b) Importa no início do prazo para a ocorrência da caducidade do ato declaratório e gera, para a Administração, o direito de penetrar no bem objeto da desapropriação.
c) Implica a geração de efeitos, com o titular mantendo o direito de propriedade plena, não tendo a Administração direitos ou deveres.
d) Gera o direito à imissão provisória na posse e o impedimento à desistência da desapropriação.

GABARITO: As respostas destes testes encontram-se no final do livro.

Obs.: Mais questões sobre este capítulo estão disponíveis para *download* gratuito no *site* www.editorametodo.com.br.

8

BENS PÚBLICOS

8.1 CONCEITO E CONSIDERAÇÕES PRELIMINARES

De acordo com o art. 98 do Código Civil, "São bens públicos os bens do domínio nacional pertencentes às pessoas jurídicas de direito público interno; todos os outros são particulares, seja qual for a pessoa a que pertencerem".

Em sentido amplo, "bens públicos são todas as coisas corpóreas ou incorpóreas, imóveis, móveis e semoventes, créditos, direitos e ações que pertençam a qualquer título, às entidades estatais, autárquicas, fundacionais e empresas governamentais" (cf. Hely Lopes Meirelles, ob. cit., p. 479).

Pode-se dividir os bens públicos em:

1) os de uso comum do povo – "são aqueles que, por determinação legal ou por sua própria natureza, podem ser utilizados por todos em igualdade de condições sem necessidade de consentimento individualizado por parte da administração pública" (cf. Maria Sylvia Zanella Di Pietro, ob. cit., p. 545), tais como os mares, rios, estradas, ruas e praças;
2) os de uso especial – "são os afetados a um serviço ou estabelecimento público, como as repartições públicas, isto é, locais onde se realiza a atividade pública; onde está à disposição dos administrados um serviço público, como teatros, universidades, museus e outros abertos à visitação pública" (cf. Celso Antônio Bandeira de Mello, ob. cit., p. 721). O art. 99, II, do CC/2002, dispõe ser bem público de uso especial os edifícios ou terrenos destinados a serviço ou estabelecimento da administração federal, estadual, territorial ou municipal, inclusive os de suas autarquias;
3) os dominicais – os quais, embora não tenham destinação específica, pertencem ao domínio público. Os bens dominicais são aqueles que constituem o patri-

> mônio da União, dos Estados-membros, ou dos Municípios, como objeto de direito pessoal, ou real, de cada uma dessas entidades.

Tal classificação leva em conta a destinação ou afetação dos bens: os da primeira categoria são destinados, por natureza ou por lei, ao uso coletivo; os da segunda, ao uso da administração pública, para consecução de seus objetivos, como os imóveis onde se instalam, as escolas, as repartições públicas, bem como os bens móveis destinados à realização de serviços públicos, como os veículos oficiais, os navios de guerra etc.; já os da terceira categoria não têm destinação pública definida, razão pela qual podem ser aplicados pelo seu titular para a obtenção de renda, como é o caso das terras devolutas, dos terrenos de marinha etc.

Sob o aspecto jurídico, os bens públicos assumem a seguinte classificação:

1) os de domínio público do Estado – categoria em que se enquadram os bens de uso comum e os de uso especial; e
2) os de domínio privado do Estado – que abrangem os bens dominicais.

8.2 OS BENS DE DOMÍNIO PÚBLICO DO ESTADO

Os bens públicos do Estado abrangem os *bens de uso comum* e os *de uso especial*.

Quanto ao regime jurídico, não existe nenhuma diferença entre eles, visto que ambos estão destinados a fins públicos. Destinação esta que pode derivar tanto da natureza do bem (praças, estradas) como também da destinação que a ele é dada pelo Poder Público, que afeta determinado bem ao uso da administração pública para a realização de atividade que tem por fim beneficiar a coletividade.

A principal diferença entre esses bens e os dominicais está na afetação, ou seja, na sua destinação aos fins públicos.

Os bens de uso comum do povo e de uso especial repartem-se entre União, Estados, Municípios, Distrito Federal e Territórios.

Na Constituição Federal, existe a especificação dos bens da União, em seu art. 20, e dos pertencentes aos Estados, no art. 26, sem, contudo, distinguir sua natureza. O Decreto-lei 9.760/1946 dispõe sobre os bens imóveis da União, e indica aqueles que pertencem a esta. No que diz respeito às águas públicas, o Código de Águas também as reparte entre União, Estados e Municípios.

Os bens de uso comum do povo e de uso especial estão fora do regime jurídico de direito privado; vale dizer que enquanto mantiverem sua afetação, não podem ser objeto de qualquer relação jurídica regida pelo direito privado, como compra e venda, doação, permuta, hipoteca, penhor, comodato, locação, posse *ad usucapionem*.

São, portanto, características dos bens das duas modalidades integrantes do domínio público do Estado a *inalienabilidade*, e como decorrência desta, a *imprescritibilidade*, a *impenhorabilidade* e a *impossibilidade de oneração*.

Maria Sylvia Zanella Di Pietro assinala que "A inalienabilidade, no entanto, não é absoluta, a não ser com relação àqueles bens que, por sua própria natureza, são insuscetíveis de valoração patrimonial, como os mares, rios navegáveis; os que sejam inalienáveis em decorrência de destinação legal e são suscetíveis de valoração patrimonial, estes podem perder o caráter de inalienabilidade, desde que percam a destinação pública, o que ocorre pela desafetação, definida por José Cretella Júnior como o 'o fato ou a manifestação de vontade do poder público mediante a qual o bem do domínio público é subtraído à dominialidade pública para ser incorporado ao domínio privado, do Estado ou do administrado'" (ob. cit., p. 547).

Da mesma maneira, a alienabilidade também não é absoluta, pois aqueles que têm esse caráter, por não terem qualquer destinação pública (os bens dominicais ou bens do domínio privado do Estado), podem perdê-la pelo instituto da afetação.

8.3 OS BENS DO DOMÍNIO PRIVADO DO ESTADO OU BENS DOMINICAIS

Os bens do domínio privado do Estado, chamados bens dominicais, possuem as seguintes características:

1) possuem uma função patrimonial ou financeira, já que se destinam a assegurar rendas ao Estado, contrariamente ao que ocorre com os demais bens públicos. Devido a essa característica, a gestão de bens dominicais é considerada atividade privada da administração pública; e
2) submetem-se ao regime jurídico de direito privado, pois a administração pública age, com relação a eles, como um proprietário privado.

O Código Civil, no art. 101, permite que os bens públicos dominicais sejam alienados desde que observadas as exigências da lei. O art. 102 proíbe expressamente a usucapião de bens públicos.

Outras restrições foram estabelecidas aos bens dominicais pela Constituição, as quais serão enumeradas a seguir:

1) o art. 188, §§ 1.º e 2.º, exige prévia aprovação do Congresso Nacional para a alienação ou cessão de terras públicas com área superior a 2.500 ha, exceto para fins de reforma agrária;
2) com relação às terras ocupadas pelos índios, o art. 231 estabelece sua inalienabilidade e imprescritibilidade e assegura aos silvícolas o direito de posse permanente e usufruto exclusivo das riquezas do solo, rios e lagos. É exigida uma autorização do Congresso Nacional para o aproveitamento dos recursos hídricos e riquezas minerais, ouvindo-se as comunidades afetadas e ficando-lhes assegurados os resultados da lavra;
3) a respeito das faixas de fronteira (faixa interna de 150 km de largura, paralela à linha divisória terrestre do território nacional, considerada fundamental para a defesa do Território Nacional), o Supremo Tribunal Federal, por meio da Súmula 477, fixou o entendimento de que as concessões de terras devolutas situadas na faixa de fronteira, feita pelos Estados, autorizam apenas o uso, permanecendo o domínio com a União, ainda que se mantenha inerte ou tolerante em relação aos posseiros. Além disso, as empresas que atuam nessa área e que se dediquem às indústrias de interesse da Segurança Nacional ou às atividades de pesquisa, lavra, exploração e aproveitamento de recursos naturais ou a colonização e loteamentos rurais terão que ter 51% do capital pertencente a brasileiros, 2/3 de trabalhadores brasileiros e a administração entregue a maioria de brasileiros;
4) quanto à exploração e pesquisa na plataforma continental submarina, nas águas do mar territorial e nas águas internas, elas estão sujeitas à prévia autorização da Marinha no intuito de resguardar os aspectos de segurança de navegação e polícia naval;
5) com relação às terras públicas situadas na zona rural, é proibido o contrato de arrendamento ou parceria para sua exploração, segundo o disposto no art. 94 do Estatuto da Terra (Lei 4.504/1964), em virtude de segurança nacional.

8.4 ALIENAÇÃO DOS BENS DE USO COMUM E DE USO ESPECIAL

A alienação é vedada quando se tratar de bens públicos de uso comum e de uso especial, já que tais bens se encontram afetados a finalidade pública. Estão fora do regime jurídico de direito privado e, assim sendo, não podem ser objeto das relações regidas pelo direito civil, como a compra e venda, doação, permuta, hipoteca, locação, comodato.

Contudo, se forem previamente **desafetados**, passando a bens dominicais, poderão ser alienados, já que estará descaracterizada sua destinação pública.

Vale ressaltar que os bens de uso comum e de uso especial não podem ser objeto de alienação, enquanto mantiverem essa natureza. Nesse sentido, a alienação de bem de uso comum e de uso especial somente pode ser efetuada de uma entidade pública para outra, seguindo as normas de direito público (como ocorre, por exemplo, na cessão de uso). Na realidade, o que ocorre é uma transferência de bens em virtude de lei. Na mesma linha, o art. 100 do CC dispõe que "os bens públicos de uso comum do povo e os de uso especial são inalienáveis, enquanto conservarem a sua qualificação, na forma que a lei determinar".

8.5 ALIENAÇÃO DOS BENS DOMINICAIS

Os bens dominicais podem ser alienados por meio de institutos do direito privado ou do direito público, se não estiverem afetados a determinada finalidade pública especificamente. Nesse sentido, o art. 101 do CC estabelece que "os bens públicos dominiais podem ser alienados, observadas as exigências da lei".

Diferentemente do que ocorre com os bens de uso comum e de uso especial, os bens dominicais não estão fora do comércio.

Quando esses bens pertencerem à União, para sua alienação será necessária a demonstração do interesse público, prévia avaliação, licitação e autorização legislativa. A autorização legislativa somente será exigida quando se tratar de **bem imóvel** (art. 17 da Lei 8.666/1993). As hipóteses de dispensa serão vistas no capítulo referente às licitações.

A modalidade de licitação mais adequada para os bens móveis é o leilão; para os imóveis, a concorrência.

8.6 USO DE BEM PÚBLICO POR PARTICULAR

As três espécies de bens públicos, já vistas, podem ser utilizadas pela pessoa jurídica de direito público que detém sua titularidade, por entes públicos e também por particulares.

Com relação à utilização dos bens públicos por particular, esta pode ser normal ou anormal.

O uso será ***normal*** quando exercido em conformidade com a destinação principal do bem, como, por exemplo, para tráfego de pedestres e carros em uma avenida; e será ***anormal*** quando usado para finalidades diversas, como é o caso da utilização dessa mesma avenida para desfiles comemorativos.

Em qualquer dessas formas, a utilização é feita por meio de uso comum, ou seja, em condições de igualdade por todas as pessoas.

Todavia, pode ocorrer que um particular utilize um bem público de forma exclusiva, privada. Daí surge o uso privativo dos bens públicos, também denominado "uso especial dos bens públicos".

O uso privativo, segundo Maria Sylvia Zanella Di Pietro, "é o direito que a Administração Pública confere, mediante título jurídico individual, a pessoa ou grupo de pessoas determinadas, para que esta exerça sobre o bem público um direito privado" (ob. cit., p. 443).

São duas, portanto, as características no uso privado do bem público:

1) a exclusividade na utilização da parcela dominial, para a finalidade consentida; e
2) a exigência de um título jurídico individual, por meio do qual a administração pública outorga o uso e estabelece as condições em que será exercido.

As formas de utilização especial do bem público se dão por intermédio da autorização, da permissão ou da concessão.

8.7 AUTORIZAÇÃO DE USO

A *autorização* de uso de bem público "é o ato unilateral pelo qual a autoridade administrativa faculta o uso de bem público para utilização episódica de curta duração" (cf. Celso Antônio Bandeira de Mello. ob. cit., p. 741). O ato é discricionário e precário, pois, uma vez concedido, pode ser revogado a qualquer tempo.

A autorização é proveniente da vontade exclusiva da administração pública (ato unilateral), mesmo que provocada pelo interessado.

Trata-se, também, de um ato discricionário, pelo qual o consentimento pode ser dado ou negado pela administração pública, segundo sua oportunidade e conveniência, de forma gratuita ou onerosa.

A utilização do bem, na autorização, não é conferida com vistas à utilidade pública, mas no interesse privado do usuário.

Portanto, são características da autorização, segundo Maria Sylvia Zanella Di Pietro (ob. cit., p. 564):

1) ela reveste de maior precariedade do que a concessão e a permissão;
2) é outorgada, em geral, em caráter transitório;
3) confere menores poderes e garantias ao usuário;
4) dispensa licitação e autorização legislativa;
5) não cria para o usuário um dever de utilização, mas uma simples faculdade; e
6) pode ser simples (sem prazo) ou qualificada (com prazo).

8.8 PERMISSÃO DE USO

A *permissão* de uso "é o ato unilateral pelo qual a administração faculta precariamente a alguém a prestação de um serviço público ou defere a utilização especial de um bem público" (cf. Celso Antônio Bandeira de Mello, ob. cit., p. 376). Pode recair sobre bens públicos de qualquer espécie.

São diferenças entre a permissão e a autorização:

1) enquanto a autorização confere a faculdade de uso privativo no interesse privado do beneficiário, a permissão implica a utilização privativa para fins de interesse coletivo;
2) a precariedade existe em ambas as modalidades, contudo, é mais acentuada na autorização do que na permissão, em virtude do interesse individual;
3) a autorização, sendo dado no interesse do usuário, cria para ele uma faculdade de uso, enquanto a permissão, sendo conferida no interesse predominantemente público, obriga o usuário a utilizar-se do bem, sob pena de caducidade do uso consentido.

Em alguns casos, é exigida a prévia licitação para a permissão do uso de determinado bem público, como no caso da implantação das feiras livres, contudo essa licitação não constitui regra. Vale destacar que a licitação só é exigível se houver a possibilidade de competição sobre o bem.

8.9 CONCESSÃO DE USO

Concessão "é o contrato administrativo pelo qual o Estado (União, Estado-membro, Distrito Federal ou Município) outorga a terceiro a utilização privativa de um bem de seu domínio, para que o explore segundo os termos e condições estabelecidos" (cf. Diógenes Gasparini, ob. cit., p. 531).

A concessão é um contrato de direito público, sinalagmático, oneroso ou gratuito, comutativo e realizado *intuitu personae*. Deve ser precedida de autorização legal e exige licitação na modalidade concorrência.

A concessão "é o instituto empregado preferentemente à permissão, nos casos em que a utilização do bem público objetiva o exercício de atividades de utilidade pública de maior vulto e, por isso mesmo, mais onerosas para o concessionário" (cf. Maria Sylvia Zanella Di Pietro, ob. cit., p. 567).

Em consequência desse fato, a concessão exige licitação e pode ser das seguintes modalidades:

1) de exploração (de minas ou jazidas) ou de uso (de aeroportos, ocupação de via pública etc.);

2) temporária ou perpétua (sepulturas);
3) remunerada ou gratuita; e
4) de utilidade pública ou privada.

8.10 CONCESSÃO DE USO ESPECIAL DE IMÓVEL URBANO PÚBLICO

Ainda vige a Medida Provisória 2.220, de 4 de setembro de 2001, que dispõe sobre a concessão de uso especial de imóvel público situado em área urbana (fixada em até 250 m^2), usado como moradia própria ou da família, por cinco anos.

O art. 1.º da MP determina que aquele que até 30 de junho de 2001 possuiu como seu por cinco anos, ininterruptamente e sem oposição, até 250 m^2 de imóvel público situado em área urbana, utilizando-o para sua moradia ou de sua família, tem o direito à concessão de uso especial para fins de moradia em relação ao bem objeto da posse, desde que não seja proprietário ou concessionário, a qualquer título, de outro imóvel urbano ou rural.

Essa concessão de uso especial para fins de moradia será conferida de forma gratuita ao homem ou à mulher, ou a ambos, independentemente do estado civil. Porém, é importante frisar que a concessão não será reconhecida mais de uma vez a um mesmo concessionário.

Em caso de morte do concessionário, o herdeiro legítimo continua, de pleno direito, na posse de seu antecessor, desde que já resida no imóvel por ocasião da abertura da sucessão.

Determina o art. 2.º que nos imóveis de que trata o art. 1.º, com mais de 250 m^2, que, até 30 de junho de 2001, estavam ocupados por população de baixa renda para sua moradia, por cinco anos, ininterruptamente e sem oposição, onde não for possível identificar os terrenos ocupados por possuidor, a concessão de uso especial para fins de moradia será conferida de forma coletiva, desde que os possuidores não sejam proprietários ou concessionários, a qualquer título, de outro imóvel urbano ou rural.

O possuidor pode, para os fins de contagem do prazo de cinco anos exigidos, acrescentar sua posse à de seu antecessor, contanto que ambas sejam contínuas.

Na concessão de uso especial de uso coletivo será atribuída igual fração ideal de terreno a cada possuidor, independentemente da dimensão do terreno que cada um ocupe, salvo hipótese de acordo escrito entre os ocupantes, estabelecendo frações ideais diferenciadas. Todavia, a fração ideal atribuída a cada possuidor não poderá ser superior a 250 m^2.

Em consonância com o art. 5.º, é facultado ao Poder Público assegurar a concessão em outro lugar, desde que o imóvel ocupado seja:

I – de uso comum do povo;

II – destinado a projeto de urbanização;

III – de interesse da defesa nacional, da preservação ambiental e da proteção dos ecossistemas naturais;

IV – reservado à construção de represas e obras congêneres; ou

V – situado em via de comunicação.

O título de concessão de uso especial para fins de moradia será obtido pela **via administrativa** perante o órgão competente da administração pública ou, em caso de recusa ou omissão deste, pela via judicial.

A administração pública terá o prazo máximo de **um ano** para decidir o pedido, contado da data de seu protocolo.

Na hipótese de bem imóvel da União ou dos Estados, o interessado deverá instruir o requerimento de concessão de uso especial para fins de moradia com certidão expedida pelo Poder Público municipal, que ateste a localização do imóvel em área urbana e sua destinação para moradia do ocupante ou de sua família.

Em ocorrendo ação judicial, a concessão de uso especial para fins de moradia será declarada pelo juiz, mediante sentença.

O título conferido por via administrativa ou por sentença judicial servirá para efeito de registro no Cartório de Registro de Imóveis.

O direito de concessão de uso especial para fins de moradia é **transferível** por ato *inter vivos* ou *causa mortis*.

O direito à concessão de uso especial para fins de moradia extingue-se no caso de:

1) o concessionário dar ao imóvel destinação diversa da moradia para si ou para sua família; ou

2) o concessionário adquirir a propriedade ou a concessão de uso de outro imóvel urbano ou rural.

Tal extinção será averbada no Cartório de Registro de Imóveis, por meio de declaração do Poder Público concedente.

Poderá ocorrer, também, a concessão de uso especial de imóvel urbano público destinado a atividades mercantis, é o que dispõe o art. 9.º É facultado ao Poder Público competente dar *autorização de uso* àquele que, até 30 de junho de 2001, possuiu como seu, por cinco anos, ininterruptamente e sem oposição, até 250 m² de imóvel público situado em área urbana, utilizando-o para fins comerciais.

Essa autorização de uso será conferida de forma gratuita.

Nesse caso, também, o possuidor poderá, para efeitos de contagem de prazo, acrescentar o tempo utilizado por seu antecessor, desde que ambos sejam contínuos.

8.11 QUESTÕES

1. (OAB Nacional 2010 – I) Com relação aos bens públicos, assinale a opção correta.

a) Por terem caráter tipicamente patrimonial, os bens de uso comum do povo podem ser alienados.

b) Os bens dominicais são indisponíveis.

c) A lei que institui normas para licitações e contratos da administração pública (Lei n.º 8.666/1993) define regras para a alienação dos bens públicos móveis e imóveis.

d) Ocorre a desafetação quando um bem público passa a ter uma destinação pública especial de interesse direto ou indireto da administração.

2. (OAB/Nacional 2009.I) Assinale a opção correta acerca dos bens públicos.

a) Depende de prévia aprovação do Congresso Nacional a alienação ou cessão de terras públicas, de qualquer tamanho, incluindo-se as destinadas à reforma agrária.

b) Pode ser autorizada por meio de permissão de uso a utilização, a título precário, de bens públicos imóveis federais para a realização de eventos de curta duração, de natureza recreativa, esportiva, cultural, religiosa ou educacional.

c) Consideram-se privados os bens pertencentes às pessoas jurídicas de direito público aos quais a lei tenha dado estrutura de direito privado.

d) Considera-se bem público de uso comum o bem público imóvel onde funcione repartição pública.

3. (OAB 2011.2 – FGV) De acordo com o critério da titularidade, consideram-se públicos os bens do domínio nacional pertencentes

a) às entidades da Administração Pública Direta e Indireta.

b) às entidades da Administração Pública Direta, às autarquias e às empresas públicas.

c) às pessoas jurídicas de direito público interno e às pessoas jurídicas de direito privado prestadoras de serviços públicos.

d) às pessoas jurídicas de direito público interno.

4. (VII Exame de Ordem Unificado – FGV) Sobre os bens públicos é correto afirmar que

a) os bens de uso especial são passíveis de usucapião.

b) os bens de uso comum são passíveis de usucapião.

c) os bens de empresas públicas que desenvolvem atividades econômicas que não estejam afetados a prestação de serviços públicos são passíveis de usucapião.

d) nenhum bem que pertença à pessoa jurídica integrante da administração pública indireta é passível de usucapião.

GABARITO: As respostas destes testes encontram-se no final do livro.

Obs.: Mais questões sobre este capítulo estão disponíveis para *download* gratuito no *site* www.editorametodo.com.br.

9 SERVIDORES PÚBLICOS

9.1 CONCEITO

Os servidores públicos são pessoas físicas que prestam serviços à administração pública direta, às autarquias ou fundações públicas, gerando entre as partes um vínculo empregatício ou estatutário. Esses serviços são prestados à União, aos Estados-membros, ao Distrito Federal ou aos Municípios.

O servidor público é a pessoa legalmente investida em cargo público. Com o advento do vigente Estatuto dos Servidores Públicos Civis da União, das autarquias e das fundações públicas federais, instituído pela Lei 8.112/1990, a antiga denominação *funcionário público* foi substituída por *servidor público.*

Dessa forma, a expressão "servidor público" é empregada ora em sentido amplo, para designar todas as pessoas físicas que prestam serviços à administração pública direta e às entidades da administração pública indireta, ora em sentido estrito, excluindo, com isso, os que prestam serviços às entidades com personalidade jurídica de direito privado.

Os servidores públicos, em sentido amplo, passaram a ser chamados de agentes públicos pela maioria dos doutrinadores. Logo, "agente público é toda pessoa física que presta serviços ao Estado e às pessoas jurídicas da administração indireta" (cf. Maria Sylvia Zanella Di Pietro, ob. cit., p. 431).

Não resta dúvida de que qualquer pessoa, seja ela servidor (agente) público ou não, só está obrigada a fazer ou deixar de fazer alguma coisa em virtude de lei. Nesse sentido, fica claro que o agente público que praticar um ato ilegal, ainda que cumprindo ordens, deve ser responsabilizado.

9.2 TIPOS DE AGENTES PÚBLICOS

São três os tipos de agentes públicos:

1) agentes políticos;
2) servidores públicos; e
3) particulares colaborando com o Poder Público.

9.2.1 Agentes políticos

Os agentes políticos, segundo Celso Antônio Bandeira de Mello, "são os titulares dos cargos estruturais à organização política do País, isto é, são os ocupantes dos cargos que compõem o arcabouço constitucional do Estado e, portanto, o esquema fundamental do poder. Sua função é a de formadores da vontade superior do Estado" (ob. cit., p. 135). São os chefes do Poder Executivo (Federal, Estadual e Municipal), seus auxiliares (Ministros e Secretários de Estado), os membros do Poder Legislativo (Deputados, Senadores e Vereadores), bem como os magistrados e os membros do Ministério Público (apesar de existir divergência na doutrina, estes dois últimos devem ser considerados agentes políticos em virtude do STF já ter se manifestado nesse sentido – RE 228.977/SP, *DJ* 12.04.2002).

Logo, são aqueles agentes públicos que estão ligados diretamente ao esquema fundamental do Poder Público.

9.2.2 Servidores públicos

Os servidores públicos são pessoas físicas que prestam serviços à administração direta ou indireta, com vínculo empregatício (CLT) ou estatutário e mediante remuneração paga pelos cofres públicos. São servidores públicos:

1) funcionário público – está sujeito ao regime estatutário e ocupa cargo público. Essa terminologia somente é mantida para fins doutrinários, pois a Lei 8.112/1990 fala, genericamente, em servidores públicos;
2) empregado público – é o contratado sob o regime celetista (CLT), ocupando emprego público, sendo admitido por meio de concurso ou, ainda, pertencen-

do aos quadros funcionais cinco anos antes da promulgação da Constituição Federal de 1988; e

3) servidor temporário – é aquele que exerce função, em caráter excepcional, por tempo determinado, sem vínculo a cargos ou emprego público e sob regime administrativo especial (Lei 8.745/1993).

9.2.3 Particulares colaborando com o Poder Público

Os particulares colaborando com o Poder Público "são as pessoas físicas que prestam serviços ao Estado, sem vínculo empregatício, com ou sem remuneração" (cf. Maria Sylvia Zanella Di Pietro, ob. cit., p. 437). Nesse sentido, os particulares podem colaborar com o Poder Público por:

1) delegação do Poder Público – empregados de empresas concessionárias ou permissionárias dos serviços públicos, serviços notariais e de registro, leiloeiros, tradutores e intérpretes públicos, sob fiscalização do Poder Público e remunerados por particulares;

2) requisição, nomeação ou designação – para o exercício de funções públicas relevantes, como jurados, prestação de serviço militar ou eleitoral, etc.; não cabe remuneração; e

3) gestores de negócios – assumem determinada função pública em momento de emergência, como, por exemplo, em epidemias, enchentes etc.

9.3 CARGO E FUNÇÃO PÚBLICA

9.3.1 Introdução

Cargos "são as mais simples e indivisíveis unidades de competência a serem expressadas por um agente, previstas em número certo, com denominação própria, retribuídas por pessoas jurídicas de Direito Público e *criadas por lei*, salvo quando concernentes aos serviços auxiliares do Legislativo, caso em que se criam por resolução, da Câmara ou do Senado, conforme se trate de serviços de uma ou de outra destas Casas" (cf. Celso Antônio Bandeira de Mello, ob. cit., p. 226). Pode-se dizer, ainda, que cargo público é a menor unidade de competência integrante da organização administrativa.

Os cargos distribuem-se em classes e carreiras. Excepcionalmente são criados cargos isolados.

Classe é o agrupamento de cargos da mesma profissão e com idênticas atribuições, responsabilidades e vencimentos.

Carreira é o agrupamento de classes da mesma profissão, escalonadas segundo a hierarquia de serviço. O conjunto de carreiras e de cargos isolados constitui o quadro permanente do serviço dos diversos poderes e órgãos públicos. As carreiras iniciam-se e terminam nos respectivos quadros.

9.3.2 Função pública

De acordo com a doutrina de Hely Lopes Meirelles, a função pública "é a atribuição ou o conjunto de atribuições que a Administração confere a cada categoria profissional ou comete individualmente a determinados servidores para a execução de serviços eventuais, sendo comumente remunerada através de *pro labore*" (ob. cit., p. 387).

A função pública prevê a realização de qualquer ato juridicamente prescrito e, portanto, relativo ao sistema do Estado considerado em sua unidade. Vale salientar que todo cargo tem função, porém nem toda função corresponde a um cargo.

A função pode ser permanente (há um titular de cargo efetivo) ou transitória (há um detentor de um cargo designado ou uma pessoa contratada para que determinada função seja realizada).

9.4 DIREITOS E DEVERES CONSTITUCIONAIS

A Constituição Federal traz alguns princípios referentes aos servidores públicos. O princípio que merece maior atenção é o da isonomia.

9.4.1 Princípio da isonomia

O *caput* do art. 5.º da CF enuncia que todos são iguais perante a lei, sendo que o princípio da isonomia tem a preocupação de assegurar a igualdade de direitos e obrigações em vários aspectos da relação funcional.

9.4.1.1 Regime jurídico único

No art. 39, *caput*, da CF tem-se que "A União, os Estados, o Distrito Federal e os Municípios instituirão conselho de política de administração e remuneração de pessoal, integrado por servidores designados pelos respectivos Poderes".

Com a alteração feita ao art. 39 pela EC 19/1998, a obrigatoriedade do regime jurídico único foi abolida, admitindo-se, agora, a contratação pelas regras da Consolidação das Leis do Trabalho (CLT). A opção pelo regime estatutário ou celetista será exercida de acordo com a natureza ou a complexidade do cargo ou emprego.

Há, também, um regime administrativo especial para os servidores públicos que são contratados por tempo determinado, de forma excepcional (Lei 8.745/1993).

9.4.1.2 Isonomia de vencimentos

De acordo com os arts. 37, X, XI, XII, XIII e XV, e 39, § 1.º, ambos da CF, é possível identificar a existência de um sistema remuneratório para os ocupantes de cargos, funções e empregos públicos da administração direta, autárquica e fundacional, para os membros de quaisquer dos poderes da União, do Estados, do Distrito Federal e dos Municípios, para os detentores de mandato eletivo e para os demais agentes políticos, bem como para os empregados públicos das entidades estatais. Compreende as seguintes modalidades:

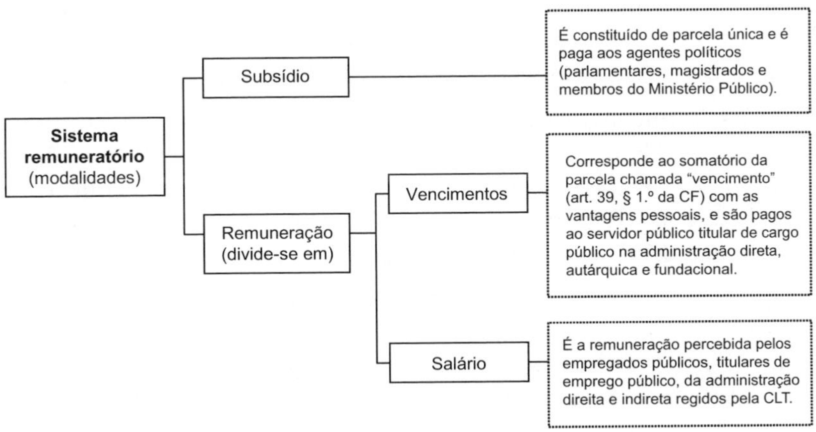

A EC 41/2003 alterou novamente o inciso XI do art. 37 da CF para estabelecer novas regras as respeito do teto remuneratório do funcionalismo público. De acordo com o aludido dispositivo, a remuneração e o subsídio dos ocupantes de cargos, funções e empregos públicos da administração direta, autárquica e fundacional, dos membros de quaisquer dos Poderes da União, dos Estados, do Distrito Federal e dos Municípios, dos detentores de mandato eletivo e dos demais agentes políticos, e os proventos, pensões ou outra espécie remuneratória, percebidos cumulativamente ou não, incluídas as vantagens pessoais ou de qualquer outra natureza (com exceção das parcelas de caráter indenizatório previstas em lei – art. 37, § 11, da CF, incluído pela EC 47/2005), não poderão exceder o subsídio mensal, em espécie, dos Ministros do Supremo Tribunal Federal, aplicando-se como limite:

– nos Municípios:	• o subsídio do Prefeito;
– nos Estados e no DF:	• o subsídio mensal do Governador no âmbito do Poder Executivo, • o subsídio dos Deputados Estaduais e Distritais no âmbito do Poder Legislativo; • o subsídio dos Desembargadores do Tribunal de Justiça, limitado a 90,25% do subsídio mensal, em espécie, dos Ministros do Supremo Tribunal Federal, no âmbito do Poder Judiciário, aplicável este limite aos membros do Ministério Público, aos Procuradores e aos Defensores Públicos. (Redação dada pela EC 41/2003)

O § 12 do art. 37 da CF (incluído pela EC 47/2005) atribuiu aos Estados e ao Distrito Federal a faculdade de fixar, em seu âmbito, mediante emenda às respectivas Constituições e Lei Orgânica, como limite único, o subsídio mensal dos Desembargadores do respectivo Tribunal de Justiça, limitado a 90,25% por cento do subsídio mensal dos Ministros do Supremo Tribunal Federal, não se aplicando esse limite aos subsídios dos Deputados Estaduais e Distritais e dos Vereadores.

Sobre a iniciativa para a elaboração de lei que fixa o subsídio dos Ministros do STF, a CF passou a atribuí-la exclusivamente ao Congresso Nacional (EC 41/2003 – antes a iniciativa era conjunta), com a sanção do Presidente da República (as Leis 11.143 e 11.144/2005 fixaram os subsídios dos Ministros do STF e da PGR, respectivamente).

A lei assegura o direito de igual remuneração aos ocupantes de mesmos cargos com atribuições iguais ou assemelhadas. O § 1.º do art. 39 da CF determina que a fixação dos padrões de vencimento e dos demais componentes do sistema remuneratório deverá observar:

I – a natureza, o grau de responsabilidade e a complexidade dos cargos componentes de cada carreira;

II – os requisitos para a investidura;

III – as peculiaridades dos cargos.

Fica, assim, estabelecido que a remuneração dos servidores dos três poderes da República será paga de forma igual, **sem privilégio, para qualquer grupo ou categoria**. “Na verdade, o que a CF assegura é a igualdade jurídica, ou seja, tratamento igual, aos especificamente iguais perante a lei. A igualdade genérica dos servidores públicos não os equipara em direitos e deveres e, por isso mesmo, não os iguala em vencimentos e vantagens. Genericamente, todos os servidores são iguais, mas pode haver diferenças específicas de função, de tempo de serviço, de condições de trabalho, de habilitação profissional e outras mais, que desigualem os genericamente iguais" (ob. cit., p. 446). Entretanto, a Súmula 681 do STF estabelece: "É inconstitucional a vinculação do reajuste de vencimentos de servidores estaduais ou municipais a índices federais de correção monetária".

A nova redação do § 8.º do art. 40, alterado pela EC 41/2003, extinguiu a paridade de revisão geral entre os ativos e os inativos (aposentados), quando a remuneração daqueles for alterada, passando a assegurar somente o reajustamento dos benefícios para preservar-lhes, em caráter permanente, o **valor real**, conforme critérios estabelecidos em lei.

Sobre o assunto, é importante conhecer o teor dos seguintes enunciados do STF – *Súmula 682*: "Não ofende a Constituição a correção monetária no pagamento com atraso dos vencimentos de servidores públicos"; *Súmula 679*: "A fixação de vencimentos dos servidores públicos não pode ser objeto de convenção coletiva"; *Súmula 678*: "São inconstitucionais os incisos I e III do art. 7.º da Lei 8.162/91, que afastam, para efeito de anuênio e de licença-prêmio, a contagem do tempo de serviço regido pela CLT dos servidores que passaram a submeter-se ao regime jurídico único"; *Súmula 671*: "Os servidores públicos e os trabalhadores em geral têm direito, no que concerne à URP de abril/maio de 1988, apenas ao valor correspondente a 7/30 de 16,19% sobre os vencimentos e salários pertinentes aos meses de abril e maio de 1988, não cumulativamente, devidamente corrigido até o efetivo pagamento".

A EC 47/2005 passou a admitir excepcionalmente a adoção de requisitos e critérios diferenciados para a concessão de aposentadoria para os servidores **portadores de deficiência** que exerçam atividades de risco ou cujas atividades sejam exercidas sob condições especiais que prejudiquem a saúde ou a integridade física, devendo tais hipóteses ser definidas por lei complementar.

9.4.1.3 Ingresso ao serviço público

De acordo com o art. 37, II, da CF, a investidura em cargo ou emprego público depende de aprovação prévia em concurso público de provas ou de provas e títulos, de acordo com a natureza e a complexidade do cargo ou emprego, na forma prevista em lei, ressalvadas as nomeações para cargo em comissão declarado em lei de livre nomeação e exoneração.

Vale ressaltar que, de acordo com o disposto no art. 7.º, XXX, são vedadas diferenças de salários, de exercício de funções e de critério de admissão por motivo de sexo, idade, cor ou estado civil.

No entanto, a EC 51/2006 trouxe uma polêmica exceção à exigência de concurso público para o ingresso no serviço público. Trata-se dos agentes comunitários de saúde e agentes de combate às endemias, que serão contratados por meio de processo seletivo público, de acordo com a natureza e complexidade de suas atribuições e requisitos específicos para sua atuação (art. 198, § 4.º, da CF). Apesar de a aludida emenda ser de duvidosa constitucionalidade, é importante que o candidato tenha conhecimento do seu teor apenas para que não seja surpreendido no exame de ordem.

Sobre o ingresso ao serviço público, o STF editou os seguintes enunciados – *Súmula n.º 683*: "O limite de idade para a inscrição em concurso público só se legitima em face do art. 7.º, XXX, da Constituição, quando possa ser justificado pela natureza das atribuições do cargo a ser preenchido"; *Súmula n.º 684*: "É inconstitucional o veto não motivado à participação de candidato a concurso público"; *Súmula n.º 686*: "Só por lei se pode sujeitar a exame psicotécnico a habilitação de candidato a cargo público".

9.4.1.4 Provimento

Provimento "é o ato pelo qual o servidor é investido em cargo, emprego ou função pública" (cf. Maria Sylvia Zanella Di Pietro, ob. cit., p. 487). Segundo Hely Lopes Meirelles, "é o ato pelo qual se efetua o preenchimento de cargo público, com a designação de seu titular" (ob. cit., p. 392).

O provimento pode ser originário ou derivado.

O ***provimento originário*** "é o que se faz através de nomeação, que pressupõe a inexistência de vinculação entre a situação de serviço anterior do nomeado e o preenchimento do cargo" (cf. Hely Lopes Meirelles, ob. cit., p. 392) (exemplo, pessoa aprovada em concurso público e servidor público aprovado em concurso para outro cargo).

O ***provimento derivado*** é o que depende de um vínculo anterior do servidor com a administração. Faz-se por promoção, readaptação, reintegração, recondução, aproveitamento ou reversão (Lei 8.112/1990).

De acordo com a *Súmula n.º 685* do STF: "É inconstitucional toda modalidade de provimento que propicie ao servidor investir-se, sem prévia aprovação em concurso público destinado ao seu provimento, em cargo que não integra a carreira na qual anteriormente investido".

9.4.2 Direito de greve e de livre nomeação sindical

O art. 37, VI e VII, da CF determina que é garantido ao servidor público civil o direito à livre associação sindical e o direito de greve, o qual deve ser exercido nos termos e nos limites definidos em lei específica. O direito de greve, segundo a jurisprudência do STF, tem a natureza de norma constitucional de eficácia limitada, ou seja, depende da futura edição de lei integrativa infraconstitucional para que possa produzir efeitos. Visando superar a omissão legislativa, o STF recentemente passou a aplicar aos servidores a Lei 7.783/1989, que dispõe sobre o exercício do direito de greve na iniciativa privada.

9.4.3 Proibição de acúmulo de cargos

Dentre as diversas hipóteses de vedação previstas no art. 117 da Lei 8.112/1990, o servidor não poderá: participar de gerência ou administração de sociedade privada, personificada ou não personificada, salvo a participação nos conselhos de administração e fiscal de empresas ou entidades em que a União detenha, direta ou indiretamente, participação no capital social ou em sociedade cooperativa constituída para prestar serviços a seus membros, e exercer o comércio, exceto na qualidade de acionista, cotista ou comanditário (inciso XI, com redação dada pela Lei 11.094/2005); receber propina, comissão, presente ou vantagem de qualquer espécie, em razão de suas atribuições; aceitar comissão, emprego ou pensão de estado estrangeiro; praticar usura sob quaisquer de suas formas; exercer quaisquer atividades que sejam incompatíveis com o exercício do cargo ou função e com o horário de trabalho.

O art. 37, XVI, da CF veda a acumulação remunerada de cargos públicos, exceto quando houver compatibilidade de horários, observado em qualquer caso o disposto no inciso XI, caso em que se admitirá o acúmulo:

a) a de dois cargos de professor;

b) a de um cargo de professor com outro, técnico ou científico;

c) a de dois cargos ou empregos privativos de profissionais de saúde, com profissões regulamentadas" (alínea com redação dada pela EC 34/2001).

A proibição de acumular cargos estende-se a empregos e funções e abrange autarquias, fundações, empresas públicas, sociedades de economia mista, suas subsidiárias, e sociedades controladas, direta ou indiretamente, pelo Poder Público.

9.4.4 Estabilidade e vitaliciedade

A *estabilidade* é a garantia que o servidor público possui de permanecer no cargo ou emprego público depois de ter sido aprovado em estágio probatório.

De acordo com a lição de Celso Antônio Bandeira de Mello, estabilidade pode ser definida como "a garantia constitucional de permanência no serviço público, do servidor público civil nomeado, em razão de concurso público, para titularizar cargo de provimento efetivo, após o transcurso de estágio probatório" (ob. cit., p. 160).

A estabilidade é assegurada ao servidor após **três anos de efetivo exercício**, em virtude de nomeação em concurso público. Esse é o estágio probatório citado pela lei.

Passada a fase do estágio, sendo o servidor público efetivado, ele perderá o cargo somente nas hipóteses do art. 41, § 1.º, da CF, a saber:

> I – em virtude de sentença judicial transitada em julgado;
> II – mediante processo administrativo em que lhe seja assegurada ampla defesa;
> III – mediante procedimento de avaliação periódica de desempenho, na forma de lei complementar, assegurada ampla defesa".

Para a aquisição da estabilidade é necessária a **efetividade**, ou seja, a condição de funcionário nomeado em concurso para ocupar um cargo público; esse é o pressuposto fundamental. Por outro lado, a Constituição Federal, em caráter excepcional, conferiu estabilidade a servidores que não preencheram esse requisito, desde que na época da promulgação da Constituição de 1988 eles já fossem servidores públicos em exercício contínuo há pelos menos cinco anos. O benefício somente alcançou os servidores públicos civis da União, Estados, Distrito Federal e Municípios, da administração direta, autarquias e fundações públicas, excluindo os empregados das fundações privadas, empresas públicas e sociedades de economia mista.

Segundo orientação jurisprudencial do Tribunal Superior do Trabalho: "Empregados de empresa pública e sociedade de economia mista não gozam da estabilidade no serviço público, assegurada pelo artigo 41 da Constituição Federal, pois esta se aplica especificamente aos servidores públicos civis da administração direta, das autarquias e das fundações públicas".

Vale ressaltar que a Constituição Federal excluiu esse direito à estabilidade dos professores universitários, assim como dos ocupantes de cargos, funções e empregos de confiança ou em comissão, e também daqueles que a lei declarou de livre exoneração (vide art. 19, ADCT).

Dessa estabilidade concedida ao servidor, surgem os direitos à disponibilidade, à reintegração e ao aproveitamento.

A *disponibilidade* "é a garantia de inatividade remunerada, assegurada ao servidor estável, em caso de ser extinto o cargo ou declarada a sua desnecessidade" (cf. Maria Sylvia Zanella Di Pietro, ob. cit., p. 481), ou ainda, quando da licença, o atual ocupante o cede novamente ao seu titular, sendo posto em disponibilidade com remuneração proporcional.

A *reintegração* é a reinvestidura do servidor estável no cargo anteriormente ocupado, ou no cargo resultante de sua transformação, quando invalidada sua demissão por decisão administrativa ou judicial, com ressarcimento de todas as vantagens (Lei 8.112/1990, art. 28). A reintegração assegura o ressarcimento de todas as vantagens ligadas ao cargo.

Já o *aproveitamento* é o retorno obrigatório à atividade do servidor em disponibilidade, em cargo de atribuições e remuneração compatíveis com o anteriormente ocupado (Lei 8.112/1990, art. 30).

A **vitaliciedade** é a investidura em cargo público, mediante nomeação, na qual se assegura ao agente o direito à permanência neste cargo com caráter de perpetuidade, só podendo ser destituído mediante sentença judicial transitada em julgado. Trata-se de hipótese que excepciona a regra geral da estabilidade; dessa forma, a vitaliciedade só será admitida nas hipóteses expressamente previstas pela Constituição Federal.

Atualmente, somente a investidura dos juízes, promotores e membros do Tribunal de Contas é vitalícia, exigindo-se o estágio probatório de **dois anos** como tempo necessário para a aquisição da vitaliciedade.

9.4.5 Afastamento para exercício de mandato eletivo

O servidor público tem o direito de afastar-se do cargo, emprego ou função, para fins de mandato eletivo. Segundo o art. 38 da CF, ao servidor público da administração direta, autárquica e fundacional, no exercício de mandato eletivo, aplicam-se as seguintes disposições:

> I – tratando-se de mandato eletivo federal, estadual ou distrital, ficará afastado de seu cargo, emprego ou função;
>
> II – investido no mandato de Prefeito, será afastado do cargo, emprego ou função, sendo-lhe facultado optar pela sua remuneração;
>
> III – investido no mandato de Vereador, havendo compatibilidade de horários, perceberá as vantagens de seu cargo, emprego ou função, sem prejuízo da remuneração do cargo eletivo, e, não havendo compatibilidade, será aplicada a norma do inciso anterior;
>
> IV – em qualquer caso que exija o afastamento para o exercício de mandato eletivo, seu tempo de serviço será contado para todos os efeitos legais, exceto para promoção por merecimento;
>
> V – para efeito de benefício previdenciário, no caso de afastamento, os valores serão determinados como se no exercício estivesse.

Aquele que for detentor de cargo de vereador, havendo compatibilidade de horários, poderá exercer os dois cargos e acumular as remunerações.

Já quando se tratar de cargo de prefeito ou mesmo de vereador e não havendo compatibilidade de horários, o servidor público poderá exercer apenas um cargo.

9.4.6 Vacância

Sendo a administração pública caracterizada pelo funcionamento ininterrupto, a vacância de um cargo (situação em que o cargo público fica sem titular) constitui anomalia que deve ser corrigida logo. Vacância, de acordo com a doutrina de Maria Sylvia Zanella Di Pietro, "é o ato administrativo pelo qual o servidor é destituído do cargo, emprego ou função" (ob. cit., p. 491).

As causas da vacância são várias: demissão, exoneração, readaptação, aposentadoria, falecimento do servidor, promoção e posse em outro cargo inacumulável (Lei 8.112/1990, art. 33).

A doutrina reconhece duas espécies de vacância de cargo público: a *originária*, referente a cargo recém-criado, jamais provido anteriormente, e a *derivada*, concretizada na perda definitiva do titular.

A ***demissão*** é o desligamento do funcionário a título de punição, que somente se procede mediante processo administrativo ou judicial. Em face da gravidade da falta que a ocasiona, poderá ser acrescida da cláusula desabonadora como "a bem do serviço público", dentre outras. Para o servidor estável, a demissão depende de decisão judicial ou de processo administrativo. Já o servidor vitalício só poderá ser demitido por meio de decisão judicial.

A ***exoneração*** é o desligamento do funcionário público sem caráter punitivo. Ocorre a pedido do próprio funcionário ou de ofício, isto é, por iniciativa da própria autoridade hierarquicamente superior nos casos previstos em lei. De acordo com o parágrafo único do art. 34 da Lei 8.112/1990, a exoneração de ofício dar-se-á: I – quando não satisfeitas as condições do estágio probatório; II – quando, tendo tomado posse, o servidor não entrar em exercício no prazo estabelecido.

A ***promoção*** "é forma de provimento pela qual o servidor passa para cargo de maior grau de responsabilidade e maior complexidade de atribuições dentro da carreira a que pertence" (cf. Maria Sylvia Zanella Di Pietro, ob. cit., p. 489). Pode se dar por antiguidade ou por merecimento. Em carreiras específicas, como, por exemplo, a magistratura, o servidor, ao passar para o patamar seguinte, não pode retroagir ao cargo anterior. Todavia, existem cargos em que todos os servidores se encontram em um mesmo patamar, com a existência de um cargo de chefia: uma vez o servidor alcance esse cargo de chefia, ele poderá retornar ao cargo anterior a qualquer momento (ex.: cargos de confiança).

9.4.7 Direitos e deveres sociais

Os direitos e deveres sociais estão elencados no art. 7.º da CF, principalmente nos incisos IV, VII, VIII, IX, XII, XIII, XV, XVI, XVII, XVIII, XIX, XX, XXII e XXX e se aplicam aos servidores por força do art. 39, § 3.º, da CF. Os deveres dos servidores públicos normalmente são previstos na Lei Estatutária, na qual também são destacadas as assiduidades, a pontualidade, a discrição, a obediência, dentre outros. Ao descumprimento cabe punição disciplinar (por meio de sindicância ou de processo administrativo disciplinar).

Nesse sentido, são direitos dos servidores ocupantes de cargos públicos, além de outros que visem à melhoria de sua condição social:

> "IV – salário mínimo, fixado em lei, nacionalmente unificado, capaz de atender a suas necessidades vitais básicas e às de sua família com moradia, alimentação, educação, saúde, lazer, vestuário, higiene, transporte e previdência social, com reajustes periódicos que lhe preservem o poder aquisitivo, sendo vedada sua vinculação para qualquer fim; (...)
>
> VII – garantia de salário, nunca inferior ao mínimo, para os que percebem remuneração variável;
>
> VIII – décimo terceiro salário com base na remuneração integral ou no valor da aposentadoria;

IX – remuneração do trabalho noturno superior à do diurno; (...)

XII – salário-família pago em razão do dependente do trabalhador de baixa renda nos termos da lei;

XIII – duração do trabalho normal não superior a oito horas diárias e quarenta e quatro semanais, facultada a compensação de horários e a redução da jornada, mediante acordo ou convenção coletiva de trabalho; (...)

XV – repouso semanal remunerado, preferencialmente aos domingos;

XVI – remuneração do serviço extraordinário superior, no mínimo, em cinquenta por cento à do normal;

XVII – gozo de férias anuais remuneradas com, pelo menos, um terço a mais do que o salário normal;

XVIII – licença à gestante, sem prejuízo do emprego e do salário, com a duração de cento e vinte dias;

XIX – licença-paternidade, nos termos fixados em lei;

XX – proteção do mercado de trabalho da mulher, mediante incentivos específicos, nos termos da lei; (...)

XXII – redução dos riscos inerentes ao trabalho, por meio de normas de saúde, higiene e segurança; (...)

XXX – proibição de diferença de salários, de exercício de funções e de critério de admissão por motivo de sexo, idade, cor ou estado civil".

9.5 RESPONSABILIDADE

O servidor está sujeito às responsabilidades civis, penais e administrativas, decorrentes de seu cargo, emprego ou função.

9.5.1 Responsabilidade civil

Todo aquele que causa dano a outro é obrigado a repará-lo. Para configurar o ato ilícito civil, é necessário: ação ou omissão; culpa ou dolo; relação de causalidade; ocorrência do dano (prejuízo) material ou moral. A administração pública responde civilmente pelos atos de seus servidores com base na **responsabilidade objetiva** (a vítima não precisa provar a conduta culposa do servidor), na modalidade do **risco administrativo** (admite as seguintes excludentes: culpa exclusiva da vítima, caso fortuito ou força maior e fato exclusivo de terceiro). O servidor causador do prejuízo será responsabilizado, via ação regressiva, mas com base na responsabilidade subjetiva (exige demonstração de culpa por parte do Estado).

A jurisprudência dominante do STJ orientou-se no sentido de permitir a denunciação da lide ao funcionário pelo Estado, mesmo que este, em contestação, alegue culpa exclusiva da vítima.

O art. 43 do Código Civil proclama que "As pessoas jurídicas de direito público interno são civilmente responsáveis por atos de seus agentes que nessa qualidade causem dano a terceiros, ressalvado direito regressivo contra os causadores do dano, se houver, por parte destes, culpa ou dolo".

9.5.2 Responsabilidade penal

Quando é praticado um crime ou contravenção, a responsabilidade está no âmbito penal.

A responsabilidade penal é aferida pelo Poder Judiciário, de acordo com o Código Penal, que prevê os crimes funcionais. O servidor pode ser preso, condenado a pagar multa, bem como à perda do cargo ou emprego público. A condenação criminal implica, entretanto, o reconhecimento automático da responsabilidade civil e administrativa, porque o ilícito penal é mais do que o ilícito administrativo e o ilícito civil. A absolvição criminal só afasta a responsabilidade administrativa e a civil quando ficar decidida a inexistência do fato ou a não autoria imputada ao servidor, dada a independência dessas jurisdições. A absolvição penal, por fim, motivada pela falta de provas ou ausência de dolo, não exclui a culpa administrativa nem a civil.

9.5.3 Responsabilidade administrativa

O servidor responde administrativamente pelos atos ilícitos cometidos e definidos no Estatuto, sendo a ação ou omissão contrária à lei.

A infração é apurada pela própria administração pública, instaurando procedimento específico para esse fim (processo administrativo disciplinar e sindicância). Cabe, naturalmente, defesa ao servidor (o instituto da verdade sabida – que significa o conhecimento pessoal da infração pela própria autoridade competente para punir o infrator – não foi recepcionado pela CF/1988 pelo fato de ter se tornado incompatível com o princípio da ampla defesa e do devido processo legal). Se for comprovada a infração, o servidor ficará sujeito às penalidades: advertência, destituição de cargo em comissão, exoneração ou até mesmo a demissão do cargo efetivo, uma vez exista a sentença judicial transitada em julgado.

9.6 APOSENTADORIA

A aposentadoria é o direito do servidor de ser remunerado, mesmo não exercendo o seu cargo ou emprego. O direito à aposentadoria é assegurado por lei e ocorre devido à invalidez, à idade ou ao tempo de serviço. Hely Lopes Meirelles conceitua da seguinte forma: "aposentadoria é a garantia de inatividade remunerada reconhecida aos servidores que já prestaram longos anos de serviço, ou se tornaram incapacitados para as suas funções" (ob. cit., p. 423).

Há diversas modalidades de regime previdenciário: o regime anterior à EC 20/1998, o regime entre a EC 20/98 e EC 41/2003, o regime posterior à EC 41/2003, o de transição e o de previdência complementar (também previsto pela EC 41/2003 e regulamentado pelas LC 108/2001 e 109/2001).

1) Regime anterior à EC 20/98: é assegurada a concessão de aposentadoria e pensão segundo o regime anterior a essa Emenda que modificou o regime de aposentadoria, desde que os servidores já tenham preenchido os requisitos para se aposentar à data da sua promulgação, em respeito ao direito adquirido.
2) Regime entre a EC 20/98 e a EC 41/2003: a EC 41/2003 trouxe um regime de transição para as situações surgidas entre a EC 20/98 e a 41/2003. Recomenda-se uma breve leitura dos dispositivos constitucionais (vide art. 40 da CF).
3) Regime atual (EC 41/2003): no tocante às modalidades de aposentadoria, prevista no regime básico atual, o art. 40 da CF elenca três: aposentadoria por invalidez, compulsória e voluntária:
   3.1) aposentadoria por invalidez permanente – também denominada aposentadoria compulsória por incapacidade real, consiste no recebimento pelo servidor de seus proventos integrais, sem nenhum desconto, mas somente se a invalidez decorrer de acidente de serviço, doença grave ou incurável, ou ainda moléstia profissional, de acordo com as hipóteses que a lei estabelecer (art. 40, § 1.º, I, da CF, com redação alterada pela EC 41/2003). Quando a invalidez for ocasionada por outros motivos, o servidor não aposentará com o valor integral de seus vencimentos, mas sim com o valor proporcional ao tempo de contribuição. Admite-se nessa modalidade de aposentadoria o afastamento do servidor para tratamento em um período não superior a 24 meses;
   3.2) aposentadoria compulsória – também conhecida como incapacidade presumida, é cabível quando o servidor alcançar os 70 anos de idade (a EC 41/2003 não alterou esse limite de idade), sendo que, nesse caso, ele terá direito a uma aposentadoria proporcional ao tempo de contribuição, salvo se já preencher as condições para a aposentadoria integral, que veremos a seguir. O art. 187 da Lei 8.112/1990 estabelece que essa modalidade de aposentadoria é automática e será declarada por ato com vigência a partir do dia seguinte àquele em que atingir a idade de 70 anos;
   3.3) aposentadoria voluntária – a aposentadoria voluntária *integral* se dará com 60 anos de idade e 35 anos de contribuição, se homem, e 55 anos de idade e 30 anos de contribuição, se mulher; a aposentadoria voluntária *proporcional* se dará com 65 anos de idade, se homem, e 60 anos de idade, se mulher. O professor que comprove exclusivamente tempo de efetivo exercício das funções de magistério na educação infantil e no ensino fundamental e médio terá reduzido o tempo para a aposentadoria voluntária *integral* em 5 anos, esta ocorrendo, portanto, com 55 anos de idade e 30 anos de contribuição, se homem, e 50 anos de idade e 25 anos de contribuição, se mulher. Para o servidor público, exige-se, ainda, o cumprimento de tempo mínimo de dez anos de efetivo exercício no serviço público e cinco anos no cargo efetivo em que se dará a aposentadoria.

4) Regime de previdência complementar: será aplicado mediante autorização do servidor. A EC 20/98 incluiu o § 14 ao art. 40, com o seguinte teor: "A União, os Estados, o Distrito Federal e os Municípios, desde que instituam regime de previdência complementar para os seus respectivos servidores titulares de cargo efetivo, poderão fixar, para o valor das aposentadorias e pensões a serem concedidas pelo regime de que trata este artigo, o limite máximo estabelecido para os benefícios do regime geral de previdência social de que trata o art. 201". De acordo com o § 15, do art. 40, da CF, incluído pela EC 41/2003, "O regime de previdência complementar de que trata o § 14 será instituído por lei de iniciativa do respectivo Poder Executivo, observado o disposto no art. 202 e seus parágrafos, no que couber, por intermédio de entidades fechadas de previdência complementar, de natureza pública, que oferecerão aos respectivos participantes planos de benefícios somente na modalidade de contribuição definida". O regime a que se refere esse artigo foi instituído pela Lei 12.618/2012.

De acordo com a *Súmula 726 do STF*: "Para efeito de aposentadoria especial de professores, não se computa o tempo de serviço prestado fora da sala de aula".

A EC 47/2001 passou a admitir excepcionalmente a adoção de requisitos e critérios diferenciados para a concessão de aposentadoria para os beneficiários do regime geral de previdência social que exercem atividades sob condições especiais que prejudiquem a saúde ou a integridade física e quando se tratar de segurados portadores de deficiência, nos termos a serem definidos em lei complementar.

A aludida emenda também trouxe a previsão, a ser regulamentada por lei, de um sistema especial de inclusão previdenciária para atender a trabalhadores de baixa renda e àqueles sem renda própria que se dediquem exclusivamente ao trabalho doméstico no âmbito de sua residência, desde que pertencentes a famílias de baixa renda, garantindo-lhes acesso a benefícios de valor igual a um salário-mínimo, contando com alíquotas e carências inferiores às vigentes para os demais segurados do regime geral de previdência social (art. 201, §§ 1.º, 12 e 13 da CF).

9.7 QUESTÕES

1. (OAB/Nacional 2009.I) Com base no regime jurídico dos servidores públicos federais, assinale a opção correta.

a) O servidor público que tenha sido absolvido na esfera criminal, por falta de provas da existência de crime, deve ser, obrigatoriamente, absolvido da infração administrativa.

b) O servidor público detentor de cargo efetivo que seja demitido por lesão aos cofres públicos e dilapidação do patrimônio não pode mais retornar ao serviço público.

c) Remoção caracteriza-se como o deslocamento de cargo de provimento efetivo, ocupado ou vago no âmbito do quadro geral de pessoal, para outro órgão ou entidade do mesmo poder.

d) A anulação do ato de demissão de servidor público detentor de cargo efetivo ou em comissão implica a sua reintegração ao cargo.

2. (OAB 2010.2 – FVG) Determinada Administração Pública realiza concurso para preenchimento de cargos de detetive, categoria I. Ao final do certame, procede à nomeação e posse de 400 (quatrocentos) aprovados. Os vinte primeiros classificados são desviados de suas funções e passam a exercer as atividades de delegado. Com o transcurso de 4 (quatro) anos, estes vinte agentes postulam a efetivação no cargo. A partir do fragmento acima, assinale a alternativa correta.

a) Os referidos agentes têm razão, pois investidos irregularmente, estão exercendo as suas atividades há mais de 4 (quatro) anos, a consolidar a situação.

b) É inconstitucional toda modalidade de provimento que propicie ao servidor investir-se, sem prévia aprovação em concurso público destinado ao seu provimento, em cargo que não integra a carreira na qual anteriormente foi investido.

c) Não têm ainda o direito, pois dependem do transcurso do prazo de 15 (quinze) anos para que possam ser tidos como delegados, por usucapião.

d) É inconstitucional esta modalidade de provimento do cargo, pois afronta o princípio do concurso público, porém não podem ter alterado os ganhos vencimentais, sedimentado pelos anos, pelo princípio da irredutibilidade.

3. (OAB Nacional 2009 – II) Maria ocupava cargo efetivo na administração pública federal e, após quinze anos de serviço público, aposentou-se por invalidez. Dois anos após a aposentadoria, submeteu-se a junta médica oficial, a qual declarou insubsistentes os motivos da aposentadoria, o que ocasionou o retorno de Maria ao serviço público. Na situação hipotética apresentada, o instituto aplicado ao caso de Maria foi a

a) readaptação.

b) reintegração.

c) recondução.

d) reversão.

4. (OAB Nacional 2010 – I) Com relação ao regime disciplinar dos servidores públicos federais, previsto na Lei n.º 8.112/1990, assinale a opção correta.

a) Em caso de processo administrativo disciplinar contra servidor público, a lei autoriza, como medida cautelar, que a autoridade instauradora do processo determine o seu afastamento do cargo, pelo prazo de até sessenta dias, sem prejuízo da remuneração, para evitar que esse servidor possa influir na apuração do fato a ele imputado.

b) Servidor aposentado não pode ser punido em razão de infração administrativa praticada na ativa e cuja penalidade prevista seja a de demissão.

c) A penalidade de demissão não impede, em nenhuma hipótese, que o servidor venha a ocupar outro cargo público.

d) As penalidades de suspensão aplicadas aos servidores públicos não poderão ter seus registros cancelados.

5. (OAB/SP 136.º) Acerca dos atos administrativos relacionados a concursos públicos, assinale a opção correta.

a) O candidato aprovado em concurso público não tem direito garantido à nomeação, ainda que dentro do prazo de validade do certame, quando o cargo for preenchido sem observância da classificação.

b) A nomeação de candidato aprovado em concurso público não implica direito à posse no cargo a ser preenchido.

c) É legítimo o veto não motivado à participação de candidato em concurso público, tal como o respaldado em prévia investigação da vida pregressa do candidato.

d) É inconstitucional o provimento que propicie ao servidor investir-se, sem prévia aprovação em concurso público, em cargo que não integre a carreira na qual fora anteriormente investido.

6. **(OAB 2011.2 – FGV) O art. 37, II, da Constituição da República Federativa do Brasil de 1988, condiciona a investidura em cargo ou emprego público à prévia aprovação em concurso público de provas ou de provas e títulos, ressalvadas as nomeações para os cargos em comissão. Em relação a concurso público, segundo a atual jurisprudência dos tribunais superiores, é correto afirmar que**

a) os candidatos aprovados em concurso público de provas ou de provas e títulos e classificados entre o número de vagas oferecidas no edital possuem expectativa de direito à nomeação.

b) os candidatos aprovados em concurso público de provas ou de provas e títulos devem comprovar a habilitação exigida no edital no momento de sua nomeação.

c) o prazo de validade dos concursos públicos poderá ser de até dois anos prorrogáveis uma única vez por qualquer prazo não superior a dois anos, iniciando-se a partir de sua homologação.

d) os candidatos aprovados em concurso público de provas ou de provas e títulos e classificados dentro do limite de vagas oferecidas no edital possuem direito subjetivo a nomeação dentro do prazo de validade do concurso.

7. **(OAB 2011.3 – FGV) Luiz Fernando, servidor público estável pertencente aos quadros de uma fundação pública federal, inconformado com a pena de demissão que lhe foi aplicada, ajuizou ação judicial visando à invalidação da decisão administrativa que determinou a perda do seu cargo público. A decisão judicial acolheu a pretensão de Luiz Fernando e invalidou a penalidade disciplinar de demissão. Diante da situação hipotética narrada, Luiz Fernando deverá ser**

a) reintegrado ao cargo anteriormente ocupado, ou no resultante de sua transformação, com ressarcimento de todas as vantagens.

b) aproveitado no cargo anteriormente ocupado ou em outro cargo de vencimentos e responsabilidades compatíveis com o anterior, sem ressarcimento das vantagens pecuniárias.

c) readaptado em cargo de atribuições e responsabilidades compatíveis, com ressarcimento de todas as vantagens.

d) reconduzido ao cargo anteriormente ocupado ou em outro de vencimentos e responsabilidades compatíveis com o anterior, com ressarcimento de todas as vantagens pecuniárias.

8. **(OAB 2011.3 – FGV) Joana D'Arc, beneficiária de pensão por morte deixada por ex-fiscal de rendas, falecido em 05.01.1999, ajuizou ação ordinária em face da União, alegando que determinado aumento remuneratório genérico concedido aos fiscais de renda em atividade não lhe teria sido repassado. Assim, isso teria violado a regra constitucional da paridade remuneratória entre ativos, inativos e pensionistas. Acerca de tal alegação, é correto afirmar que é manifestamente**

a) procedente, pois, embora a regra da paridade remuneratória entre ativos, inativos e pensionistas tenha sido revogada pela EC 41/2003, a pensão por morte rege-se pela lei vigente à época do óbito, quando ainda vigia tal regra.

b) improcedente, pois, nos termos do Verbete 339 da Súmula de Jurisprudência do STF, não cabe ao Poder Judiciário, que não tem função legislativa, aumentar vencimentos de servidores públicos sob fundamento de isonomia.

c) improcedente, pois a regra da paridade remuneratória entre ativos, inativos e pensionistas foi revogada pela EC 41/2003, sendo absolutamente irrelevante o fato de o ex-servidor ter falecido antes da edição da referida emenda.

d) procedente, pois a CRFB garante o reajustamento da pensão por morte dos benefícios para preservar-lhes, em caráter permanente, o valor real, conforme critérios estabelecidos em lei.

9. (OAB/Nacional 2007_3) De acordo com o art. 121 da Lei n.º 8.112/1990, o "servidor responde civil, penal e administrativamente pelo exercício irregular de suas atribuições". Considerando esse comando legal, assinale a opção correta.

a) Pode haver responsabilidade civil sem que haja a penal, mas sempre haverá a obrigação administrativa.

b) Sempre que houver a responsabilidade penal, haverá também a responsabilidade civil e a administrativa.

c) A administração não pode aplicar pena de demissão ao servidor em processo disciplinar se este houver sido absolvido em processo criminal.

d) O Estatuto do Servidor Público Federal prevê que as sanções penais, cíveis e administrativas podem ser cumuladas.

10. (OAB/Nacional 2008_1) No que se refere à acumulação remunerada de cargos públicos, assinale a opção correta.

a) As exceções à regra da vedação de acumulação de cargos públicos, previstas na Constituição Federal, são taxativas.

b) É permitida a acumulação de, no máximo, três cargos públicos de profissionais de saúde.

c) É permitida a acumulação de dois cargos públicos de professor, quando houver compatibilidade de horários e desde que ambos os cargos públicos sejam de professor do ensino fundamental.

d) A regra da vedação de acumulação de cargos públicos se estende a empregos e funções e abrange as sociedades de economia mista, mas não as sociedades controladas indiretamente pelo poder público.

11. (OAB/Nacional 2008_1) Relativamente à estabilidade no serviço público, assinale a opção correta.

a) O servidor público estável pode perder o cargo mediante processo administrativo.

b) O servidor público adquire estabilidade com dois anos de efetivo serviço.

c) São estáveis os servidores públicos que se encontravam, na data da promulgação da Constituição de 1988, em exercício, no serviço público, por quatro anos continuados.

d) O servidor público estável está sujeito à perda do cargo em virtude de sentença judicial publicada em jornal oficial.

12. (OAB/Nacional 2008_1) Suponha que um servidor tenha sido absolvido na instância penal em razão de ter ficado provada a inexistência do ato ilícito que lhe fora atribuído. Nessa situação,

a) a decisão absolutória não influirá na decisão administrativa se, além da conduta penal imputada, houver a configuração de ilícito administrativo naquilo que a doutrina denomina de conduta residual.

b) haverá repercussão no âmbito da administração, não podendo esta punir o servidor pelo fato decidido na esfera criminal.

c) em nenhuma hipótese a decisão judicial surtirá efeito na relação funcional, e, em consequência, na esfera administrativa.

d) a punição na instância administrativa, caso tenha sido aplicada, não poderá ser anulada.

13. (OAB/Nacional 2008_2) Acerca do Estatuto dos Servidores Públicos Civis da União, assinale a opção correta.

a) O servidor investido em mandato eletivo não poderá ser removido ou redistribuído de ofício para localidade diversa daquela onde exerce o mandato.
b) A responsabilidade civil do servidor decorre de ato comissivo – mas não omissivo – que resulte em prejuízo ao erário ou a terceiros.
c) Será cassada a aposentadoria ou a disponibilidade do inativo que houver praticado falta punível, na atividade, com suspensão ou demissão.
d) O servidor investido em mandato federal, estadual ou distrital será afastado do cargo, emprego ou função, sendo-lhe facultado optar pela sua remuneração como servidor.

14. (OAB/Nacional 2008_2) A respeito dos agentes públicos, julgue os itens a seguir.

I – Na prática de atos de improbidade administrativa, mesmo os que exercem, sem remuneração, mandato, cargo, emprego ou função pública são considerados agentes públicos.

II – As pessoas que, na esfera federal, são contratadas por tempo determinado para atender a necessidade temporária de excepcional interesse público são regidas pela Lei n.º 8.112/1990.

III – Os integrantes da Advocacia-Geral da União, os procuradores dos estados e do DF e os defensores públicos são, nos termos da CF, remunerados por subsídios.

IV – O dispositivo constitucional que proíbe a sindicalização e a greve dos militares federais estende-se aos militares dos estados e do DF.

Estão certos apenas os itens

a) I e II.
b) II e III.
c) III e IV.
d) I, III e IV.

15. (OAB/MG – Abril/2008) A disponibilidade do servidor público

a) se dá quando o cargo que ocupava for extinto, situação em que recebe remuneração integral.
b) tem natureza dupla, de modelo de aposentadoria ou tipo de penalidade, mas sempre com remuneração proporcional.
c) dar-se-á somente quando for invalidada por sentença judicial a demissão de servidor estável, sendo que o servidor colocado em disponibilidade terá remuneração proporcional.
d) ocorre, entre outras situações, nos casos em que for extinto o cargo, ou declarada sua desnecessidade, mas com direito à remuneração proporcional.

16. (OAB/MG – Agosto/2008) Relativamente às pessoas físicas que ocupam cargos ou mandatos componentes da estrutura do governo, exercendo atribuições constitucionais, é CORRETO afirmar:

a) não se classificam como agentes públicos.
b) são agentes públicos delegados.
c) são agentes públicos honoríficos.
d) são agentes públicos políticos.

17. (OAB/MG – Agosto/2008) O sistema remuneratório do subsídio aplicável a um funcionário público não obsta o pagamento de:

a) abono.
b) adicional por tempo de serviço.

c) gratificação de produtividade.

d) adicional de férias.

GABARITO: As respostas destes testes encontram-se no final do livro.

Obs.: Mais questões sobre este capítulo estão disponíveis para *download* gratuito no *site* www.editorametodo.com.br.

LICITAÇÃO

10.1 CONCEITO E DISPOSIÇÕES GERAIS

A licitação "é o procedimento administrativo mediante o qual a Administração Pública seleciona a proposta mais vantajosa para o contrato de seu interesse" (cf. Hely Lopes Meirelles, ob. cit., p. 256). O contrato pode se referir à execução de obras e serviços, à aquisição de materiais e gêneros ou para a alienação de bens de seu patrimônio.

Com a licitação, abre-se aos interessados a oportunidade de oferecimento de propostas para a contratação com o poder público, desde que se sujeitem às condições do instrumento convocatório (edital ou carta-convite).

Hely Lopes Meirelles observa que: "Como procedimento, a licitação desenvolve-se por meio de uma sucessão ordenada de atos vinculantes para a administração pública e para os licitantes, o que propicia igual oportunidade a todos os interessados e atua como fator de eficiência e moralidade nos negócios administrativos" (idem, p. 257).

O art. 3.º da Lei 8.666/1993, conforme redação dada pela Lei 12.349/2010, explicita que "a licitação destina-se a garantir a observância do princípio constitucional da isonomia, a seleção da proposta mais vantajosa para a administração e a promoção do desenvolvimento nacional sustentável e será processada e julgada em estrita conformidade com os princípios básicos da legalidade, da impessoalidade, da moralidade, da igualdade, da publicidade, da probidade administrativa, da vinculação ao instrumento convocatório, do julgamento objetivo e dos que lhes são correlatos."

10.2 PRINCÍPIOS DA LICITAÇÃO

Há, na doutrina, grande divergência quando o assunto faz menção aos princípios que regem a licitação. Alguns apontam apenas dois princípios: o da **igualdade entre os concorrentes** e o da **livre concorrência**. Outros, como Hely Lopes Meirelles, apontam um número maior de princípios, o que parece mais correto, dada a importância da licitação.

Assim, de uma maneira mais completa e coerente, podem-se citar os seguintes princípios regimentais da licitação:

1) Princípio da igualdade entre os licitantes;
2) Princípio da legalidade;
3) Princípio da impessoalidade;
4) Princípio da moralidade e da probidade administrativa;
5) Princípio da publicidade dos atos;
6) Princípio da vinculação ao instrumento convocatório;
7) Princípio do julgamento objetivo;
8) Princípio da adjudicação compulsória;
9) Princípio da ampla defesa;
10) Princípio do procedimento formal; e
11) Princípio do sigilo.

Segundo o ***princípio da igualdade entre os licitantes***, que é um dos alicerces da licitação, fica vedado o estabelecimento de condições que impliquem preferência em favor de determinado licitante em detrimento dos demais. A violação desse princípio caracteriza verdadeiro desvio de poder, sujeitando-se à anulação do procedimento e punição do servidor pelo Poder Judiciário.

Há duas exceções a esse princípio, previstas no § 2.º do art. 3.º da Lei 8.666/1993 que assegura como critério de desempate, em igualdade de condições, a preferência sucessiva dos bens e serviços:

I – (Revogado pela Lei 12.349/2010);
II – produzidos no País;
III – produzidos ou prestados por empresas brasileiras;
IV – produzidos ou prestados por empresas que invistam em pesquisa e no desenvolvimento de tecnologia no País.

A segunda refere-se às aquisições de bens e serviços de informática e automação, para dar preferência aos produzidos por empresas de capital nacional, observada a seguinte ordem, prevista no art. 3.º da Lei 8.248/1991:

I – bens e serviços com tecnologia desenvolvida no País;
II – bens e serviços produzidos de acordo com processo produtivo básico, na forma a ser definida pelo Poder Executivo.

Cite-se, ainda:

> Art. 3.º, § 1.º: I - admitir, prever, incluir ou tolerar, nos atos de convocação, cláusulas ou condições que comprometam, restrinjam ou frustrem o seu caráter competitivo, inclusive nos casos de sociedades cooperativas, e estabeleçam preferências ou distinções em razão da naturalidade, da sede ou domicílio dos licitantes ou de qualquer outra circunstância impertinente ou irrelevante para o específico objeto do contrato, ressalvado o disposto nos §§ 5.º a 12 deste artigo e no art. 3.º da Lei n.º 8.248, de 23 de outubro de 1991; (Redação dada pela Lei nº 12.349, de 2010)

Vale destacar que a aquisição desses bens e serviços poderá ser feita por meio de pregão.

O ***princípio da legalidade*** estabelece que a licitação é um procedimento totalmente vinculado à lei, estando todas suas fases inteiramente disciplinadas pela Lei 8.666/1993.

Pelo ***princípio da impessoalidade***, "todos os licitantes devem ser tratados igualmente, em termos de direitos e obrigações, devendo a administração pública, em suas decisões, ater-se a critérios objetivos, sem levar em consideração as condições pessoais do licitante ou as vantagens por ele oferecidas, salvo as expressamente previstas na lei ou no instrumento convocatório" (cf. Maria Sylvia Zanella Di Pietro, ob. cit., p. 306).

O ***princípio da moralidade e da probidade*** "exige da administração pública não apenas um comportamento lícito, mas também consoante com a moral, os bons costumes, as regras de boa administração, os princípios de justiça e de equidade, a ideia comum de honestidade" (idem, ibidem).

O ***princípio da publicidade*** diz respeito não só à divulgação do procedimento para conhecimento de todos os interessados, como também aos atos da administração pública praticados durante a licitação que podem e devem ser abertas aos interessados, assegurando aos interessados o direito de fiscalizar.

Esse princípio também estabelece que quanto mais importante para a administração pública for a modalidade de licitação, maior deverá ser a publicidade, no intuito de atrair um número maior de participantes. No convite, a divulgação será mínima, devido ao reduzido valor do contrato. Na concorrência, a divulgação será a maior possível.

De acordo com o art. 21 da Lei de Licitações, os avisos contendo os resumos dos editais das concorrências, das tomadas de preços, dos concursos e dos leilões, embora realizados no local da repartição interessada, deverão ser publicados com antecedência, no mínimo, por uma vez:

I – no Diário Oficial da União (quando se tratar de licitação feita por órgão federal, quando se tratar de obras financiadas com recursos federais ou garantidas por instituições federais);

II – no Diário Oficial do Estado, ou do Distrito Federal (quando se tratar, respectivamente, de licitação feita por órgão estadual, municipal, ou distrital);

III – em jornal diário de grande circulação no Estado e também, se houver, em jornal de circulação no Município ou na região onde o objeto da licitação será empregado, podendo ainda, conforme o vulto da licitação, utilizar-se de outros meios de divulgação para ampliar a área de competição.

O prazo mínimo até o recebimento das propostas ou da realização do evento será de:

Prazo do edital	Modalidades
– 45 dias para:	a) *concurso*; b) *concorrência*, quando o contrato a ser celebrado contemplar o regime de empreitada integral ou quando a licitação for do tipo "melhor técnica" ou "técnica e preço".
– 30 dias para:	a) *concorrência*, nos casos não especificados na alínea "b" do inciso anterior; b) *tomada de preços*, quando a licitação for do tipo "melhor técnica" ou "técnica e preço".
– 15 dias para:	– a *tomada de preços*, nos casos não especificados na alínea "b" do inciso anterior, ou *leilão*.
– 5 dias úteis para:	– *convite*.
– 8 dias úteis (no mínimo) para:	– pregão.

Estes prazos serão contados a partir da última publicação do edital resumido ou da expedição do convite, ou ainda da efetiva disponibilidade do edital ou do convite e respectivos anexos, prevalecendo a data que ocorrer mais tarde.

Qualquer modificação no edital exige divulgação pela mesma forma que se deu o texto original, reabrindo-se o prazo inicialmente estabelecido, exceto quando, inquestionavelmente, a alteração não afetar a formulação das propostas.

O ***princípio da vinculação ao instrumento convocatório*** também deve ser observado, sob pena de nulidade, por ser essencial para as licitações. Esse princípio estabelece que a administração pública bem como os licitantes estão vinculados às condições do instrumento convocatório, seja edital, seja carta-convite, e dessa forma deverão seguir fielmente os requisitos nele indicados. Assim, poderão ser inabilitados se não apresentarem a documentação exigida ou desclassificados se não atenderem às exigências da proposta.

Pelo ***princípio do julgamento objetivo***, que também vincula a administração pública, fica estabelecido que o julgamento das propostas há de ser feito de acordo com os critérios estabelecidos no edital, que é a lei interna da licitação. Contudo, quando o edital não estabelecer critério, tem-se, como regra, que a licitação deve buscar o menor preço.

O ***princípio da adjudicação compulsória*** significa que a administração pública só poderá atribuir o objeto da licitação ao vencedor. A administração pública não poderá conceder o objeto licitatório a outro licitante que não o vencedor, uma vez que preencheu todos os requisitos e consequentemente apresentou a melhor proposta. Tal princípio torna a adjudicação, ao vencedor, obrigatória, salvo se este desistir expressamente do contrato ou não o firmar no prazo prefixado, a menos que comprove justo motivo. Referido princípio não gera direito adquirido à assinatura do contrato, mas sim mera preferência na contratação.

Pelo ***princípio da ampla defesa***, consagrado pelo art. 87 da Lei 8.666/1993, fica estabelecido que para a aplicação das sanções administrativas exige-se a observância da ampla defesa, com os meios e recursos a ela inerentes. O preceito se aplica não só para a aplicação de sanções mas também para a hipótese de desfazimento da licitação (art. 49, § 3.º, da Lei 8.666/1993).

O ***princípio do procedimento formal*** "é o que impõe a vinculação da licitação às prescrições legais que a regem em todos os seus atos e fases" (cf. Hely Lopes Meirelles, ob. cit., p. 257). Esse princípio não deve ser confundido com solenidades ou formalismos nos atos a serem praticados. Refere-se, outrossim, à preexistência de regras constantes no edital, nos regulamentos, nos cadernos de obrigações e na lei.

O ***princípio do sigilo*** na apresentação das propostas decorre do princípio da igualdade. O conhecimento da proposta de um concorrente pelos outros proponentes, eventualmente de maior poder econômico, os colocaria em posição mais vantajosa perante os demais, de menor poder econômico, impedindo a obtenção dos melhores resultados tanto para a administração pública como para os administrados. Vale ressaltar, ainda, que a violação desse princípio enseja a nulidade do procedimento e caracteriza ilícito penal (art. 94 da Lei 8.666/1993).

10.3 FASES DO PROCEDIMENTO LICITATÓRIO

O procedimento licitatório desenvolve-se em duas fases:

- **fase interna** (art. 38 da Lei 8.666/1993): esta fase abrange diversas medidas administrativas para iniciar o procedimento licitatório, tais como pedido de instauração do procedimento, identificação e delimitação do objeto, verificação se há previsão orçamentária.

- **fase externa** (art. 43, I a VI, da Lei 8.666/1993): esta fase subdivide-se em fase inicial (expedição do edital ou da postagem da carta-convite); habilitação (art. 27 da Lei das Licitações); classificação (julgamento das propostas pela Comissão); homologação (pela autoridade superior que confirma o julgamento das propostas, a legalidade da licitação e confere eficácia à classificação); e adjudicação do objeto ao licitante vencedor (ato que atribui ao vencedor o objeto da licitação).

Sobre as fases do procedimento, temos a seguinte visão geral:

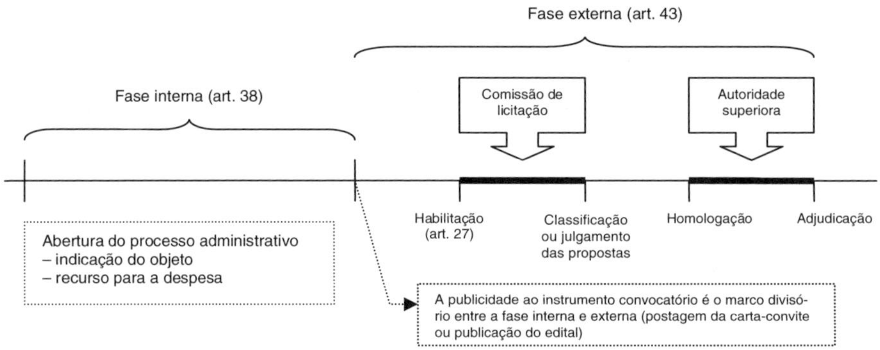

– *Comissão de licitação*: é o órgão composto nos termos do art. 51 da Lei das Licitações, a quem compete habilitar os licitantes e classificar as propostas;

– *Fase inicial*: representada pela publicação do instrumento convocatório, que estabelece as condições que irão reger o certame;

– *Habilitação*: é o ato pelo qual são admitidos os licitantes aptos. Nos termos do art. 32, § 1.º, da Lei das Licitações, pode haver dispensa, no todo ou em parte, dos documentos de habilitação na modalidade de convite, concurso, fornecimento de bens para pronta entrega e leilão, previstos nos arts. 28 a 31 da Lei;

– *Classificação das propostas (julgamento)*: é o ato pelo qual são organizadas as propostas admitidas;

– Nos termos do art. 48, § 3.º, da Lei das Licitações, quando todos os licitantes forem inabilitados ou todas as propostas forem desclassificadas, a administração poderá fixar prazo, nos termos da lei, para que os licitantes sanem as irregularidades, dando continuidade ao certame licitatório. Em regra, esse prazo será de oito dias úteis, mas em relação ao convite poderá ser reduzido para três dias úteis;

– *Adjudicação*: é o ato que atribui ao vencedor o objeto da licitação (obras, bem ou serviço).

10.4 OBRIGATORIEDADE DA LICITAÇÃO

A Constituição Federal, em seu art. 37, XXI, exige a licitação para os contratos de obras, serviços, compras e alienações, bem como para a concessão e a permissão de serviços públicos. A Lei 8.666/1993 exige a licitação para as obras, serviços inclusive de publicidade, compras, alienações, concessões, permissões e locações.

Estão obrigados a promover a licitação todos os órgãos da administração pública direta, os fundos especiais, as autarquias, as fundações públicas, as empresas públicas, as sociedades de economia mista e demais entidades controladas direta ou indiretamente pela União, Estados, Distrito Federal e Municípios (Lei 8.666/1993, art. 1.º, parágrafo único).

Quanto às entidades da administração indireta, estas poderão editar regulamentos próprios, devidamente publicados e aprovados pela autoridade de nível superior, a qual estiverem vinculadas, ficando sujeitos, entretanto, às disposições gerais da Lei 8.666/1993.

10.5 DISPENSA E INEXIGIBILIDADE

De acordo com a Lei 8.666/1993, o procedimento licitatório pode deixar de ser realizado, tornando a licitação dispensada, dispensável ou inexigível.

A licitação será ***dispensada*** quando a própria lei assim o declarar.

As hipóteses de dispensa de licitação para a alienação de bens públicos imóveis estão previstas no art. 17, I, da Lei 8.666/1993 e são as seguintes:

a) dação em pagamento;

b) doação, permitida exclusivamente para outro órgão ou entidade da administração pública, de qualquer esfera de governo, ressalvado o disposto nas alíneas *f*, *h* e *i* (redação dada pela Lei 11.952/2009);

c) permuta, por outro imóvel que atenda aos requisitos constantes do inciso X do art. 24 desta Lei;

d) investidura;

e) venda a outro órgão ou entidade da administração pública, de qualquer esfera de governo;

f) alienação gratuita ou onerosa, aforamento, concessão de direito real de uso, locação ou permissão de uso de bens imóveis residenciais construídos, destinados ou efetivamente utilizados no âmbito de programas habitacionais ou de regularização fundiária de interesse social desenvolvidos por órgãos ou entidades da administração pública; (redação dada pela Lei 11.481/2007);

g) procedimentos de legitimação de posse de que trata o art. 29 da Lei 6.383/1976, mediante iniciativa e deliberação dos órgãos da Administração Pública em cuja competência legal inclua-se tal atribuição;

h) alienação gratuita ou onerosa, aforamento, concessão de direito real de uso, locação ou permissão de uso de bens imóveis de uso comercial de âmbito local com área de até 250 m^2 e inseridos no âmbito de programas de regularização fundiária de interesse social desenvolvidos por órgãos ou entidades da administração pública. (redação dada pela Lei 11.481/2007);

i) alienação e concessão de direito real de uso, gratuita ou onerosa, de terras públicas rurais da União na Amazônia Legal onde incidam ocupações até o limite de 15 (quinze) módulos fiscais ou 1.500ha (mil e quinhentos hectares), para fins de regularização fundiária, atendidos os requisitos legais (incluído pela Lei 11.952/2009).

Em relação aos bens públicos móveis, a licitação será dispensada nos seguintes casos:

a) doação, permitida exclusivamente para fins e uso de interesse social, após avaliação de sua oportunidade e conveniência socioeconômica, relativamente à escolha de outra forma de alienação; (**obs.:** esta hipótese não se aplica à doação com encargo, cujo procedimento é exigido, conforme o art. 17, § 4.º);

b) permuta, permitida exclusivamente entre órgãos ou entidades da Administração Pública;

c) venda de ações, que poderão ser negociadas em bolsa, observada a legislação específica;

d) venda de títulos, na forma da legislação pertinente;

e) venda de bens produzidos ou comercializados por órgãos ou entidades da Administração Pública, em virtude de suas finalidades;

f) venda de materiais e equipamentos para outros órgãos ou entidades da Administração Pública, sem utilização previsível por quem deles dispõe.

Vale destacar que a investidura, hipótese de licitação dispensada prevista no § 3.º do art. 17, abrange: "I – a alienação aos proprietários de imóveis lindeiros de área remanescente ou resultante de obra pública, área esta que se tornar inaproveitável isoladamente, por preço nunca inferior ao da avaliação e desde que esse não ultrapasse a 50% do valor constante da alínea a do inciso II do art. 23 desta lei; II – a alienação, aos legítimos possuidores diretos ou, na falta destes, ao Poder Público, de imóveis para fins residenciais construídos em núcleos urbanos anexos a usinas hidrelétricas, desde que considerados dispensáveis na fase de operação dessas unidades e não integrem a categoria de bens reversíveis ao final da concessão".

A licitação será ***dispensável*** quando a lei conferir certa discricionariedade ao administrador acerca da necessidade de realização do certame. As hipóteses estão previstas no art. 24, I a XXXII, da Lei 8.666/1993.

As hipóteses de dispensabilidade da licitação são divididas em quatro categorias:

1) em razão do pequeno valor;

2) em razão de situações excepcionais;

3) em razão do objeto; e
4) em razão da pessoa.

Em *razão do pequeno valor*: é dispensável, de acordo com o art. 24, I, da Lei 8.666/1993, a licitação para obras e serviços de engenharia de pequeno valor, entendendo-se este como o valor de até 10% do limite previsto na alínea *a*, I, do art. 23, e desde que não se refira a parcelas de uma mesma obra ou serviço e ainda de obras e serviços da mesma natureza e no mesmo local que possam ser realizados conjunta ou concomitantemente.

Em *razão de situações excepcionais*, a licitação pode ser dispensada:

▪ nos casos de guerra ou grave perturbação da ordem;

▪ nos casos de emergência ou calamidade pública;

▪ quando não acudirem interessados à licitação anterior e esta, justificadamente, não puder ser repetida sem prejuízo da administração pública (**licitação deserta**);

▪ na contratação de remanescente de obra, serviço ou fornecimento, em consequência de rescisão contratual, desde que atendida a ordem de classificação da licitação anterior;

▪ quando a União tiver que intervir no domínio econômico para regular preços ou normalizar o abastecimento;

▪ quando as propostas apresentadas consignarem preços manifestamente superiores aos praticados no mercado nacional, ou forem incompatíveis com os fixados pelos órgãos oficiais competentes (**obs.**: em caso de desclassificação de todas as propostas, a administração fixará aos licitantes o prazo de oito dias úteis para apresentação de outras propostas);

▪ quando houver possibilidade de comprometimento da segurança nacional; para aquisição de bens ou serviços nos termos do acordo internacional específico aprovado pelo Congresso Nacional, quando as condições ofertadas forem manifestamente vantajosas para o Poder Público;

▪ nas compras ou contratações de serviços para o abastecimento de navios, embarcações, unidades ou tropas e seus meios de deslocamento, quando em estada eventual de curta duração em portos, aeroportos ou localidades diferentes de suas sedes, por motivo de movimentação operacional ou de adestramento, quando a exiguidade dos prazos legais puder comprometer a normalidade e os propósitos das operações e desde que seu valor não exceda ao limite estabelecido na alínea a, II, do art. 23 da Lei;

▪ na aquisição de bens e contratação de serviços para atender aos contingentes militares das Forças Singulares brasileiras empregadas em operações de paz no exterior, necessariamente justificadas quanto ao preço e à escolha do fornecedor ou executante e ratificadas pelo Comandante da Força.

Em *razão do objeto*: o art. 24 prevê as seguintes hipóteses de dispensa da licitação:

- para a compra ou locação de imóvel destinado ao atendimento das finalidades precípuas da administração, cujas necessidades de instalação e localização condicionem sua escolha, desde que o preço seja compatível com o de mercado;
- nas compras de hortifrutigranjeiros, pão e outros gêneros perecíveis, no tempo necessário para a realização dos processos licitatórios correspondentes, realizadas diretamente com base no preço do dia;
- para a aquisição ou restauração de obras de arte e objetos históricos, de autenticidade certificada, desde que compatíveis ou inerentes às finalidades do órgão ou entidade;
- para a aquisição de componentes ou peças de origem nacional ou estrangeira, necessários à manutenção de equipamentos durante o período de garantia técnica;
- nas compras de materiais de uso das Forças Armadas, com exceção de materiais de uso pessoal e administrativo, quando houver necessidade de manter a padronização requerida pela estrutura de apoio logístico dos meios navais, aéreos e terrestres, mediante parecer de comissão instituída por decreto;
- para a aquisição de bens e insumos destinados exclusivamente à pesquisa científica e tecnológica com recursos concedidos pela Capes, pela Finep, pelo CNPq ou por outras instituições de fomento a pesquisa credenciadas pelo CNPq para esse fim específico; (Redação dada pela Lei n.º 12.349, de 2010)
- para o fornecimento de bens e serviços, produzidos ou prestados no País, que envolvam, cumulativamente, alta complexidade tecnológica e defesa nacional, mediante parecer de comissão especialmente designada pela autoridade máxima do órgão;
- na contratação em que houver transferência de tecnologia de produtos estratégicos para o Sistema Único de Saúde – SUS, no âmbito da Lei 8.080, de 19 de setembro de 1990, conforme elencados em ato da direção nacional do SUS, inclusive por ocasião da aquisição destes produtos durante as etapas de absorção tecnológica.

Em *razão da pessoa*: o art. 24 prevê as seguintes hipóteses:

- para a aquisição, por pessoa jurídica de direito público interno, de bens produzidos ou serviços prestados por órgão ou entidade que integre a administração pública e que tenha sido criado para esse fim específico em data anterior a Lei das Licitações;

- para a impressão de diários oficiais, formulários padronizados de uso da administração, de edições técnicas oficiais, a prestação de serviços de informática a pessoa jurídica de direito público interno, por órgãos ou entidades que integrem a administração pública, criados para esse fim;

- na contratação de instituição brasileira, incumbida em regimental ou estatutariamente da pesquisa, do ensino ou do desenvolvimento institucional, ou de instituição dedicada à recuperação social do preso, desde que a contratada detenha inquestionável reputação ético-profissional;

- na contratação de associação de portadores de deficiência física, sem fins lucrativos e de comprovada idoneidade, por órgãos ou entidades da administração pública, para a prestação de serviços ou fornecimento de mão de obra, desde que o preço contratado seja compatível com o praticado no mercado;

- na contratação de fornecimento ou suprimento de energia elétrica e gás natural com concessionário, permissionário ou autorizado, segundo as normas da legislação específica;

- para a celebração de contratos de prestação de serviços com as organizações sociais, qualificadas no âmbito das respectivas esferas de governo, para atividades contempladas no contrato de gestão;

- na contratação realizada por Instituição Científica e Tecnológica – ICT ou por agência de fomento para a transferência de tecnologia e para o licenciamento de direito de uso ou de exploração de criação protegida;

- na celebração de contrato de programa com ente da Federação ou com entidade de sua administração indireta, para a prestação de serviços públicos de forma associada nos termos do autorizado em contrato de consórcio público ou em convênio de cooperação;

- na contratação da coleta, processamento e comercialização de resíduos sólidos urbanos recicláveis ou reutilizáveis, em áreas com sistema de coleta seletiva de lixo, efetuados por associações ou cooperativas formadas exclusivamente por pessoas físicas de baixa renda reconhecidas pelo poder público como catadores de materiais recicláveis, com o uso de equipamentos compatíveis com as normas técnicas, ambientais e de saúde pública (alterado pela Lei 11.445/2007);

- na contratação de instituição ou organização, pública ou privada, com ou sem fins lucrativos, para a prestação de serviços de assistência técnica e extensão rural no âmbito do Programa Nacional de Assistência Técnica e Extensão Rural na Agricultura Familiar e na Reforma Agrária, instituído por lei federal (incluído pela Lei 12.188, de 2010);

- nas contratações visando ao cumprimento do disposto nos arts. 3.º, 4.º, 5.º e 20 da Lei 10.973, de 2 de dezembro de 2004, observados os princípios gerais de contratação dela constantes (incluído pela Lei 12.349/2010).

Já quanto à **inexigibilidade**, as hipóteses estão presentes na lei e estão relacionadas com a impossibilidade jurídica de competição entre os contratantes em virtude da natureza específica do negócio ou em virtude dos objetivos sociais visados pela administração. O art. 25, do aludido diploma, dispõe que são inexigíveis as licitações nos seguintes casos:

> I – para a aquisição de materiais, equipamentos ou gêneros que só possam ser fornecidos por produtor, empresa ou representante comercial exclusivo, vedada a preferência de marca, devendo a comprovação de exclusividade ser feita através de atestado fornecido pelo órgão de registro do comércio do local em que se realizaria a licitação ou a obra ou o serviço, pelo Sindicato, Federação ou Confederação Patronal, ou, ainda, pelas entidades equivalentes;
>
> II – para a contratação de serviços técnicos enumerados no art. 13 desta Lei, de natureza singular, com profissionais ou empresas de notória especialização, vedada a inexigibilidade para serviços de publicidade e divulgação;
>
> III – para a contratação de profissional de qualquer setor artístico, diretamente ou através de empresário exclusivo, desde que consagrado pela crítica especializada ou pela opinião pública".

Na ***dispensa*** ainda há a possibilidade de competição que justifique a licitação, de modo que a lei faculta a sua realização (trata-se de competência discricionária da administração). Já nos casos de *inexigibilidade*, não há possibilidade de competição, porque só existe um objeto ou uma pessoa que atenda às necessidades da administração pública; a licitação, portanto, é inviável.

Observe-se que, além do regime previsto na Lei 8.666/1993, há outras hipóteses de dispensa de licitação previstas em leis especiais, a exemplo da Lei 12.462/2011, que institui o Regime Diferenciado de Contratações Públicas – RDC, e a Lei 12.351/2010, que dispõe sobre a exploração e a produção de petróleo, de gás natural e de outros hidrocarbonetos fluidos, sob o regime de partilha de produção, em áreas do pré-sal e em áreas estratégicas.

10.6 MODALIDADES DE LICITAÇÃO

A Lei 8.666/1993, regulamentando o art. 37, XXI, da CF, instituiu normas para licitações e contratos da administração pública, e trouxe, no art. 22, as seguintes modalidades de licitação, assim denominadas em razão dos valores previstos no art. 23, I e II, da aludida lei (no caso de consórcios públicos, aplicar-se-á o dobro dos valores mencionados no *caput* deste artigo quando formados por até 3 entes da Federação, e o triplo, quando formados por maior número):

I - concorrência;
II - tomada de preços;
III - convite;
IV - concurso;
V - leilão;

Oportuno analisar o quadro abaixo:

Modalidade (art. 22)	Valor (art. 23)	N.º de licitantes	Participação (art 22)	Objeto	Forma de divulgação (art. 21)
Concorrência	Grandes valores	Independe	Sem restrição	Sem restrições	**Edital** publicado 30 dias de antecedência em relação ao recebimento das propostas (vide art. 21, § 2.º, *b* – 45 dias)
Tomada de preço	Valores médios	Independe	Cadastrados ou que atendam todos requisitos até 3 dias antes ao recebimento da proposta	Sem restrições	**Edital** publicado 15 dias de antecedência
Convite	Valores pequenos	Pelo menos 3 (se não houver 3 licitantes constar tal fato no P. A.)	Cadastrado ou não (edital estendendo aos demais cadastrados – manifestação antes de 24 horas do recebimento da proposta)	Sem restrições	**Carta-convite** remetida aos interessados com 5 dias de antecedência (fixação no mural)
Concurso	Não interessa	Independe	Sem restrição	Trabalho técnico, científico ou artístico	**Edital** publicado 45 dias de antecedência
Leilão	Não interessa	Independe	Sem restrição	Alienação de bens inservíveis, produtos apreendidos, bens imóveis	**Edital** com ênfase na localidade onde se realizará o certame

O ***pregão*** (Lei 10.520/2002), apesar de não ter sido introduzido expressamente no rol do art. 22 da Lei 8.666/1993, constitui uma nova modalidade de licitação, devendo ser estudado em conjunto com as demais.

Segundo o art. 22, § 8.º, são proibidas a criação de outras modalidades de licitação ou a combinação dessas por parte dos administradores. As modalidades de licitação não devem ser confundidas com os tipos de licitação, que estão ligados ao critério de julgamento, sendo os seguintes (art. 45, § 1.º):

I - melhor preço (mais usual, para obras, aquisições e serviços singelos);
II - melhor técnica (para serviços de natureza predominantemente intelectual);
III - técnica e preço (também para serviços de natureza predominantemente intelectual); e
IV - maior oferta ou lance (para direitos reais sobre imóveis).

Na modalidade pregão, as propostas são julgadas pelo critério "menor preço".

Assim sendo, para uma licitação, deverá ser usada apenas uma das seis modalidades previstas, observando os critérios de conveniência e a adequação de cada uma delas ao caso concreto. Nesse sentido, tratando-se de uma licitação de grande valor para compras e serviços, para obras de engenharia, compra de bens imóveis, concessões de direito real e licitações internacionais, a modalidade adequada é a concorrência. Se, contrariamente, tratar-se de uma licitação em que o valor do objeto é médio, pode-se escolher a tomada de preços, e se menor, a modalidade mais adequada será o convite. Já o leilão é sempre usado para a venda de bens móveis ou imóveis (estes nas situações excepcionais do art. 19 – a regra é a alienação através da concorrência) inúteis para a administração pública ou de produtos legalmente apreendidos ou penhorados. O concurso, por sua vez, é cabível apenas para a escolha de trabalho técnico, científico ou artístico. O pregão, conforme será visto adiante, destina-se à aquisição de bens e serviços comuns.

Uma característica importante da licitação é que ela não possui caráter sigiloso, sendo os atos de seu procedimento acessíveis ao público, salvo quanto ao conteúdo das propostas, até a respectiva abertura.

10.7 PROCEDIMENTO

10.7.1 Introdução

A licitação é um procedimento que compreende uma sucessão de atos realizados tanto pela administração pública como pelo licitante. Como já mencionado, esses atos devem, rigorosamente, seguir os princípios licitatórios sob pena de inabilitação, desclassificação ou até mesmo de nulidade.

O procedimento é mais complexo na concorrência, tendo em vista o maior vulto dos contratos a serem celebrados; um pouco menos complexo na tomada de preços, em que o valor do contrato é médio; mais simplificado no convite, devido ao pequeno valor dos contratos. No pregão, a lei permite a criação de "bolsa de mercadoria", utilizando-se recursos de tecnologia da informação (chamado de "pregão eletrônico").

10.7.2 Concorrência

Concorrência é a modalidade de licitação entre quaisquer interessados que, na fase inicial de habilitação preliminar, comprovem possuir os requisitos mínimos de qualificação exigidos no edital para execução de seu objeto.

O procedimento da concorrência compreende as seguintes fases:

1) **Edital** - em que a administração pública divulga a abertura da concorrência, fixa os requisitos para a participação, define o objeto e as condições básicas do contrato e convida a todos os interessados para apresentarem suas proposta. Publicado o edital, com observância das normas contidas no art. 21, o interessado que tenha alguma objeção deverá argui-la até o momento da abertura dos envelopes de habilitação (até 2 dias úteis antes da licitação); caso contrário, decairá do direito de impugnar os termos do edital de licitação (art. 41).
2) **Habilitação** - quando ocorrerá a abertura dos envelopes, "documentação", sua apreciação (art. 43).
3) **Classificação** - quando a administração pública faz o julgamento das propostas, classificando-as pela ordem de preferência, segundo critérios objetivos constantes do edital. Abrange a fase da abertura e do julgamento das propostas.
4) **Homologação** - ato que expressa a concordância da autoridade competente quanto aos atos praticados no procedimento licitatório.
5) **Adjudicação** - o ato pelo qual a administração pública, por meio da autoridade competente, atribui ao vencedor o objeto da licitação encerrando, assim, a licitação.

10.7.3 Tomada de preços

Tomada de preços é a modalidade de licitação entre interessados devidamente cadastrados ou que atendam a todas as condições exigidas para cadastramento até o terceiro dia anterior à data do recebimento das propostas, observada a necessária qualificação.

O procedimento da tomada de preços não se diferencia muito do procedimento da concorrência. A diferença está no prazo de antecedência da publicação do edital e na exigência de habilitação prévia dos licitantes. Quanto ao prazo mínimo de publicação do edital, este deverá ser de 15 dias para tomada de preços do tipo menor preço e de 30 dias para tomada de preços do tipo melhor técnica e técnica e preço. Quanto à exigência da habilitação prévia (apresentação dos registros cadastrais), esta deve ser observada na fase de habilitação, que é feita antes do procedimento da licitação, para os inscritos no registro cadastral, e durante o procedimento, para os que apresentarem a documentação necessária ao cadastramento.

10.7.4 Convite

No *convite* o procedimento é simplificado: a convocação dos licitantes é feita por escrito, com cinco dias úteis de antecedência, mediante carta-convite dirigida a, pelo menos, três interessados escolhidos pela unidade administrativa. O convite não exige ampla publicidade (como ocorre na concorrência e na tomada de preços), bastando somente a afixação de uma cópia do instrumento convocatório em local próprio (art. 22, § 3.º, da Lei 8.666/1993).

Entretanto, outros interessados que estejam cadastrados podem participar da licitação desde que manifestem seu interesse com a antecedência de até 24 horas da apresentação das propostas. Ao contrário do que ocorre na concorrência e na tomada de preços que tem o julgamento realizado exclusivamente pela Comissão de Julgamento (composta por três membros), o convite pode ser julgado por Comissão ou por servidor formalmente designado para esse fim (art. 51, § 1.º, da Lei 8.666/1993).

10.7.5 Concurso

Concurso é a modalidade de licitação entre quaisquer interessados para escolha de trabalho técnico, científico ou artístico, mediante a instituição de prêmios ou remuneração aos vencedores, conforme critérios constantes de edital publicado na Imprensa Oficial, com antecedência mínima de 45 dias.

10.7.6 Leilão

Leilão é a modalidade de licitação entre quaisquer interessados para a venda de bens móveis, semoventes e, em casos especiais, imóveis (a regra para estes é a concorrência, salvo para as hipóteses do art. 19 da Lei 8.666/1993) pela Administração Pública, ou de produtos legalmente apreendidos ou penhorados, a quem oferecer maior lance, igual ou superior ao da avaliação.

10.7.7 Pregão

A nova modalidade de licitação, denominada "Pregão", foi introduzida pela Lei 10.520/2002 e é destinada à aquisição de bens e serviços comuns (são aqueles cujos padrões de desempenho e qualidade possam ser objetivamente definidos pelo edital, por meio de especificações usuais no mercado).

O pregão viabiliza uma considerável redução de despesas, uma vez que essa modalidade inverte as fases da licitação tradicional: inicialmente discutem-se os preços (os quais podem ser consideravelmente reduzidos) e só posteriormente as empresas apresentam os documentos necessários à habilitação. As sessões são públicas e as propostas poderão ser fechadas, sendo posteriormente abertas e classificadas em caráter preliminar para iniciar a sessão de lances verbais.

O certame poderá ser realizado por meio da criação de "bolsas de mercadorias", que deverá assumir a forma de sociedades civis sem fins lucrativos e com a participação plural de corretoras que operem sistemas eletrônicos unificados de pregões.

O pregão possui duas fases: a interna e a externa.

Na fase interna a autoridade competente justificará a necessidade de contratação e definirá o objeto do certame, as exigências de habilitação, os critérios de aceitação das propostas, as sanções por inadimplemento e as cláusulas do contrato, inclusive com fixação dos prazos para fornecimento. A definição do objeto deve ser precisa, suficiente e clara, sendo vedadas especificações que, por excessivas, irrelevantes ou desnecessárias, limitem a competição.

A fase externa será iniciada com a convocação dos interessados por meio de publicação de aviso em *Diário Oficial* ou por meios eletrônicos. Compreende os seguintes passos:

1) publicação do edital;
2) fixação de prazo para a apresentação das propostas a ser feita em audiência pública;
3) realização de audiência pública.

Na audiência, as propostas serão recebidas e os interessados farão declaração de que cumprem plenamente os requisitos de habilitação. Em seguida, será feita a abertura e verificação da conformidade das propostas com os requisitos estabelecidos no instrumento convocatório.

No curso da sessão, o autor da oferta de valor mais baixo e os das ofertas com preços até 10% superiores àquela poderão fazer novos lances verbais e sucessivos, até a proclamação do vencedor. Se não houver pelo menos três ofertas nessas condições, poderão os autores das melhores propostas, até o máximo de três, oferecer novos lances verbais e sucessivos, quaisquer que sejam os preços oferecidos.

A proposta classificada em primeiro lugar (cujo critério de julgamento será o "menor preço"), quanto ao objeto e valor, será submetida à apreciação pelo pregoeiro, que decidirá motivadamente a respeito da sua aceitabilidade. Nessa situação, o pregoeiro poderá negociar diretamente com o proponente para que seja obtido preço melhor.

Após o encerramento dessa etapa, o pregoeiro procederá à abertura do invólucro contendo os documentos de habilitação do licitante que apresentou a melhor proposta, para a verificação do atendimento das condições fixadas no edital. Caso as exigências sejam atendidas, o licitante será declarado vencedor.

Se a oferta não for aceitável ou se o licitante desatender às exigências habilitatórias, o pregoeiro examinará as ofertas subsequentes e a qualificação dos licitantes, na ordem de classificação, e assim sucessivamente, até a apuração de uma que atenda ao edital, sendo o respectivo licitante declarado vencedor.

Sendo declarado o vencedor, qualquer licitante poderá recorrer, sendo-lhe concedido o prazo decadencial de três dias para apresentação das razões do recurso, ficando os demais licitantes desde logo intimados para apresentar contrarrazões em igual número de dias, que começarão a correr do término do prazo do recorrente, sendo-lhes assegurada vista imediata dos autos. O acolhimento de recurso importará a invalidação apenas dos atos insuscetíveis de aproveitamento. Caso contrário, a autoridade competente fará a adjudicação do objeto da licitação ao licitante vencedor com a consequente homologação pela autoridade competente.

10.7.8 Considerações finais

Para o concurso, a Lei 8.666/1993 não estabelece um procedimento específico. Logo será disciplinado em regulamento próprio e específico para cada concurso, estabelecido pela administração pública.

O mesmo ocorre com o leilão. A lei somente estabelece que ele pode ser feito por leiloeiro oficial ou servidor designado pela administração; os bens serão pagos à vista ou no percentual estabelecido no edital, não inferior a 5% desse valor e, após a assinatura da ata lavrada no local do leilão, os bens serão entregues ao arrematante.

10.8 ANULAÇÃO E REVOGAÇÃO DA LICITAÇÃO

O art. 49 da Lei 8.666/1993 prevê a possibilidade de revogação da licitação devido ao interesse público decorrente de fato superveniente devidamente comprovado, pertinente e suficiente para justificar tal conduta, bem como a obrigatoriedade de sua anulação por ilegalidade. Nesse último caso, a administração pública poderá agir de ofício ou por provocação de terceiros, mediante parecer escrito e devidamente fundamentado, observados sempre o princípio do contraditório e da ampla defesa (art. 49, § 3.º).

10.9 RECURSOS ADMINISTRATIVOS

O art. 109 da Lei 8.666/1993 prevê recursos administrativos cabíveis aos atos decorrentes da licitação e do contrato.

São recursos administrativos cabíveis: recurso (em sentido estrito), representação e pedido de reconsideração.

O *recurso em sentido estrito* deve ser apresentado no prazo de cinco dias úteis, a contar da intimação do ato ou da lavratura da ata, nos casos de:

a) habilitação ou inabilitação do licitante;

b) julgamento das propostas;

c) anulação ou revogação da licitação;

d) indeferimento do pedido de inscrição em registro cadastral, sua alteração ou cancelamento;

e) rescisão do contrato a que se refere o inciso I do art. 79 desta Lei;

f) aplicação das penas de advertência, suspensão temporária ou de multa.

Nos casos em que não cabe recurso, o interessado poderá interpor **representação**, no prazo de **cinco dias úteis** a contar da intimação do ato ou pedido de reconsideração.

10.10 LICITAÇÃO PARA CONTRATAÇÃO DE SERVIÇOS DE PUBLICIDADE PRESTADOS POR INTERMÉDIO DE AGÊNCIAS DE PROPAGANDA

Sobre o tema, houve a edição da Lei Federal 12.232, de 29 de abril de 2010, que dispõe sobre as normas gerais para licitação e contratação pela administração pública de serviços de publicidade prestados por intermédio de agências de propaganda, e dá outras providências.

Como norma geral nacional, sua observância alcança a Administração Pública, direta e indireta, da União, Estados, Distrito Federal e Municípios, com aplicabilidade imediata.

O art. 2.º da lei traz o conceito de serviços de publicidade, podendo haver a inserção de atividades complementares à prestação dos serviços de publicidade (conforme § 1.º), desde que se refiram:

I – ao planejamento e à execução de pesquisas e de outros instrumentos de avaliação e de geração de conhecimento sobre o mercado, o público-alvo, os meios de divulgação nos quais serão difundidas as peças e ações publicitárias ou sobre os resultados das campanhas realizadas, respeitado o disposto no art. 3.º desta Lei;

II – à produção e à execução técnica das peças e projetos publicitários criados;

III – à criação e ao desenvolvimento de formas inovadoras de comunicação publicitária, em consonância com novas tecnologias, visando à expansão dos efeitos das mensagens e das ações publicitárias.

O § 3.º do art. 2.º da citada lei faculta a adjudicação do objeto da licitação a mais de uma agência de propaganda, sem a segregação em itens ou contas publicitárias, mediante justificativa no processo de licitação.

O art. 5.º da lei obriga que o tipo de licitação seja o de *melhor técnica* ou *técnica e preço*, observadas as modalidades do art. 22 da Lei 8.666/1993.

A Lei 12.232/2010 prevê a inversão das fases da licitação, ocorrendo primeiramente o julgamento das propostas técnicas e de preço. Somente as licitantes que tiverem aprovadas suas propostas deverão apresentar os documentos de habilitação.

Os critérios para processamento da licitação estão vertidos, em especial, no art. 6.º da Lei:

Art. 6.º A elaboração do instrumento convocatório das licitações previstas nesta Lei obedecerá às exigências do art. 40 da Lei 8.666, de 21 de junho de 1993, com exceção das previstas nos incisos I e II do seu § 2.º, e às seguintes:

I – os documentos de habilitação serão apresentados apenas pelos licitantes classificados no julgamento final das propostas, nos termos do inciso XI do art. 11 desta Lei;

II – as informações suficientes para que os interessados elaborem propostas serão estabelecidas em um *briefing*, de forma precisa, clara e objetiva;

III – a proposta técnica será composta de um plano de comunicação publicitária, pertinente às informações expressas no *briefing*, e de um conjunto de informações referentes ao proponente;

IV – o plano de comunicação publicitária previsto no inciso III deste artigo será apresentado em 2 (duas) vias, uma sem a identificação de sua autoria e outra com a identificação;

V – a proposta de preço conterá quesitos representativos das formas de remuneração vigentes no mercado publicitário;

VI – o julgamento das propostas técnicas e de preços e o julgamento final do certame serão realizados exclusivamente com base nos critérios especificados no instrumento convocatório;

VII – a subcomissão técnica prevista no § 1.º do art. 10 desta Lei reavaliará a pontuação atribuída a um quesito sempre que a diferença entre a maior e a menor pontuação for superior a 20% (vinte por cento) da pontuação máxima do quesito, com o fim de restabelecer o equilíbrio das pontuações atribuídas, de conformidade com os critérios objetivos postos no instrumento convocatório;

VIII – serão fixados critérios objetivos e automáticos de identificação da proposta mais vantajosa para a administração, no caso de empate na soma de pontos das propostas técnicas, nas licitações do tipo "melhor técnica";

IX – o formato para apresentação pelos proponentes do plano de comunicação publicitária será padronizado quanto a seu tamanho, a fontes tipográficas, a espaçamento de parágrafos, a quantidades e formas dos exemplos de peças e a outros aspectos pertinentes, observada a exceção prevista no inciso XI deste artigo;

X – para apresentação pelos proponentes do conjunto de informações de que trata o art. 8.º desta Lei, poderão ser fixados o número máximo de páginas de texto, o número de peças e trabalhos elaborados para seus clientes e as datas a partir das quais devam ter sido elaborados os trabalhos, e veiculadas, distribuídas, exibidas ou expostas as peças;

XI – na elaboração das tabelas, planilhas e gráficos integrantes do plano de mídia e não mídia, os proponentes poderão utilizar as fontes tipográficas que julgarem mais adequadas para sua apresentação;

XII – será vedada a aposição, a qualquer parte da via não identificada do plano de comunicação publicitária, de marca, sinal ou palavra que possibilite a identificação do seu proponente antes da abertura do invólucro de que trata o § 2.º do art. 9.º desta Lei;

XIII – será vedada a aposição ao invólucro destinado às informações de que trata o art. 8.º desta Lei, assim como dos documentos nele contidos, de informação, marca, sinal, etiqueta ou qualquer outro elemento que identifique a autoria do plano de comunicação publicitária, em qualquer momento anterior à abertura dos invólucros de que trata o § 2.º do art. 9.º desta Lei;

XIV – será desclassificado o licitante que descumprir o disposto nos incisos XII e XIII deste artigo e demais disposições do instrumento convocatório.

O processamento e o julgamento da licitação seguem o disposto no art. 11, § 4.º, da lei:

§ 4.º O processamento e o julgamento da licitação obedecerão ao seguinte procedimento:

I – abertura dos 2 (dois) invólucros com a via não identificada do plano de comunicação e com as informações de que trata o art. 8.º desta Lei, em sessão pública, pela comissão permanente ou especial;

II – encaminhamento das propostas técnicas à subcomissão técnica para análise e julgamento;

III – análise individualizada e julgamento do plano de comunicação publicitária, desclassificando-se as que desatenderem as exigências legais ou estabelecidas no instrumento convocatório, observado o disposto no inciso XIV do art. 6.º desta Lei;

IV – elaboração de ata de julgamento do plano de comunicação publicitária e encaminhamento à comissão permanente ou especial, juntamente com as propostas, as planilhas com as pontuações e a justificativa escrita das razões que as fundamentaram em cada caso;

V – análise individualizada e julgamento dos quesitos referentes às informações de que trata o art. 8.º desta Lei, desclassificando-se as que desatenderem quaisquer das exigências legais ou estabelecidas no instrumento convocatório;

VI – elaboração de ata de julgamento dos quesitos mencionados no inciso V deste artigo e encaminhamento à comissão permanente ou especial, juntamente com as propostas, as planilhas com as pontuações e a justificativa escrita das razões que as fundamentaram em cada caso;

VII – realização de sessão pública para apuração do resultado geral das propostas técnicas, com os seguintes procedimentos:

a) abertura dos invólucros com a via identificada do plano de comunicação publicitária;

b) cotejo entre as vias identificadas e não identificadas do plano de comunicação publicitária, para identificação de sua autoria;

c) elaboração de planilha geral com as pontuações atribuídas a cada um dos quesitos de cada proposta técnica;

d) proclamação do resultado do julgamento geral da proposta técnica, registrando-se em ata as propostas desclassificadas e a ordem de classificação;

VIII – publicação do resultado do julgamento da proposta técnica, com a indicação dos proponentes desclassificados e da ordem de classificação organizada pelo nome dos licitantes, abrindo-se prazo para interposição de recurso, conforme disposto na alínea b do inciso I do art. 109 da Lei 8.666, de 21 de junho de 1993;

IX – abertura dos invólucros com as propostas de preços, em sessão pública, obedecendo-se ao previsto nos incisos II, III e IV do § 1.º do art. 46 da Lei 8.666, de 21 de junho de 1993, nas licitações do tipo "melhor técnica", e ao disposto no § 2.º do art. 46 da mesma Lei, nas licitações do tipo "técnica e preço";

X – publicação do resultado do julgamento final das propostas, abrindo-se prazo para interposição de recurso, conforme disposto na alínea b do inciso I do art. 109 da Lei n.º 8.666, de 21 de junho de 1993;

XI – convocação dos licitantes classificados no julgamento final das propostas para apresentação dos documentos de habilitação;

XII – recebimento e abertura do invólucro com os documentos de habilitação dos licitantes previstos no inciso XI deste artigo, em sessão pública, para análise da sua conformidade com as condições estabelecidas na legislação em vigor e no instrumento convocatório;

XIII – decisão quanto à habilitação ou inabilitação dos licitantes previstos no inciso XI deste artigo e abertura do prazo para interposição de recurso, nos termos da alínea a do inciso I do art. 109 da Lei 8.666, de 21 de junho de 1993;

XIV – reconhecida a habilitação dos licitantes, na forma dos incisos XI, XII e XIII deste artigo, será homologado o procedimento e adjudicado o objeto licitado, observado o disposto no § 3.º do art. 2.º desta Lei.

10.11 QUESTÕES

1. **(OAB/Nacional 2009.II) Acerca de pregão, assinale a opção correta.**

   a) Caso o licitante vencedor seja inabilitado, o pregoeiro deverá declarar a licitação fracassada e realizar novo procedimento.

   b) Examinada a proposta classificada em primeiro lugar, quanto ao objeto e ao valor, caberá ao pregoeiro decidir motivadamente a respeito da sua aceitabilidade.

   c) A aplicação do pregão eletrônico é restrita ao âmbito federal.

   d) A licitação por meio do pregão é considerada deserta quando nenhum dos interessados é selecionado em decorrência de inabilitação ou desclassificação.

2. **(OAB Nacional 2009 – III) Assinale a opção correta quanto às hipóteses legais de dispensa de licitação.**

   a) Configura hipótese de dispensa de licitação a aquisição, pela União, estados, DF e municípios, de determinados produtos, com a finalidade de normalizar o abastecimento.

b) Constitui hipótese de dispensa de licitação a contratação de profissional de qualquer setor artístico, desde que consagrado pela crítica especializada ou pela opinião pública.

c) É possível a contratação direta nas hipóteses de licitação deserta e de licitação fracassada.

d) Admite-se dispensa de licitação na contratação de remanescente de obra, serviço ou fornecimento, em decorrência de rescisão contratual, uma vez atendida a ordem de classificação da licitação anterior e aceitas as mesmas condições oferecidas pelo licitante vencedor.

3. (OAB Nacional 2010 – I) Mauro, chefe do setor de compras de um órgão do Instituto Nacional do Seguro Social, recebeu pedido de abertura de procedimento licitatório para a aquisição de grande quantidade dos seguintes itens: impressoras, cartuchos para impressoras, monitores LCD e licença para uso de sistema operacional a ser utilizado nos computadores da autarquia. A solicitação estava de acordo com todas as normas aplicáveis, incluindo-se a justificativa do quantitativo e da necessidade dos referidos itens. Antes de promover a abertura de qualquer procedimento de compra, Mauro procedeu à análise técnico-econômica e concluiu que a compra dos cartuchos para impressoras, se realizada separadamente da dos demais itens, implicaria uma ampliação da concorrência, sem perda da economia de escala. Constatou, também, que era a terceira vez no ano que a administração encaminhava pedido para a compra de cartuchos para impressora. Por fim, verificou que a estimativa do valor total que seria gasto na contratação era de R$ 700.000,00. De acordo com os dados apresentados nessa situação hipotética, Mauro deve promover a abertura de

a) concorrência, pois o valor a ser gasto é substancioso e os produtos e serviços de informática não podem ser caracterizados como serviços comuns.

b) pregão, sendo preferencial a sua utilização na forma presencial.

c) convite para a elaboração de ata de registro de preços para a aquisição de cartuchos de impressoras e de concorrência para a compra dos demais itens solicitados.

d) dois pregões eletrônicos, um para a elaboração de ata de registro de preços para a aquisição de cartuchos de impressoras e outro para a compra dos demais itens solicitados.

4. (OAB/SP 136.º) Para a contratação do serviço de demolição parcial e reparação de um prédio de uma autarquia situada na cidade de São Paulo, foi aberto processo de licitação pública. Por motivo de interesse público, a licitação deveria ocorrer no Distrito Federal (DF), onde fica o ministério ao qual a entidade está vinculada, mas restou claro, no edital do certame, que os licitantes deveriam ter sua sede instalada no estado de São Paulo, local onde seriam realizadas as obras. O aviso da licitação, com o resumo do edital, foi publicado, no DF, em jornal diário de grande circulação. Considerando a situação hipotética apresentada e tendo por base a lei que regula licitações e contratos, assinale a opção correta.

a) A autarquia, por estar sediada em São Paulo, não poderia realizar a licitação no DF.

b) Está correta a exigência editalícia de que os licitantes tenham domicílio no estado de São Paulo.

c) A publicidade dada à licitação não poderia ser realizada mediante resumo do edital, nem em jornal diário de grande circulação nem no Diário Oficial, pois é obrigatória a publicação do edital em sua integralidade.

d) Ainda que a licitação seja realizada no DF, é obrigatória a publicação de aviso acerca do processo licitatório também em São Paulo, local em que o serviço a ser contratado será prestado.

5. (VIII Exame de Ordem Unificado – FGV) A União, após regular licitação, realiza concessão de determinado serviço público a uma sociedade privada. Entretanto, para a efetiva prestação do serviço, é necessário realizar algumas desapropriações. A respeito desse caso concreto, assinale a afirmativa correta.

a) A sociedade concessionária poderá promover desapropriações mediante autorização expressa, constante de lei ou contrato.
b) As desapropriações necessárias somente poderão ser realizadas pela União, já que a concessionária é pessoa jurídica de direito privado.
c) O ingresso de autoridades administrativas nos bens desapropriados, declarada a utilidade pública, somente será lícito após a obtenção de autorização judicial.
d) Os bens pertencentes ao(s) Município(s) inserido(s) na área de prestação do serviço não poderão ser desapropriados, mesmo que haja autorização legislativa.

6. (OAB/Nacional 2008_1) As modalidades de licitação previstas na Lei n.º 8.666/1993 não incluem

a) leilão.
b) tomada de preços.
c) pregão.
d) concurso.

7. (OAB/Nacional 2008_1) Com base nas modalidades de licitação previstas na Lei n.º 8.666/1993, julgue os itens abaixo.

I – Leilão é a modalidade de licitação realizada entre quaisquer interessados para a venda de bens móveis inservíveis para a administração ou de produtos legalmente apreendidos ou penhorados. Não é cabível, entretanto, para bens semoventes e bens imóveis.

II – Concorrência é a modalidade de licitação que permite a participação de interessados que, na fase inicial de habilitação preliminar, comprovem possuir os requisitos mínimos de qualificação exigidos no edital para a execução de seu objeto.

III – Convite é a modalidade de licitação entre, no mínimo, três interessados do ramo, escolhidos e convidados pela unidade administrativa, e da qual podem participar também aqueles que, mesmo não estando cadastrados, manifestem seu interesse com antecedência de até 48 horas da apresentação das propostas.

IV – Tomada de preços é a modalidade de licitação realizada entre interessados devidamente cadastrados ou que preencham os requisitos para cadastramento até o terceiro dia anterior à data do recebimento das propostas, observada a necessária qualificação.

Estão certos apenas os itens

a) I e II.
b) I e III.
c) II e IV.
d) III e IV.

8. (OAB/MG – AGOSTO/2008) Para participar de licitação pública na modalidade de convite, foram convidadas as empresas A, B, e C. Após o envio das cartas-convite, constatou-se que apenas as empresas A e B são cadastradas. Na hipótese, é CORRETO afirmar que:

a) além das três convidadas, outros licitantes poderá participar da licitação, desde que preencham os requisitos legais próprios.
b) apenas as empresas A e B poderão participar da licitação.
c) a licitação deve ser anulada.
d) a licitação deve ser revogada.

GABARITO: As respostas destes testes encontram-se no final do livro.

Obs.: Mais questões sobre este capítulo estão disponíveis para *download* gratuito no *site* www.editorametodo.com.br.

CONTRATOS ADMINISTRATIVOS

11.1 CONCEITO E CONSIDERAÇÕES PRELIMINARES

Ao iniciarmos a análise deste assunto, cabe alertar para a diferença que se deve estabelecer entre contratos "da" administração (designação ampla) e contratos administrativos (designação restrita), expressões que denotam realidades distintas.

Logo, a expressão contratos "da" administração é genérica, não técnica, designando em bloco "todos os tipos de acordos bilaterais em que a Administração figura como parte, sem distinguir a natureza jurídica da relação estabelecida, ou seja, se se trata de contrato de Direito Privado ou de contrato de Direito Público..." (José Cretella Jr., *Do contrato administrativo*, ensaio que encartou trabalho jurídico em homenagem ao Prof. Caio Tácito).

De outra banda, a expressão contrato administrativo "é reservada para designar tão somente os ajustes que a Administração, nessa qualidade, celebra com pessoas físicas ou jurídicas, públicas ou privadas, para a consecução de fins públicos, segundo o regime de direito público" (cf. Maria Sylvia Zanella Di Pietro, ob. cit., p. 232).

11.2 TEORIA DO CONTRATO ADMINISTRATIVO. DIVERGÊNCIAS DOUTRINÁRIAS

A teoria do contrato administrativo constitui ponto relevante para o estudo do direito administrativo, pois se localiza numa "zona cinzenta" (H. L. Hart) entre o direito público e o direito privado.

Lembra Themístocles Brandão Cavalcanti que "a teoria dos contratos administrativos constitui assim um dos pontos mais importantes no estudo do direito administrativo, não somente pela relevância da sua aplicação, como ainda porque aqui se encontra a fronteira do direito público com o direito privado" (*Tratado de direito administrativo*, 3. ed., Freitas Bastos, 1955, v. I, p. 309).

Mesmo tratando-se de tema repisado pelos especialistas, não deixa de ser "uma das mais controvertidas e sérias questões de Direito Público" (*Teoria jurídica do contrato administrativo*, João de Melo Machado, Coimbra, 1937, p. 1). Reflexos desta evidência, conforme observado por Maria Sylvia Zanella Di Pietro (ob. cit., p. 232), temos que se estabeleceram na doutrina, pelo menos, três correntes.

A **primeira corrente** nega a existência dos contratos administrativos, pois o contrato administrativo não observa o princípio da igualdade entre as partes (a Administração tem supremacia sobre o particular), o da autonomia da vontade (pois a administração somente pode fazer o que a lei determina) e o da força obrigatória das convenções (*pacta sunt servanda* – pois a administração pode fazer alterações unilaterais no contrato). Posição adotada por Oswaldo Aranha Bandeira de Mello (*Revista de Direito Administrativo* n. 88/15) e Celso Antônio Bandeira de Mello (ob. cit., p. 537). É a denominada Teoria da Unilateralidade a que faz menção Manuel Ribeiro (*Direito administrativo*. Salvador: Itapoá, 1964. 2.º vol., p. 10). Hans Kelsen em Teoria pura do direito acena também para a inexistência de diferenças entre contratos de direito administrativo e contratos de direito privado pela simples razão de que não existe diferença entre o Direito Público e o Direito Privado (*Teoria pura do direito*, Buenos Aires, Eudeba Editorial Universitária de p. 182, apud Manuel Ribeiro. *Direito administrativo*. Salvador: Editora Itapoá, 1964, 2.º vol., p. 8).

A **segunda corrente** aceita que todos os contratos celebrados pela administração pública são contratos administrativos. Para esta corrente, o que não existe são contratos de direito privado entabulados pela administração pública, pois há sempre a interferência do regime jurídico administrativo (competência, forma, procedimento, finalidade), mesmo quando se tratar de uma venda e compra, locação, comodato. Posição adotada por José Roberto Dromi, Agustín Gordillo e Lucia Valle Figueiredo (ob. cit., p. 466).

A **terceira corrente**, adotada por Maria Sylvia Zanella Di Pietro (ob. cit., p. 234) e José Cretella Jr. (*Do contrato administrativo*, ensaio que encartou trabalho jurídico em homenagem ao Prof. Caio Tácito), admite a existência dos contratos administrativos, com características próprias que o distinguem do contrato de direito privado. Muitos são os critérios para gizar esta distinção:

a) alguns adotam o critério subjetivo ou orgânico, entendendo que no contrato administrativo há o manejo do poder de império na relação jurídica contratual, o que não ocorre quando o contrato é de direito privado;

b) outros afirmam que o contrato administrativo tem sempre por objeto a organização e funcionamento dos serviços públicos; se tiver por conteúdo uma atividade privada, será contrato civil;

c) há quem diferencie o contrato administrativo do contrato civil pela finalidade pública (o que é contestado, sob a alegação de que a administração sempre tem que agir com esse objetivo, sob pena de agir em desvio de poder);

d) outros entendem que é o procedimento de contratação que caracteriza o contrato administrativo (o que também não corresponde à verdade, pois existem algumas formalidades que são exigidas não pela natureza do contrato, mas pela presença da administração num dos polos da relação jurídica e pela finalidade pública que esta deve sempre buscar atender; é o caso da licitação, da forma, da motivação, da publicidade);

e) há aqueles que afirmam que os contratos administrativos se caracterizam pela presença de cláusulas exorbitantes do direito comum, assim chamadas, pois estão fora da órbita (ex orbita) do direito comum e cuja finalidade é assegurar a posição de supremacia da Administração em relação ao cidadão/particular. São cláusulas exorbitantes do direito comum as que asseguram o poder de alteração unilateral do contrato, sua resilição unilateral antes do prazo, a imposição de penalidades administrativas etc.

Esta terceira corrente, adotada pela maioria dos administrativistas brasileiros, pode ser visualizada (abstraindo-se as variações de denominação quando da classificação) pelo quadro abaixo:

<table>
<tr><th>Tipo</th><th>Regramento</th><th>Exemplos</th></tr>
<tr><td>Contratos administrativos clássicos</td><td>Regido exclusivamente pelo direito público</td><td>Contratos de obras e as concessões</td></tr>
<tr><td rowspan="2">Contratos semipúblicos</td><td>Regidos parcialmente pelo direito privado</td><td>Locação, comodato</td></tr>
<tr><td>Regidos precipuamente pelo Direito Público</td><td>Convênio e contratos de gestão</td></tr>
</table>

As diferenças existentes entre o contrato administrativo e o contrato privado serão apontadas mais adiante.

11.3 CONTRATOS ADMINISTRATIVOS À LUZ DA LEI 8.666/1993

À margem da discussão doutrinária estabelecida entre diversas correntes que tentam delinear os "contratos administrativos", procederemos a sua análise à luz do direito positivo, em especial a Lei 8.666/1993.

Lembra Celso Ribeiro Bastos que "a Lei 8.666/1993 (alterada pelas Leis 8.883/1994, 9.032/1995 e 9.648/1998) é emanada da União, no exercício da competência prevista no art. 22, XXVII (com redação dada pela EC 19/1998), da Constituição Federal, que lhe confere poderes para editar normas gerais de licitação e contratação, em todas as modalidades, para as Administrações Públicas diretas, autárquicas e fundacionais da União, Estados, Distrito Federal e Municípios, obedecido o disposto no art. 37, XXI, e para as empresas públicas e sociedades de economia mista, nos termos do art. 173, § 1.º, III" (ob. cit., p. 133).

11.3.1 Alcance da Lei de Licitações e Contratos Administrativos

O alcance da lei vem extremado em seu art. 1.º, segundo o qual: "Esta Lei estabelece normas gerais sobre licitações e contratos administrativos pertinentes a obras, serviços, inclusive de publicidade, compras, alienações e locações no âmbito dos Poderes da União, dos Estados, do Distrito Federal e dos Municípios".

De acordo com o parágrafo único do aludido dispositivo, subordinam-se ao regime desta Lei, além dos órgãos da administração direta, os fundos especiais, as autarquias, as fundações públicas, as empresas públicas, as sociedades de economia mista e demais entidades controladas direta ou indiretamente pela União, Estados, Distrito Federal e Municípios.

11.3.2 Conceito legal de contrato

Para a Lei de Licitações e Contratos Administrativos, consoante parágrafo único do art. 2.º, considera-se contrato administrativo "todo e qualquer ajuste entre órgãos ou entidades da Administração Pública e particulares, em que haja um acordo de vontade para a formação de vínculo e a estipulação de obrigações recíprocas, seja qual for a denominação utilizada".

11.3.3 Definições legais

Visando estabelecer uma uniformidade entre os entes alcançados pelos seus comandos, a Lei das Licitações e Contratos Administrativos, em seu art. 6.º, vareja algumas definições plenamente aplicáveis aos certames. Diz o referido dispositivo legal:

I - **Obra** - toda construção, reforma, fabricação, recuperação ou ampliação, realizada por execução direta ou indireta;

II - **Serviço** - toda atividade destinada a obter determinada utilidade de interesse para a Administração, tais como: demolição, conserto, instalação, montagem, operação, conservação, reparação, adaptação, manutenção, transporte, locação de bens, publicidade, seguro ou trabalhos técnico-profissionais;

III - **Compra** - toda aquisição remunerada de bens para fornecimento de uma só vez ou parceladamente;

IV - **Alienação** - toda transferência de domínio de bens a terceiros;

V - **Obras, serviços e compras de grande vulto** - aquelas cujo valor estimado seja superior a 25 (vinte e cinco) vezes o limite estabelecido na alínea *c* do inciso I do artigo 23 desta Lei;

VI - **Seguro-garantia** - o seguro que garante o fiel cumprimento das obrigações assumidas por empresas em licitações e contratos;

VII - **Execução direta** - a que é feita pelos órgãos e entidades da Administração, pelos próprios meios;

VIII - **Execução indireta** - a que o órgão ou entidade contrata com terceiros sob qualquer dos seguintes regimes:

a) empreitada por preço global - quando se contrata a execução da obra ou do serviço por preço certo e total;

b) empreitada por preço unitário - quando se contrata a execução da obra ou do serviço por preço certo de unidades determinadas;

c) (Vetado);

d) tarefa - quando se ajusta mão de obra para pequenos trabalhos por preço certo, com ou sem fornecimento de materiais;

e) empreitada integral - quando se contrata um empreendimento em sua integralidade, compreendendo todas as etapas das obras, serviços e instalações necessárias, sob inteira responsabilidade da contratada até a sua entrega ao contratante em condições de entrada em operação, atendidos os requisitos técnicos e legais para sua utilização em condições de segurança estrutural e operacional e com as características adequadas às finalidades para que foi contratada;

IX - **Projeto básico** - conjunto de elementos necessários e suficientes, com nível de precisão adequado, para caracterizar a obra ou serviço, ou complexo de obras ou serviços objeto da licitação, elaborado com base nas indicações dos estudos técnicos preliminares, que assegurem a viabilidade técnica e o adequado tratamento do impacto ambiental do empreendimento, e que possibilite a avaliação do custo da obra e a definição dos métodos e do prazo de execução, devendo conter os seguintes elementos:

a) desenvolvimento da solução escolhida de forma a fornecer visão global da obra e identificar todos os seus elementos constitutivos com clareza;

b) soluções técnicas globais e localizadas, suficientemente detalhadas, de forma a minimizar a necessidade de reformulação ou de variantes durante as fases de elaboração do projeto executivo e de realização das obras e montagem;

c) identificação dos tipos de serviços a executar e de materiais e equipamentos a incorporar à obra, bem como suas especificações que assegurem os melhores resultados para o empreendimento, sem frustrar o caráter competitivo para a sua execução;

d) informações que possibilitem o estudo e a dedução de métodos construtivos, instalações provisórias e condições organizacionais para a obra, sem frustrar o caráter competitivo para a sua execução;

e) subsídios para montagem do plano de licitação e gestão da obra, compreendendo a sua programação, a estratégia de suprimentos, as normas de fiscalização e outros dados necessários em cada caso;

f) orçamento detalhado do custo global da obra, fundamentado em quantitativos de serviços e fornecimentos propriamente avaliados;

X – **Projeto Executivo** – o conjunto dos elementos necessários e suficientes à execução completa da obra, de acordo com as normas pertinentes da Associação Brasileira de Normas Técnicas – ABNT;

XI – **Administração Pública** – a administração direta e indireta da União, dos Estados, do Distrito Federal e dos Municípios, abrangendo inclusive as entidades com personalidade jurídica de direito privado sob controle do poder público e das fundações por ele instituídas ou mantidas;

XII – **Administração** – órgão, entidade ou unidade administrativa pela qual a Administração Pública opera e atua concretamente;

XIII – **Imprensa oficial** – veículo oficial de divulgação da Administração Pública, sendo para a União o Diário Oficial da União, e, para os Estados, o Distrito Federal e os Municípios, o que for definido nas respectivas leis;

XIV – **Contratante** – é o órgão ou entidade signatária do instrumento contratual;

XV – **Contratado** – a pessoa física ou jurídica signatária de contrato com a Administração Pública;

XVI – **Comissão** – comissão, permanente ou especial, criada pela Administração com a função de receber, examinar e julgar todos os documentos e procedimentos relativos às licitações e ao cadastramento de licitantes;

XVII – **Produtos manufaturados nacionais** – produtos manufaturados, produzidos no território nacional de acordo com o processo produtivo básico ou regras de origem estabelecidas pelo Poder Executivo Federal; (Incluído pela Medida Provisória 495, de 2010)

XVIII – **Serviços nacionais** – serviços prestados no País, nas condições estabelecidas pelo Poder Executivo Federal; (Incluído pela Medida Provisória 495, de 2010)

XIX – **Sistemas de tecnologia de informação e comunicação estratégicos** – bens e serviços de tecnologia da informação e comunicação cuja descontinuidade provoque dano significativo à administração pública e que envolvam pelo menos um dos seguintes requisitos relacionados às informações críticas: disponibilidade, confiabilidade, segurança e confidencialidade. (Incluído pela Medida Provisória 495, de 2010)

11.3.4 Cláusulas necessárias nos contratos

O art. 55 da Lei 8.666/1993 estabelece as cláusulas necessárias nos contratos administrativos, dentre os quais estão:

- o objeto e seus elementos característicos;
- o regime de execução ou a forma de fornecimento;

- o preço e as condições de pagamento, os critérios, data-base e periodicidade do reajustamento de preços, os critérios de atualização monetária entre a data do adimplemento das obrigações e a do efetivo pagamento;
- os prazos de início de etapas de execução, de conclusão, de entrega, de observação e de recebimento definitivo, conforme o caso;
- o crédito pelo qual correrá a despesa, com a indicação da classificação funcional programática e da categoria econômica;
- as garantias oferecidas para assegurar sua plena execução, quando exigidas;
- os direitos e as responsabilidades das partes, as penalidades cabíveis e os valores das multas;
- os casos de rescisão;
- o reconhecimento dos direitos da Administração, em caso de rescisão administrativa prevista no art. 77 desta Lei;
- as condições de importação, a data e a taxa de câmbio para conversão, quando for o caso;
- a vinculação ao edital de licitação ou ao termo que a dispensou ou a inexigiu, ao convite e à proposta do licitante vencedor;
- a legislação aplicável à execução do contrato e especialmente aos casos omissos;
- a obrigação do contratado de manter, durante toda a execução do contrato, em compatibilidade com as obrigações por ele assumidas, todas as condições de habilitação e qualificação exigidas na licitação.

11.3.5 Garantias dos contratos

O art. 56 da Lei 8.666/1993 estabelece as garantias que podem ser prestadas pelo contratado. Trata-se de uma exigência facultada à Administração Pública, devendo haver expressa previsão no instrumento convocatório.

Importante alertarmos que a Lei 11.079/2004 alterou a redação do inciso I do § 1.º do art. 56 da Lei de Licitações (Lei 8.666/1993) passando, portanto, a admitir como garantia a caução em dinheiro ou em títulos da dívida pública, devendo estes ter sido emitidos sob a forma escritural, mediante registro em sistema centralizado de liquidação e de custódia autorizado pelo Banco Central do Brasil e avaliados pelos seus valores econômicos, conforme definido pelo Ministério da Fazenda.

11.4 CARACTERÍSTICAS DO CONTRATO ADMINISTRATIVO

O contrato administrativo possui características iguais aos contratos em geral. Nesse sentido, ele deve ser:

1) *consensual* – proveniente de um acordo de vontades;
2) *formal* – expressa-se necessariamente de forma escrita e tem requisitos especiais;

3) *oneroso* – deve ser remunerado na forma pactuada;
4) *comutativo* – estabelece vantagens recíprocas e equivalentes entre as partes; e
5) *intuitu personae* – deve ser executado pela própria pessoa.

Possui, ainda, certas características especiais, tais como:

1) *Licitação prévia* – em regra todo contrato administrativo deve ser precedido de licitação, sob pena de nulidade, salvo as exceções: dispensa e inexigibilidade.
2) *Publicidade* – salvo determinação legal expressa em contrário, a validade do contrato administrativo exige publicidade, de acordo com as normas oficiais.
3) *Prazo determinado* – é vedado o contrato administrativo com prazo de vigência indeterminado. O prazo do contrato deve respeitar a vigência do crédito orçamentário, salvo as exceções previstas no art. 57, I a V, da Lei 8.666/1993 (projetos cujos produtos estejam contemplados nas metas estabelecidas no Plano Plurianual, os quais poderão ser prorrogados se houver interesse da Administração e desde que isso tenha sido previsto no ato convocatório; a prestação de serviços a serem executados de forma contínua, não podendo o contrato exceder 60 meses; o aluguel de equipamentos e a utilização de programas de informática, podendo a duração do contrato estender-se pelo prazo de até 48 meses após o início da sua vigência; hipóteses previstas nos incisos IX, XIX, XXVIII e XXXI do art. 24, cujos contratos poderão ter vigência por até cento e vinte meses, caso haja interesse da administração).
4) *Prorrogabilidade* – terminado o prazo estabelecido, pode a administração pública prorrogar o contrato inicialmente estabelecido, sem necessidade prévia de licitação, mediante um terno aditivo, desde que tenha havido previsão no ato convocatório.
5) *Cláusulas exorbitantes* – referentes a certas prerrogativas conferidas à administração pública e ao particular que a derrogam as regras de direito privado.
6) *Finalidade pública* – presente em todos os contratos da administração pública, já que esta deve sempre visar ao interesse público, sob pena de desvio de poder.

11.5 DISTINÇÃO ENTRE CONTRATO PRIVADO E ADMINISTRATIVO

A diferença principal entre estes dois tipos de contratos está na supremacia de poder da administração pública, nos contratos administrativos, na relação jurídica para fixar as condições iniciais do ajuste.

Os contratos administrativos são aqueles em que a administração pública é sempre parte, contratando com base em seu poder de império (contratos públicos da administração pública), ou com mero poder de gestão (contratos privados da administração pública).

Os contratos públicos da administração pública referem-se à realidade dos próprios fins do Estado, sendo regidos, portanto, por normas de direito público. São dessa espécie a concessão de serviço público, a empreitada, o empréstimo público, bem como a concessão de direito real de uso de bem público.

Os contratos privados da administração pública são aqueles em que o Poder Público celebra com os particulares, despojando-se de seu domínio eminente ou poder de império, colocando-se, portanto, em situação de rigorosa isonomia contratual. Tais contratos não têm por objetivo último a realização dos fins precípuos do Estado. São exemplos de tais contratos: a locação de imóveis para uso de repartições, a compra e venda de materiais.

Os contratos privados são, evidentemente, regidos pelas normas de direito civil ou comercial (direito privado, portanto).

Quanto às cláusulas constantes dos contratos administrativos, estas se dividem em *principais* ou essenciais e *acessórias*.

São *cláusulas principais*, ou essenciais, aquelas pertinentes ao objeto, ao preço, ao prazo, aos recursos financeiros, aos meios de execução, à responsabilidade e às sanções. As demais são consideradas *cláusulas acessórias*.

11.6 RESCISÃO DO CONTRATO ADMINISTRATIVO

A extinção do contrato administrativo, segundo Hely Lopes Meirelles, "É a cessação do vínculo obrigacional entre as partes pelo integral cumprimento de suas cláusulas ou pelo seu rompimento, através da rescisão ou da anulação" (ob. cit., p. 222). A extinção pode ocorrer:

1) pela conclusão do contrato (operando de pleno direito, ou seja, independentemente de qualquer declaração judicial);
2) pelo término do prazo (pois todos os contratos tem prazo determinado e ficam adstritos à vigência dos respectivos créditos orçamentários);
3) anulação (quando se verificar alguma ilegalidade na sua formalização ou em cláusula essencial; opera efeito ex tunc e é reconhecida por ato declaratório tanto pelo Poder Judiciário como pela própria administração); e
4) pela rescisão (que pode ser administrativa, judicial, amigável ou de pleno direito).

A Lei 8.666/1993, que também regula os contratos administrativos, em seu art. 79, prevê dois tipos de rescisão: a amigável e a judicial.

A *rescisão amigável*, ou administrativa, é feita por acordo entre as partes, sendo aceitável quando haja conveniência para a administração pública.

A *rescisão judicial* geralmente é requerida pelo contratado, quando haja inadimplemento pela administração pública, já que ele não pode paralisar a execução do contrato nem fazer a rescisão unilateral.

Essas duas espécies de rescisão devem ser requeridas nos casos estabelecidos nos incisos XIV a XVI do art. 78.

A rescisão do contrato pode decorrer do descumprimento culposo ou não de suas cláusulas pelas partes. A inexecução resulta da ação ou omissão da parte e decorre de negligência, imprudência ou imperícia no atendimento das cláusulas contratuais. Impõe sanções legais e contratuais ao infrator.

A inexecução sem culpa decorre de fatos estranhos à conduta das partes, retardando ou impedindo totalmente a execução do contrato. Nesses casos, a superveniência de eventos extraordinários, imprevistos e imprevisíveis, onerosos, retardadores ou impeditivos da execução do contrato libera as partes das sanções legais e contratuais retornando-as ao estado anterior.

Aplica-se, assim, a teoria da imprevisão e seus respectivos desdobramentos:

1) **Cláusula *rebus sic stantibus*:** autoriza a revisão do contrato e de seus preços diante da ocorrência de álea econômica extraordinária e extracontratual que desequilibra a equação financeira estabelecida pelas partes no momento da assinatura do contrato;
2) **Força maior:** é o evento humano imprevisível e inevitável que impede a execução do contrato; exemplo, greve;
3) **Caso fortuito:** é o evento da natureza também imprevisível e inevitável; exemplo, enchentes;
4) **Fato do príncipe:** segundo Hely Lopes Meirelles, "é toda determinação estatal, positiva ou negativa, geral, imprevista e imprevisível, que onera substancialmente a execução do contrato administrativo"; exemplo, proibição de importação de determinada matéria-prima, utilizada na obra contratada – pode determinar a revisão ou a rescisão do contrato;
5) **Fato da administração:** segundo o aludido autor, "é toda ação ou omissão do Poder Público que, incidindo direta e especificamente sobre o contrato, retarda ou impede sua execução"; equipara-se à força maior e exonera o particular de qualquer tipo de sanção; exemplo, não entrega do terreno pela administração para a construção da obra contratada; e
6) **Interferências imprevistas:** ainda na lição de Hely, "são as ocorrências materiais não cogitadas pelas partes na celebração do contrato mas que surgem na sua execução de modo surpreendente e excepcional, dificultando ou onerando extraordinariamente o prosseguimento e a execução dos trabalhos"; exemplo, descoberta, no início das obras, de uma condição geológica do terreno não detectada na fase dos projetos.

O art. 78, XII, estabelece a possibilidade de rescisão unilateral pela administração pública, por motivo de interesse público. Nesse caso faz jus, o contratado, ao ressarcimento dos prejuízos, à devolução da garantia aos pagamentos atrasados e ao pagamento do custo da desmobilização.

11.7 CLÁUSULAS EXORBITANTES

Cláusulas exorbitantes são aquelas que excedem o direito comum para consignar uma vantagem ou uma restrição à administração pública ou ao contratado. Exemplo, ocupação do domínio público.

As cláusulas exorbitantes podem ser de duas espécies: *explícitas* – quando escritas; e *implícitas* – quando os princípios informadores do direito administrativo deixam claro que naquele contrato certas cláusulas devem prevalecer.

As principais cláusulas exorbitantes são aquelas que se exteriorizam:

1) na possibilidade de alteração e rescisão unilateral do contrato (exige-se justa causa; é ato vinculado; há composição do prejuízo);
2) no equilíbrio financeiro e econômico;
3) na revisão de preços e tarifas;
4) na impossibilidade de alegação da exceção do contrato não cumprido; o particular deve continuar cumprindo o contrato;
5) no controle do contrato; a administração pública pode acompanhar a execução do contrato (supervisionar, fiscalizar, pode até assumir temporariamente a execução do contrato); e
6) na aplicação de penalidades contratuais pela administração pública (advertência, multa, suspensão, rescisão unilateral, suspensão do direito de licitar e contratar com a Administração Pública e declaração de inidoneidade).

11.8 MODALIDADES DO CONTRATO ADMINISTRATIVO

São modalidades de contrato administrativo:

1) o contrato de concessão de serviço público, de obra pública, de uso de bem público;
2) o contrato de prestação ou de locação de serviços;
3) o contrato de obra pública; e
4) o contrato de fornecimento.

11.9 QUESTÕES

1. **(OAB 2010.2 – FVG) Uma das características dos contratos administrativos é a "instabilidade" quanto ao seu objeto que decorre**

a) do poder conferido à Administração Pública de alterar, unilateralmente, algumas cláusulas do contrato, no curso de sua execução, na forma do artigo 58, inciso I da Lei n. 8.666/1993, a fim de adequar o objeto do contrato às finalidades de interesse público, respeitados os direitos do contratado.

b) da possibilidade do contratado (particular) alterar, unilateralmente, a qualquer tempo, algumas cláusulas do contrato, no curso de sua execução, de forma a atender aos seus próprios interesses em face das prerrogativas da Administração Pública.

c) do poder conferido à Administração Pública de alterar, unilateralmente, algumas cláusulas do contrato, no curso de sua execução, na forma do artigo 58, inciso I da Lei n. 8.666/1993, a fim de adequar o objeto do contrato aos interesses do contratado (particular) em face das prerrogativas da Administração Pública.

d) de não haver qualquer possibilidade de alteração do objeto do contrato administrativo, quer pela Administração Pública, quer pelo contratado (particular), tendo em vista o princípio da vinculação ao edital licitatório, do qual o contrato e seu objeto fazem parte integrante; e o princípio da juridicidade, do qual aquele primeiro decorre.

2. (OAB Nacional 2010 – I) Acerca do contrato administrativo, assinale a opção correta.

a) Mediante acordo entre as partes, pode a supressão de um objeto contratado ser superior a 25% do valor atualizado do contrato.

b) O contratado fica obrigado a aceitar, nas mesmas condições contratuais, os acréscimos que se fizerem nas obras, serviços, compras ou reforma de edifício, até o limite de 25% do valor inicial atualizado do contrato.

c) Em atenção ao princípio da supremacia do interesse público, a majoração dos encargos do contratado advinda de alteração unilateral do contrato não implica o restabelecimento do equilíbrio econômico-financeiro inicial.

d) A responsabilidade do contratado pela reparação ou correção dos vícios encontrados no objeto contratado somente ocorrerá se houver previsão expressa nesse sentido no contrato firmado entre a administração pública e o fornecedor.

3. (OAB Nacional 2009 – III) Em decorrência das chamadas cláusulas exorbitantes, a administração pública

a) tem o poder de reter a garantia exigida do contratado, após a execução integral e adequada do objeto do contrato.

b) pode aplicar ao contratado sanções de natureza administrativa, na hipótese de inexecução total ou parcial do contrato.

c) pode rescindir unilateralmente o contrato por motivos de interesse público, não sendo devida indenização ao contratado.

d) tem a faculdade de promover a alteração unilateral do contrato para modificar sua natureza, no tocante ao seu objeto, razão pela qual pode transformar contrato de compra e venda em contrato de permuta.

4. (VIII Exame de Ordem Unificado – FGV) Uma concessionária de serviço público, em virtude de sua completa inadequação na prestação do serviço, não consegue executar o contrato. Nesse caso, segundo a Lei n. 8.987/95, poderá ser declarada, a critério do poder concedente, a extinção do contrato por

a) caducidade.

b) encampação.

c) anulação.

d) revogação.

5. (OAB/MG – Abril/2008) A retomada do serviço público pelo poder concedente, em consequência de decisão relacionada ao mérito administrativo, é chamada de:

a) Reversão.

b) Retrocessão.

c) Caducidade.

d) Encampação.

6. **(OAB/MG - Abril/2008) Analise a alternativa INCORRETA acerca dos contratos administrativos:**

a) A sua duração está associada ao período de vigência dos créditos previstos em orçamento.

b) Admitem prorrogação excepcional do prazo para a execução do objeto.

c) Tem como característica marcante a possibilidade da Administração alterar unilateralmente as cláusulas econômicas do contrato.

d) Exige a publicação resumida de seu instrumento e aditamentos.

7. **(OAB/Nacional 2009. II) Considere que, após o devido processo licitatório, a administração pública tenha delegado a execução de um serviço público a um particular para que este executasse o serviço em seu próprio nome, por sua conta e risco, pelo prazo de cinco anos. Em troca, conforme previsão contratual, o particular receberia, a título de remuneração, a tarifa paga pelos usuários do serviço.**

Nesse caso, a administração pública firmou contrato de

a) autorização de serviço público.

b) empreitada de serviço público.

c) concessão de serviço público.

d) permissão de serviço público.

GABARITO: As respostas destes testes encontram-se no final do livro.

Obs.: Mais questões sobre este capítulo estão disponíveis para *download* gratuito no *site* www.editorametodo.com.br.

12

PARCERIA PÚBLICO-PRIVADA – LEI 11.079/2004

12.1 ESTRUTURA DA LEI. NORMAS GERAIS E NORMAS APLICÁVEIS À UNIÃO

A Lei 11.079, de 30.12.2004, dispõe nos arts. 1.º a 13 normas gerais aplicáveis a todos os entes da Administração Pública. Já os dispositivos insertos nos arts. 14 a 22 aplicam-se à União somente. Por fim, os arts. 23 a 30 tratam das disposições finais da lei, sendo importante alertarmos para a redação do art. 26 que promoveu alteração na Lei 8.666/1993 no que tange às garantias a serem prestadas pelo contratado. O aludido dispositivo da Lei das Licitações passa a admitir, como garantia, a caução em dinheiro ou em títulos da dívida pública, devendo estes ter sido emitidos sob a forma escritural, mediante registro em sistema centralizado de liquidação e de custódia autorizado pelo Banco Central do Brasil e avaliados pelos seus valores econômicos, conforme definido pelo Ministério da Fazenda;

Com tais observações, iremos analisar as normas gerais aplicáveis a todos os entes da Administração Pública.

12.2 CONCEITOS E LIMITES LEGAIS

O contrato de parceira público-privada estabelece vínculo jurídico entre a Administração Pública e o parceiro privado para a implantação ou gestão, no todo ou em parte, de **atividades de interesse público**, em que haja o aporte de recursos, financiamento e execução suportados pelo parceiro.

O *caput* do art. 2.º e seus §§ 1.º e 2.º da Lei 11.079/2004 trazem os conceitos legais do que compreende o contrato de parceria público-privada e suas modalidades. Conforme o referido dispositivo, parceria público-privada é o contrato administrativo de concessão, na modalidade patrocinada ou administrativa.

A concessão patrocinada, de acordo com o § 1.º, é a concessão de serviços públicos ou de obras públicas de que trata a Lei 8.987/1995, quando envolver, adicionalmente à tarifa cobrada dos usuários, contraprestação pecuniária do parceiro público ao parceiro privado.

A concessão administrativa, prevista no § 2.º, é o contrato de prestação de serviços de que a Administração Pública seja a usuária direta ou indireta, ainda que envolva execução de obra ou fornecimento e instalação de bens.

Já o § 3.º do art. 2.º da lei alerta que não constitui parceria público-privada a concessão comum, vale dizer, aquela tratada pela Lei de Concessões de Serviços Públicos (Lei 8.987/1995), quando não houver contraprestação pecuniária do parceiro particular.

O § 4.º do art. 2.º da lei confere os limites para elaboração do contrato de parceria público-privada, dispondo ser vedada a celebração:

> I – cujo valor do contrato seja inferior a R$ 20.000.000,00 (vinte milhões de reais);
>
> II – cujo período de prestação do serviço seja inferior a 5 (cinco) anos; ou
>
> III – que tenha como objeto único o fornecimento de mão de obra, o fornecimento e instalação de equipamentos ou a execução de obra pública.

12.3 INCIDÊNCIA NORMATIVA

O art. 3.º da lei dispõe sobre as normas que regem este tipo de contrato:

- concessões administrativas: são regidas pela Lei 11.079/2004, aplicando-se-lhes adicionalmente o disposto nos arts. 21, 23, 25 e 27 a 39 da Lei 8.987/1995, e no art. 31 da Lei 9.074/1995.
- concessões patrocinadas: também são regidas pela Lei 11.079/2004, aplicando-se-lhes subsidiariamente o disposto na Lei 8.987/1995, e nas leis que lhe são correlatas.

- concessões comuns: continuam regidas pela Lei 8.987/1995, e pelas leis que lhe são correlatas, não se lhes aplicando o disposto na Lei 11.079/2004.
- contratos administrativos que não caracterizem concessão comum, patrocinada ou administrativa: continuam regidos exclusivamente pela Lei 8.666/1993, e pelas leis que lhe são correlatas.

12.4 PRINCÍPIOS

Os princípios que devem nortear a elaboração e execução das "PPP's" estão enunciados no art. 4.º da Lei 11.079/2004:

1. Eficiência – trata-se de reiterar o disposto no caput do art. 37 da Constituição Federal;

2. Respeito aos interesses e direitos dos destinatários dos serviços e dos entes incumbidos da sua execução – em nossa visão, trata-se de reiterar a necessidade de cumprimento do princípio da legalidade por parte dos envolvidos no contrato;

3. Indelegabilidade das funções de regulação, jurisdicional e do exercício do poder de polícia obsta que o Estado transfira ao parceiro as competências ínsitas dos Poderes Legislativo, Judiciário e Executivo;

4. Responsabilidade fiscal na celebração e execução das parcerias – desdobramento da Lei de Responsabilidade Fiscal – LRF (LC 101/2001) determinando a execução do contrato em consonância com os limites orçamentários do ente público;

5. Transparência dos procedimentos e das decisões – trata-se de desdobramento dos princípios que regem a Administração Pública, em especial, os princípios da publicidade e da motivação das decisões administrativas, de molde a facilitar a sindicação dos atos administrativos e viabilizar o efetivo controle administrativo (interno e externo);

6. Repartição objetiva dos riscos entre as partes – o risco da atividade a ser empreendida será compartilhada objetivamente entre a Administração e o parceiro privado;

7. Sustentabilidade financeira e vantagens socioeconômicas do projeto de parceria – a parceria público-privada deve atender tanto às necessidades de retorno financeiro do parceiro (rectius, lucro do parceiro privado) como também às exigências do interesse público do objeto do contrato (rectius, concretização do interesse público).

12.5 CLAÚSULAS OBRIGATÓRIAS E FACULTATIVAS NO CONTRATO

É o art. 5.º, *caput*, que discrimina as cláusulas obrigatórias que devem nortear o contrato. São cláusulas obrigatórias as atinentes aos aspectos relevantes para a consecução do contrato, tais como, prazo, penalidades, repartição de riscos entre as partes, formas de remuneração/atualização. Já o § 2.º da lei versa sobre cláusulas facultativas do contrato.

De acordo com o art. 5.º da lei, as cláusulas dos contratos de parceria público-privada atenderão ao disposto no art. 23 da Lei 8.987/1995, no que couber, devendo também prever:

> I – o prazo de vigência do contrato, compatível com a amortização dos investimentos realizados, não inferior a 5 (cinco), nem superior a 35 (trinta e cinco) anos, incluindo eventual prorrogação;
>
> II – as penalidades aplicáveis à Administração Pública e ao parceiro privado em caso de inadimplemento contratual, fixadas sempre de forma proporcional à gravidade da falta cometida, e às obrigações assumidas;
>
> III – a repartição de riscos entre as partes, inclusive os referentes a caso fortuito, força maior, fato do príncipe e álea econômica extraordinária;
>
> IV – as formas de remuneração e de atualização dos valores contratuais;
>
> V – os mecanismos para a preservação da atualidade da prestação dos serviços;
>
> VI – os fatos que caracterizem a inadimplência pecuniária do parceiro público, os modos e o prazo de regularização e, quando houver, a forma de acionamento da garantia;
>
> VII – os critérios objetivos de avaliação do desempenho do parceiro privado;
>
> VIII – a prestação, pelo parceiro privado, de garantias de execução suficientes e compatíveis com os ônus e riscos envolvidos, observados os limites dos §§ 3.º e 5.º do art. 56 da Lei 8.666/1993, e, no que se refere às concessões patrocinadas, o disposto no inciso XV do art. 18 da Lei 8.987/1995;
>
> IX – o compartilhamento com a Administração Pública de ganhos econômicos efetivos do parceiro privado decorrentes da redução do risco de crédito dos financiamentos utilizados pelo parceiro privado;
>
> X – a realização de vistoria dos bens reversíveis, podendo o parceiro público reter os pagamentos ao parceiro privado, no valor necessário para reparar as irregularidades eventualmente detectadas;
>
> XI – o cronograma e os marcos para o repasse ao parceiro privado das parcelas do aporte de recursos, na fase de investimentos do projeto e/ou após a disponibilização dos serviços, sempre que verificada a hipótese do § 2º do art. 6º desta Lei.

O § 1.º do aludido dispositivo estabelece que as cláusulas contratuais de atualização automática de valores baseadas em índices e fórmulas matemáticas, quando houver, serão aplicadas sem necessidade de homologação pela Administração Pública, exceto se esta publicar, na imprensa oficial, onde houver, até o prazo de 15 (quinze) dias após apresentação da fatura, razões fundamentadas nesta Lei ou no contrato para a rejeição da atualização.

São cláusulas facultativas:

I - os requisitos e condições em que o parceiro público autorizará a transferência do controle da sociedade de propósito específico para os seus financiadores, com o objetivo de promover a sua reestruturação financeira e assegurar a continuidade da prestação dos serviços, não se aplicando para este efeito o previsto no inciso I do parágrafo único do art. 27 da Lei 8.987/1995;

II - a possibilidade de emissão de empenho em nome dos financiadores do projeto em relação às obrigações pecuniárias da Administração Pública;

III - a legitimidade dos financiadores do projeto para receber indenizações por extinção antecipada do contrato, bem como pagamentos efetuados pelos fundos e empresas estatais garantidores de parcerias público-privadas.

12.6 DA SISTEMÁTICA DE REMUNERAÇÃO DOS PARCEIROS PRIVADOS

Os arts. 6.º e 7.º da Lei 11.079/2004 tratam da remuneração dos parceiros privados, que pode se dar por meio de:

- ordem bancária,
- cessão de créditos não tributados,
- outorga de direitos em face da Administração Pública,
- outorga de direitos sobre bens públicos dominicais,
- outros meios admitidos em lei (por se tratar de norma geral, outros mecanismos de remuneração podem ser previstos nas legislações específicas, a serem editadas pelo entes federativos).

O contrato poderá prever, ainda, o pagamento ao parceiro privado de remuneração variável vinculada ao seu desempenho, conforme metas e padrões de qualidade e disponibilidade definidos no contrato.

Além disso, o contrato prevê o aporte de recursos em favor do parceiro privado para a realização de obras e aquisição de bens reversíveis, nos termos dos incisos X e XI do *caput* do art. 18 da Lei 8.987, de 13 de fevereiro de 1995, desde que autorizado no edital de licitação, se contratos novos, ou em lei específica, se contratos celebrados até 8 de agosto de 2012. Porém, por ocasião da extinção do contrato, o parceiro privado não receberá indenização pelas parcelas de investimentos vinculados a bens reversíveis ainda não amortizadas ou depreciadas, quando tais investimentos houverem sido realizados com valores provenientes do aporte de recursos.

O valor do aporte de tais recursos poderá ser excluído da determinação do lucro líquido para fins de apuração do lucro real e da base de cálculo da Contribuição Social sobre o Lucro Líquido (CSLL), bem como da base de cálculo da Contribuição para o PIS/Pasep e da Contribuição para o Financiamento da Seguridade Social (COFINS).

A parcela excluída deverá ser computada na determinação do lucro líquido para fins de apuração do lucro real, da base de cálculo da CSLL e da base de cálculo da Contribuição para o PIS/Pasep e da Cofins, na proporção em que o custo para a realização de obras e aquisição de bens a que se refere o § 2.º deste artigo for realizado, inclusive mediante depreciação ou extinção da concessão, nos termos do art. 35 da Lei 8.987, de 13 de fevereiro de 1995.

Segundo o *caput* do art. 7.º, "a contraprestação da Administração Pública será obrigatoriamente precedida da disponibilização do serviço objeto do contrato de parceria público-privada", sendo-lhe facultado, nos termos do contrato, efetuar o pagamento da contraprestação relativa a parcela fruível de serviço objeto do contrato de parceria.

12.7 DAS GARANTIAS A CARGO DA ADMINISTRAÇÃO PÚBLICA

O art. 8.º prevê uma série de modalidades de garantias que podem ser prestadas pela Administração Pública, a saber:

> I – vinculação de receitas, observado o disposto no inciso IV do art. 167 da Constituição Federal;
>
> II – instituição ou utilização de fundos especiais previstos em lei;
>
> III – contratação de seguro-garantia com as companhias seguradoras que não sejam controladas pelo Poder Público;
>
> IV – garantia prestada por organismos internacionais ou instituições financeiras que não sejam controladas pelo Poder Público;
>
> V – garantias prestadas por fundo garantidor ou empresa estatal criada para essa finalidade;
>
> VI – outros mecanismos admitidos em lei.

Como norma geral, a lei possibilita que outras formas possam ser previstas nas legislações específicas, a serem editadas pelos demais entes federativos.

12.8 DA CRIAÇÃO DA SOCIEDADE DE PROPÓSITO ESPECÍFICO PARA A CELEBRAÇÃO DO CONTRATO

O art. 9.º da lei determina que, antes da contratação, seja criada uma sociedade de propósito específico, incumbida de implantar e gerir o objeto da parceria, devendo obedecer a padrões de governança corporativa e adotar contabilidade e demonstrações financeiras padronizadas, conforme regulamento.

Esta sociedade poderá assumir a forma de companhia aberta, sendo que a sua transferência somente poderá se dar com autorização expressa da Administração Pública, nos termos como dispuser o edital e contrato, observado o disposto no art. 27 da Lei de concessão de serviços públicos.

Outrossim, a Administração Pública não pode assumir a maioria do capital votante destas sociedades de propósito. Entretanto, essa vedação não se aplica à eventual aquisição da maioria do capital votante da sociedade de propósito específico por instituição financeira controlada pelo Poder Público em caso de inadimplemento de contratos de financiamento.

12.9 DA FORMA DE CONTRATAÇÃO DAS PARCERIAS PÚBLICO-PRIVADAS

Os arts. 10 a 13 da lei federal tratam de ordenar a fase interna e externa da licitação que precederá a contratação.

Alertamos que a denominação utilizada por esta lei para indicar a modalidade de licitação adotada para contratação da parceria público-privada, qual seja, concorrência, não guarda qualquer semelhança com a modalidade tratada pela Lei 8.666/1993 (art. 22, I e § 1.º).

Trata-se, portanto, de nova modalidade licitatória aplicável a este tipo de contratação e que é dotada das seguintes fases:

- Fase interna: versa sobre a forma de elaboração das regras do edital da concorrência (autorização para deflagração do certame, delimitação do objeto, estudo de impacto financeiro-orçamentário, análise e verificação das cláusulas necessárias ao edital).
- Fase externa: compreende a apresentação e qualificação das propostas técnicas; apresentação e classificação das propostas econômicas e apresentação de novas e sucessivas propostas econômicas, observado os limites do § 1.º do art. 12 da lei, até a declaração do licitante vencedor.

De acordo com o art. 10, a abertura do processo licitatório está condicionada a:

I - autorização da autoridade competente, fundamentada em estudo técnico que demonstre:

a) a conveniência e a oportunidade da contratação, mediante identificação das razões que justifiquem a opção pela forma de parceria público-privada;

b) que as despesas criadas ou aumentadas não afetarão as metas de resultados fiscais previstas no Anexo da LC 101/2000 (Lei de Responsabilidade Fiscal), devendo seus efeitos financeiros, nos períodos seguintes, ser compensados pelo aumento permanente de receita ou pela redução permanente de despesa; e

c) quando for o caso, conforme as normas editadas na forma do art. 25 desta Lei, a observância dos limites e condições decorrentes da aplicação dos arts. 29, 30 e 32 da LC 101/2000 (Lei de Responsabilidade Fiscal), pelas obrigações contraídas pela Administração Pública relativas ao objeto do contrato;

II – elaboração de estimativa do impacto orçamentário-financeiro nos exercícios em que deva vigorar o contrato de parceria público-privada;

III – declaração do ordenador da despesa de que as obrigações contraídas pela Administração Pública no decorrer do contrato são compatíveis com a lei de diretrizes orçamentárias e estão previstas na lei orçamentária anual;

IV – estimativa do fluxo de recursos públicos suficientes para o cumprimento, durante a vigência do contrato e por exercício financeiro, das obrigações contraídas pela Administração Pública;

V – seu objeto estar previsto no plano plurianual em vigor no âmbito onde o contrato será celebrado;

VI – submissão da minuta de edital e de contrato à consulta pública, mediante publicação na imprensa oficial, em jornais de grande circulação e por meio eletrônico, que deverá informar a justificativa para a contratação, a identificação do objeto, o prazo de duração do contrato, seu valor estimado, fixando-se prazo mínimo de 30 (trinta) dias para recebimento de sugestões, cujo termo dar-se-á pelo menos 7 (sete) dias antes da data prevista para a publicação do edital; e

VII – licença ambiental prévia ou expedição das diretrizes para o licenciamento ambiental do empreendimento, na forma do regulamento, sempre que o objeto do contrato exigir.

É importante ressaltar que, de acordo com o § 3.º do art. 10, as concessões patrocinadas em que mais de 70% da remuneração do parceiro privado forem pagas pela Administração Pública dependerão de autorização legislativa específica.

O instrumento convocatório conterá minuta do contrato, indicará expressamente a submissão da licitação às normas e observará, no que couber, os §§ 3.º e 4.º do art. 15, os arts. 18, 19 e 21 da Lei 8.987/1995, podendo ainda prever a exigência de garantia de proposta do licitante, observado o limite do inciso III do art. 31 da Lei 8.666/1993 ou o emprego dos mecanismos privados de resolução de disputas, inclusive a arbitragem, a ser realizada no Brasil e em língua portuguesa, nos termos da Lei 9.307/1996, para dirimir conflitos decorrentes ou relacionados ao contrato. O edital deverá, ainda, especificar, quando houver, as garantias da contraprestação do parceiro público a serem concedidas ao parceiro privado.

Além do procedimento previsto na legislação vigente sobre licitações e contratos administrativos, o certame para a contratação de parcerias público-privadas obedecerá:

I – o julgamento poderá ser precedido de etapa de qualificação de propostas técnicas, desclassificando-se os licitantes que não alcançarem a pontuação mínima, os quais não participarão das etapas seguintes;

II - o julgamento poderá adotar como critérios, além dos previstos nos incisos I e V do art. 15 da Lei 8.987/1995, os seguintes:

a) menor valor da contraprestação a ser paga pela Administração Pública;

b) melhor proposta em razão da combinação do critério da alínea a com o de melhor técnica, de acordo com os pesos estabelecidos no edital;

III - o edital definirá a forma de apresentação das propostas econômicas, admitindo-se:

a) propostas escritas em envelopes lacrados; ou

b) propostas escritas, seguidas de lances em viva voz;

IV - o edital poderá prever a possibilidade de saneamento de falhas, de complementação de insuficiências ou ainda de correções de caráter formal no curso do procedimento, desde que o licitante possa satisfazer as exigências dentro do prazo fixado no instrumento convocatório.

Quando as propostas forem escritas, seguidas de lances em viva voz, estes serão sempre oferecidos na ordem inversa da classificação das propostas escritas, sendo vedado ao edital limitar a quantidade de lances. Nessa situação, o edital poderá, ainda, restringir a apresentação de lances em viva voz aos licitantes cuja proposta escrita for no máximo 20% maior que o valor da melhor proposta.

O exame de propostas técnicas, para fins de qualificação ou julgamento, será feito por ato motivado, com base em exigências, parâmetros e indicadores de resultado pertinentes ao objeto, definidos com clareza e objetividade no edital.

Excepcionalmente, o edital poderá prever a inversão da ordem das fases de habilitação e julgamento, hipótese em que:

I - encerrada a fase de classificação das propostas ou o oferecimento de lances, será aberto o invólucro com os documentos de habilitação do licitante mais bem classificado, para verificação do atendimento das condições fixadas no edital;

II - verificado o atendimento das exigências do edital, o licitante será declarado vencedor;

III - inabilitado o licitante melhor classificado, serão analisados os documentos habilitatórios do licitante com a proposta classificada em 2.º (segundo) lugar, e assim, sucessivamente, até que um licitante classificado atenda às condições fixadas no edital;

IV - proclamado o resultado final do certame, o objeto será adjudicado ao vencedor nas condições técnicas e econômicas por ele ofertadas.

12.10 QUESTÃO

1. **(IX Exame de Ordem Unificado - FGV) Um estado da Federação, em processo de recuperação econômica, pretende restaurar o seu antigo Parque de Esportes, uma enorme área que concentra estádio de futebol, ginásio de esportes coletivos e**

parque aquático. Não dispondo de recursos para custear a totalidade da obra e nem tendo expertise para promover uma boa gestão do espaço, o Estado pretende firmar um contrato de parceria público-privada, nos moldes da Lei n. 11.079/2004. Sobre o instituto da Parceria Público-Privada, assinale a afirmativa correta.

a) As parcerias público-privadas têm natureza de convênio, e não de contrato, uma vez que o ente público e o ente particular conjugam esforços na realização de uma atividade de interesse público.

b) As parcerias público-privadas preveem que o ente público executará uma parcela do serviço ou obra, nunca inferior a 50%, e o particular o restante do serviço ou obra.

c) As parcerias público-privadas não podem ter por objeto, exclusivamente, a execução de obra pública de restauração do Parque de Esportes.

d) As parcerias público-privadas remuneram o ente particular integralmente com o valor das tarifas cobradas dos usuários do serviço, sendo vedado ao ente público o custeio direto das atividades desenvolvidas pelo particular.

13

RESPONSABILIDADE CIVIL DO ESTADO

13.1 RESPONSABILIDADE EXTRACONTRATUAL DO ESTADO

Quando o resultado de alguma atividade executiva, legislativa ou judiciária causar algum dano ao particular, surge para o Estado o dever de indenizar. Na atividade legislativa e judiciária o Estado responderá somente em hipóteses excepcionais.

Maria Sylvia Zanella Di Pietro destaca que os danos resultantes do comportamento do Executivo, do Legislativo ou do Judiciário são de responsabilidade do Estado, pessoa jurídica. Por isso, acrescenta, "é errado falar em responsabilidade da Administração Pública, já que esta não tem personalidade jurídica, não é titular de direitos e obrigações na ordem civil. A capacidade é do Estado e das pessoas jurídicas públicas ou privadas que o representam no exercício de parcela de atribuições estatais. E a responsabilidade é sempre civil, ou seja, de ordem pecuniária" (ob. cit., p. 523).

A responsabilidade indireta é denominada, pela doutrina, *responsabilidade extracontratual do Estado*, que seria aquela correspondente à obrigação de reparar danos causados a terceiros em decorrência de comportamentos comissivos ou omissivos, materiais ou jurídicos, lícitos ou ilícitos, imputáveis aos agentes políticos.

13.2 FASES DA RESPONSABILIDADE CIVIL DAS PESSOAS JURÍDICAS

A responsabilidade civil das pessoas jurídicas de direito público passou pelas seguintes fases:

a) fase da irresponsabilidade: representada pela expressão the *king can do no wrong* (ou ainda, *le roi ne peut mal faire*), na qual o Estado, por dispor de autoridade incontestável perante os súditos, não admitia ser colocado no mesmo plano que estes por considerar desrespeito à sua soberania não podendo, por isso, ser responsabilizado pelos danos decorrentes da sua atividade;

b) fase civilista (adotada pelo Código Civil de 1916): representou a superação da fase anterior para admitir a responsabilidade do Estado baseada na ideia da culpa (responsabilidade subjetiva), ou seja, para o ressarcimento dos danos causados pela atividade do Estado a vítima tinha o ônus de provar a culpa ou o dolo do agente público (ao Estado era assegurada a ação regressiva contra ele);

c) fase publicista, adotada pela Constituição Federal de 1988 (inaugurada pela Constituição de 1946) que em seu art. 37, § 6.º, prevê expressamente que "as pessoas jurídicas de direito público e as de direito privado prestadoras de serviços públicos responderão pelos danos que seus agentes, nessa qualidade, causarem a terceiros, assegurado o direito de regresso contra o responsável nos caso de dolo ou culpa".

Em conformidade com a teoria publicista – a qual também é denominada *teoria da culpa do serviço* ou *culpa administrativa* – procurou-se desvincular a responsabilidade do Estado da ideia de culpa do agente público, passando a se falar em culpa do serviço público. O ônus de demonstrar a culpa do agente público deixa de existir sendo necessária somente a demonstração da ocorrência do dano (responsabilidade objetiva).

A culpa individual do agente (que não o isenta da obrigação de reparar os danos), distingue-se da *culpa anônima do serviço público* pela qual o agente público não precisa ser identificado, considerando-se apenas a ocorrência de dano decorrente do serviço prestado, para a incidência da responsabilidade civil do Estado.

A *culpa anônima do serviço público* não se confunde com a *culpa anônima da administração*. Esta abrange aquela e admite ação contra o Estado com fundamento na conduta omissiva da administração pública que causou dano ao particular (ex. falta de obras para a prevenção de enchentes) mesmo que não seja possível a identificação do agente que tinha o dever de agir. Prevalece na doutrina e na jurisprudência o entendimento de que o art. 37, § 6.º, da CF, não exclui ou diferencia os danos decorrentes de atos omissivos ou comissivos, respondendo o Estado de forma objetiva em qualquer situação.

Como desdobramentos dessa teoria, surgiram as teorias do *risco integral* e do *risco administrativo*, sendo esta última a adotada pela Constituição Federal.

De acordo com a teoria do risco integral, o Estado responde pelos danos em qualquer circunstância não se admitindo, portanto, qualquer causa excludente de sua responsabilidade. Trata-se de uma forma extremada da teoria do risco administrativo, pois obriga a administração a indenizar todo e qualquer dano suportado por terceiros, ainda que resultante de dolo ou culpa da vítima. Não foi adotada pelo fato de conduzir ao abuso e à iniquidade social.

De acordo com a teoria do risco administrativo, adotada pelo legislador constituinte de 1988 (que foi a base para a *teoria da responsabilidade objetiva* ou tão somente *teoria do risco*), a ideia de culpa está ligada apenas à existência de nexo de causalidade entre o funcionamento do serviço público e o prejuízo sofrido pelo administrado, sendo indiferente que o serviço tenha funcionado bem ou mal, de forma regular ou irregular. Ao contrário do que ocorre na teoria do risco integral, a teoria do risco administrativo admite a incidência de causas de exclusão da responsabilidade, que serão expostas ainda neste capítulo.

13.3 REQUISITOS

A responsabilização civil das pessoas jurídicas de direito público e das pessoas jurídicas de direito privado prestadoras de serviços públicos exige o preenchimento dos seguintes requisitos:

a) **ocorrência de dano efetivo:** para que se possa alvitrar a ocorrência da responsabilização estatal, o particular deve demonstrar a diminuição patrimonial sofrida em razão da ação/omissão administrativa;

b) **ação ou omissão administrativa:** conforme mencionado, a maioria da doutrina e da jurisprudência orienta-se no sentido de que a responsabilidade civil do Estado será sempre objetiva, sendo de natureza *comissiva* o ato danoso imputado ao agente público. "Na hipótese de ato *omissivo* do poder público, a responsabilidade civil é do tipo subjetiva, pelo que exige dolo ou culpa, numa de suas três vertentes, negligência, imperícia ou imprudência, não sendo, entretanto, necessário individualizá-la, dado que pode ser atribuída ao serviço público, de forma genérica, a *faute de service* dos franceses" (STF, RE 179147, Rel. Min. Carlos Velloso, DJ 27.02.1998);

c) **nexo causal entre a conduta e o dano:** derivando o dano de uma ação ou omissão estatal, será necessária a comprovação do nexo de causalidade. Odete Medauar ensina que "necessário se torna existir relação de causa e efeito entre ação ou omissão administrativa e dano sofrido pela vítima. É o chamado nexo causal ou nexo de causalidade" (Direito administrativo moderno. 4. ed. São Paulo: RT, 2000. p. 430). Logo, essencial é o nexo de causalidade, que deve ser provado no caso concreto. Essa é a essência da verdade, pois a falta de nexo de causalidade também é tida como uma das causas de exclusão da responsabilidade do Estado.

13.4 EXCLUDENTES DA RESPONSABILIDADE

Embora a teoria do risco administrativo dispense a prova da culpa, isso não significa que a administração deva indenizar sempre e em qualquer caso o dano causado ao particular. Em situações excepcionais, a administração poderá eximir-se integral ou parcialmente da indenização, a saber:

a) **culpa exclusiva da vítima:** quando a vítima concorrer na integralidade para a consecução final do dano o Estado não deve indenizar em virtude da falta de nexo causal (que deveria existir entre a conduta da administração e o dano ocasionado ao particular). Quando houver culpa concorrente entre a vítima e o causador do dano, a responsabilidade e, consequentemente, a indenização serão repartidas de acordo com a intensidade da culpa de cada um, conforme autoriza o art. 945 do Código Civil;

b) **eventos da natureza:** quando o dano sofrido pelo particular resultar da incidência de eventos da natureza marcados pela imprevisibilidade, inevitabilidade e for estranho à vontade das partes (força maior), a responsabilidade civil do Estado estará excluída. Ex.: terremotos, enchentes etc. Entretanto, é importante verificar se a ocorrência do dano está ou não aliada à omissão da administração em relação à prestação do serviço público (culpa anônima da administração). Dessa forma, havendo omissão e dano ao particular decorrente de força maior a responsabilidade do Estado e, consequentemente, o dever de indenizar, não estarão excluídos. Ex.: enchente em local onde o poder público deveria ter realizado a limpeza dos rios ou bueiros;

c) **atos predatórios de terceiros (ou fato de terceiro):** quando o dano ocasionado ao particular resultar de ato de terceiros a responsabilidade do Estado estará excluída. Ex.: briga de gangues nas ruas, causando danos aos veículos nelas estacionados. Entretanto, se ficar caracterizada a omissão do Estado na prestação do serviço ele será obrigado a indenizar em virtude da culpa anônima da administração. Ex.: briga de gangues em saída de estádio de futebol em virtude da ausência de policiamento.

13.5 RESPONSABILIDADE POR ATOS LEGISLATIVOS E JUDICIAIS

Em relação aos atos administrativos a regra é a responsabilidade objetiva do Estado na modalidade do *risco administrativo*.

Quanto aos atos legislativos e judiciais, o Estado só responde mediante a **comprovação de culpa manifesta** na sua expedição, de maneira ilegítima e lesiva. Essa distinção, segundo Hely Lopes Meirelles (ob. cit., p. 617), resulta do próprio texto constitucional em virtude da redação do art. 37, § 6.º, que alude apenas aos agentes administrativos (servidores), omitindo-se quanto aos agentes políticos (parlamentares e magistrados), que não são *servidores* da administração pública, mas sim membros de Poderes do Estado. Assim, para os atos legislativos e judiciais a responsabilidade do Estado seria subjetiva exigindo-se, dessa forma, a demonstração de culpa ou dolo na conduta dos agentes políticos.

Antonio Cecílio Moreira Pires (ob. cit., p. 124) destaca que as leis de efeito concreto, embora sejam emanadas do Poder Legislativo, são, em razão do seu conteúdo, verdadeiros atos administrativos aptos a responsabilizar objetivamente o Estado. A lei abstrata só enseja a responsabilização do Estado quando causar danos e, posteriormente, for declarada inconstitucional (existe outra corrente que entende não ser possível a responsabilização do Estado pelos danos causados pelos atos legislativos).

13.6 A REPARAÇÃO DO DANO

A reparação do dano pode ser feita amigavelmente ou mediante a propositura de ação de indenização. O valor da indenização deve contemplar aquilo que a vítima perdeu, o que despendeu e o que deixou de ganhar em razão do ato lesivo da Administração (danos emergentes, lucros cessantes, honorários advocatícios, juros de mora e correção monetária). A fase de execução ocorrerá na forma do que dispõe o art. 100 da Constituição Federal, mediante precatórios, ressalvando-se os créditos de natureza alimentícia e os pagamentos de obrigações definidas em lei como de pequeno valor que a Fazenda Federal, Estadual, Distrital ou Municipal deva fazer em virtude de sentença judicial transitada em julgado.

13.7 A VIA REGRESSIVA

Cabe ação regressiva do Poder Público contra o agente público causador do dano, nos termos do art. 37, § 6.º, da CF, mesmo após a cessação do exercício do cargo ou função, seja por questões de aposentadoria, exoneração, disponibilidade ou demissão.

Para a propositura da ação de regresso, necessário se faz o cumprimento de dois requisitos basilares: que o Estado já tenha sido condenado a indenizar a vítima e a comprovação do dolo ou da culpa do agente público. Trata-se de ação de responsabilidade subjetiva.

A ação de regresso constitui para o Estado um dever, nos casos de dolo ou culpa do agente, em razão do princípio da indisponibilidade pública. O administrador, portanto, não pode realizar juízo de conveniência/oportunidade para buscar o ressarcimento em face do agente causador do dano, na hipótese de ter atuado com culpa, *lato senso*.

Ainda, sobre a possibilidade de o Estado, quando demandado em juízo pelo particular, apresentar denunciação à lide (art. 70, inciso III, do CPC) contra o agente público causador do dano (em caso de dolo ou culpa), cabe apontarmos o entendimento do E. STJ:

> (...) 1. Consoante jurisprudência consolidada nesta Corte Superior, não é admissível a denunciação da lide embasada no art. 70, III, do CPC quando introduzir fundamento novo à causa, estranho ao processo principal, apto a provocar uma lide paralela, a exigir ampla dilação probatória, o que tumultuaria a lide originária, indo de encontro aos princípios da celeridade e economia processuais, os quais esta modalidade de intervenção de terceiros busca atender. (...) (STJ – AgRg-REsp 821.458 (2006/0037342-6) – 3.ª T. – Rel. Min. Vasco Della Giustina – *DJe* 24.11.2010)
>
> (...) 2. Afigura-se inviável a denunciação da lide, fundada no art. 70, III, do CPC, nos casos em que o alegado direito de regresso exige o reconhecimento de fundamento novo não constante da lide originária. (...) (STJ – REsp 934.394/PR (2007/0054967-0) – 4.ª T. – Rel. Min. João Otávio de Noronha – *DJe* 10.03.2008)

13.8 QUESTÕES

1. **(OAB Nacional 2010 – I) Manoel estava no interior de um ônibus da concessionária de serviço público municipal, empresa não integrante da administração pública, quando o veículo derrapou em uma curva e capotou. Em razão desse acidente, Manoel sofreu dano material e moral. Nessa situação hipotética, a responsabilidade será**

   a) objetiva e da concessionária, com prazo de prescrição de cinco anos, conforme previsto em lei especial.
   b) subjetiva e da concessionária, com prazo de prescrição de cinco anos, conforme previsto no Código Civil.
   c) objetiva e do município, com prazo prescricional de três anos, conforme previsto em lei especial.
   d) subjetiva e do município, com prazo prescricional de três anos, conforme previsto no Código Civil.

2. **(OAB 2011.2 – FGV) Tendo o agente público atuado nesta qualidade e dado causa a dano a terceiro, por dolo ou culpa, vindo a administração a ser condenada, terá esta o direito de regresso. A respeito da ação regressiva, é correto afirmar que**

   a) em regra deve ser exercida, sob pena de afronta ao princípio da indisponibilidade.
   b) o prazo prescricional tem início a contar do fato que gerou a ação indenizatória contra a Administração.
   c) a prescrição será decenal, com base na regra geral da legislação civil.
   d) o prazo prescricional será o mesmo constante da esfera penal para o tipo criminal correspondente.

3. (OAB 2011.1 - FGV) Antônio, vítima em acidente automobilístico, foi atendido em hospital da rede pública do Município de Mar Azul e, por imperícia do médico que o assistiu, teve amputado um terço de sua perna direita. Nessa situação hipotética, respondem pelo dano causado a Antônio

a) o Município de Mar Azul e o médico, solidária e objetivamente.
b) o Município de Mar Azul, objetivamente, e o médico, regressivamente, em caso de dolo ou culpa.
c) o Município de Mar Azul, objetivamente, e o médico, solidária e subjetivamente.
d) o Município de Mar Azul, objetivamente, e o médico, subsidiariamente.

4. (OAB 2011.3 - FGV) Ambulância do Corpo de Bombeiros envolveu-se em acidente de trânsito com automóvel dirigido por particular, que trafegava na mão contrária de direção. No acidente, o motorista do automóvel sofreu grave lesão, comprometendo a mobilidade de um dos membros superiores. Nesse caso, é correto afirmar que

a) existe responsabilidade objetiva do Estado em decorrência da prática de ato ilícito, pois há nexo causal entre o dano sofrido pelo particular e a conduta do agente público.
b) não haverá o dever de indenizar se ficar configurada a culpa exclusiva da vítima, que dirigia na contramão, excluindo a responsabilidade do Estado.
c) não se cogita de responsabilidade objetiva do Estado porque não houve a chamada culpa ou falha do serviço. E, de todo modo, a indenização do particular, se cabível, ficaria restrita aos danos materiais, pois o Estado não responde por danos morais.
d) está plenamente caracterizada a responsabilidade civil do Estado, que se fundamenta na teoria do risco integral.

GABARITO: As respostas destes testes encontram-se no final do livro.

Obs.: Mais questões sobre este capítulo estão disponíveis para *download* gratuito no *site* www.editorametodo.com.br.

14

PROCESSO ADMINISTRATIVO

14.1 INTRODUÇÃO

A expressão processo administrativo é polissêmica podendo significar: 1) a própria materialidade do processo (os "autos"), 2) o procedimento considerado como forma de atuação da Administração Pública, 3) o procedimento considerado como sucessão coordenada e concatenada de atos, 4) sinônimo de procedimento administrativo, 5) processo em que há controvérsia/litígio.

Parte da doutrina não se utiliza da expressão "processo administrativo" por entender que processo é vocábulo destinado à atividade judicial (*v.g.*, José Frederico Marques, Augustin Gordillo). De outro lado, há autores que não vislumbram óbices na utilização do termo "processo" no âmbito administrativo (*v.g.*, Marcelo Caetano, Hely Lopes Meirelles).

De qualquer sorte, a partir da Constituição de 1988 verificou-se, no plano normativo, que o termo processo não se restringe ao judicial. Isto porque a Constituição Federal de 1988 faz menção em diversos artigos do processo administrativo, por exemplo: art. 5.º, LV, LXXII, *b*, e LXXVIII; art. 37, XXI; art. 41, § 1.º, II; art. 217, § 2.º; art. 227, parágrafo único; art. 26, § 2.º, dos ADCT.

O processo administrativo pode ser instaurado tanto a requerimento da parte interessada quanto por iniciativa da própria administração pública.

O processo administrativo estabelece uma relação bilateral, em que se tem, de um lado, o administrado que deduz uma pretensão, e de outro, a administração pública, que atua no próprio interesse e nos limites que lhe são impostos por lei. Nesse sentido, a administração pública atua no processo em nome de seu próprio interesse e para atender os fins que lhe são específicos.

No direito brasileiro, o processo administrativo será sempre gracioso e não contencioso. Gracioso porque implica a atuação dos próprios órgãos da administração pública, encarregados de fazer atuar a vontade concreta da lei, com vistas à consecução dos fins estatais que lhe estão confiados e que nem sempre envolvem decisão sobre pretensão do particular.

Uma outra característica do processo administrativo é que ele pode ser *nominado* ou *inominado*. Será *nominado* quando a lei ditar a sequência dos atos, como é o caso da licitação. Por outro lado, será *inominado* quando a lei não prevê um rito especial.

De acordo com o art. 5.º, XXXV, da CF, que estampa o princípio da inafastabilidade da jurisdição, a decisão administrativa definitiva (da qual não cabe mais recurso na esfera administrativa) não faz coisa julgada, podendo sempre ser intentada ação judicial visando a sua revisão pelo Poder Judiciário. Ex.: a negativa de concessão de um benefício previdenciário junto ao INSS permite que o particular busque a prestação jurisdicional do Estado-Juiz.

Em relação ao processo judicial, o processo administrativo apresenta as seguintes distinções:

	Processo Administrativo	**Processo judicial**
Efeitos da decisão	Não faz coisa julgada	Faz coisa julgada (em razão do princípio da inafastabilidade da jurisdição as decisões administrativas tomadas em última ou única instância administrativa podem ser revistas pelo Poder Judiciário)
Partes	O processo administrativo é relação jurídica bilateral (particular/interessado e Estado)	O processo judicial é relação jurídica trilateral (autor, réu e juiz)
Iniciativa	De ofício ou a requerimento da parte interessada	Somente mediante provocação da parte interessa (princípio da inércia da jurisdição)
Regulamentação legal	Regra: Lei emanada da pessoa política competente (lei do processo administrativo federal, estadual ou municipal) além dos parâmetros constitucionais como, por exemplo, o art. 5.º, LV, da CF/88	*Regra:* Lei federal nacional (CPC, CPP etc.) além dos parâmetros constitucionais

14.2 PRINCÍPIOS DO PROCESSO ADMINISTRATIVO

O catálogo de princípios que regem os processos administrativos é aleatório, não existindo unanimidade na doutrina. Há citações pontuais de alguns princípios em leis que tratam do tema, por exemplo, a Lei

9.784/1999, que regulou o processo administrativo no âmbito da Administração Pública Federal (direta e indireta), que determinou em seu art. 2.º, *caput*, a observância aos princípios da legalidade, finalidade, motivação, razoabilidade, proporcionalidade, moralidade, ampla defesa, contraditório, segurança jurídica, interesse público e eficiência; e em seu parágrafo único diversos outros, merecendo maior destaque os seguintes princípios:

1) Princípio da publicidade - uma vez que os processos que a administração pública desenvolve devem estar abertos ao acesso dos interessados, de forma ainda mais ampla do que acontece no processo judicial, ressalvadas as hipóteses de sigilo previstas na Constituição.
2) Princípio da obediência à forma e aos procedimentos - esse princípio não é muito rígido no processo administrativo. Devido a esse fato, esse princípio costuma ser chamado de princípio do informalismo pelo fato de exigir apenas a adoção de formas simples, suficientes para propiciar adequado grau de certeza, segurança e respeito aos direitos dos administrados.
3) Princípio da oficialidade - também é mais amplo no processo administrativo; é cabível a instauração do processo por iniciativa da administração pública, independentemente de provocação do administrado. Abrange, ainda, a impulsão, de ofício, do processo administrativo, sem prejuízo da atuação dos interessados.
4) Princípio da ampla defesa e do contraditório - aos litigantes, em processo judicial ou administrativo, e aos acusados, em geral, são assegurados o contraditório e a ampla defesa, com os meios e recursos a ela inerentes (art. 5.º, LV, da CF). No âmbito administrativo é garantido o direito à comunicação, à apresentação de alegações finais, à produção de provas e à interposição de recursos, nos processos de que possam resultar sanções e nas situações de litígio. A assistência por advogado é facultativa, salvo quando obrigatória a representação, por força de lei.
5) Princípio da pluralidade de instâncias (Direito à revisibilidade) - o administrado que se sentir lesado em decorrência de decisão administrativa pode ir propondo recursos hierárquicos até chegar à autoridade máxima da organização administrativa. Interessante notar que o STF já reconheceu que não fere este princípio a exigência de depósito prévio de parcela ou do montante integral do débito recorrido, como condição de admissibilidade do recurso. Para o STF, portanto, o depósito prévio do valor guerreado representa condição de procedibilidade do recurso administrativo.
6) Princípio da gratuidade - os processos não são onerosos sendo proibida a cobrança de despesas processuais, ressalvadas as previstas em lei.
7) Princípio da economia processual - em virtude desse princípio, evita-se formalismos excessivos; as exigências devem ser adequadas e proporcionais ao fim a que se pretende atingir, aproveitando-se os atos processuais já realizados. Da mesma forma, a Administração pode rechaçar a produção de provas protelatórias ou impertinentes para o deslinde da questão.
8) Princípio da atipicidade - no direito administrativo, diferentemente do direito penal, prevalece a atipicidade, visto que são poucas as infrações descritas na lei. A maior parte delas fica sujeita à discricionariedade administrativa diante de cada caso.

14.3 PROCESSO ADMINISTRATIVO DISCIPLINAR

A prática de atos ilícitos administrativos, previstos na legislação estatutária, pelo servidor público deverá ser apurada através do processo administrativo disciplinar e dos meios sumários (sindicância, verdade sabida e termo de declarações – estes dois últimos não foram recepcionados pela CF/88 pelo fato de violarem a garantia do contraditório e da ampla defesa).

De acordo com o art. 41 da CF, o processo administrativo disciplinar é obrigatório para a aplicação das penas que impliquem perda de cargo para o funcionário estável.

O processo administrativo disciplinar também é exigido nos casos de aplicação de pena de suspensão por mais de 30 dias, de demissão, de cassação, de aposentadoria e disponibilidade e destituição de cargo em comissão. O mesmo se dá no caso de demissão ou dispensa do servidor efetivo ou estável, comprovadamente ineficiente no desempenho de sua função ou desidioso no cumprimento de seus deveres.

O processo administrativo disciplinar é promovido por comissões disciplinares, denominadas "comissões processantes", estranhas ao relacionamento entre funcionário e seu superior, o que irá assegurar uma maior imparcialidade no processo.

14.3.1 O processo administrativo disciplinar e a (des)necessidade de defesa técnica formalizada por advogado

O Egrégio Supremo Tribunal Federal, sobre o tema, editou a **Súmula Vinculante 5**, dispondo que "a falta de defesa técnica por advogado no processo administrativo disciplinar não ofende a Constituição" (publicada no *DJE* 88/2008, p. 1, em 16.05.2008).

Desta forma, por se tratar de **súmula vinculante**, editada nos termos do artigo 103-A da CF, revogou-se a Súmula 343 do Egrégio Superior Tribunal de Justiça (súmula persuasiva), que dispunha: "é obrigatória a presença de advogado em todas as fases do processo administrativo disciplinar".

14.4 AS FASES DO PROCESSO

O processo administrativo ordinário apresenta as seguintes fases:

1) instauração;
2) instrução;
3) defesa;

4) relatório; e
5) decisão.

A **fase de instauração do processo** inicia-se tanto *ex officio* pela autoridade competente, como a requerimento do interessado, sendo que, não havendo elementos suficientes para a instauração do processo, deverá ser realizada inicialmente uma sindicância.

Determinada a instauração e já estando autuado o processo, esse será encaminhado à comissão processante. A comissão instaurará o processo por meio de portaria, que conterá os nome das partes envolvidas, a infração a que são acusados, além de uma descrição resumida dos fatos e a indicação dos dispositivos legais infringidos.

Note-se que a portaria equivale, no processo penal, à denúncia; se além da infração administrativa, houver também uma infração penal, a comissão deve comunicar o fato às autoridades policiais.

Em seguida, iniciar-se-á a **fase da instrução**, que será regida pelos princípios da oficialidade e do contraditório. É nessa fase que a comissão irá determinar a realização das provas, de depoimentos e de documentos, além de outras provas que se fizerem necessárias. Também será dada oportunidade ao acusado de acompanhar a instrução, com ou sem defensor, conhecendo e respondendo a todas as provas contra eles apresentadas.

Concluída essa fase, será aberta vista dos autos ao acusado para que ele apresente *sua defesa*, por meio de razões escritas, feitas pessoalmente ou por advogado de sua escolha, sendo que, na falta de um advogado de confiança, a comissão processante lhe indicará um.

É importante ressaltar que a citação do indiciado deverá ser feita antes de iniciada a instrução e acompanhada de cópia da portaria para lhe permitir amplo conhecimento da denúncia.

Terminada a defesa, será elaborado um **relatório** pela comissão processante, no qual deve-se concluir com proposta de absolvição ou de aplicação de determinada penalidade, porém, ambas devem ser fundamentadas. O relatório é uma peça opinativa, que não obriga a autoridade julgadora, que poderá, analisando os autos, apresentar conclusão diversa.

A fase final é a da **decisão**, a ser dada pelo órgão competente, em que a autoridade poderá acolher a sugestão da comissão, hipótese em que o relatório corresponderá à motivação; se não aceitar a sugestão, terá que motivar adequadamente a sua decisão, apontando os elementos do processo em que se baseia.

Concluído o processo, pela absolvição ou pela aplicação de penalidade, será cabível, neste último caso, o **pedido de reconsideração** e os recursos hierárquicos, além da revisão admitida na legislação estatuária.

Os recursos em direito administrativo, diferentemente do que ocorre no direito civil e até mesmo no penal, não se encontram sistematizados e sim esparsos na legislação. Com isso, são necessários uma análise da situação de fato e um exame do caso concreto, para determinar a nomenclatura, o procedimento e a competência.

Todos os recursos têm efeito devolutivo. Alguns, porém, podem ter efeito suspensivo, sobrestando o feito até a decisão da autoridade superior. Vale lembrar que os recursos com efeito suspensivo são exceções no direito administrativo.

Se o recorrente alegar que a decisão administrativa contraria enunciado da súmula vinculante, caberá à autoridade prolatora da decisão impugnada, se não a reconsiderar, explicitar, antes de encaminhar o recurso à autoridade superior, as razões da aplicabilidade ou inaplicabilidade da súmula, conforme o caso (§ 3.º do art. 56 da Lei 9.784/1999 incluído pela Lei 11.417/2006).

De acordo com o art. 7.º da Lei 11.417/2006, da decisão judicial ou do ato administrativo que contrariar enunciado de súmula vinculante, negar-lhe vigência ou aplicá-lo indevidamente caberá reclamação ao Supremo Tribunal Federal, sem prejuízo dos recursos ou outros meios admissíveis de impugnação. Contra omissão ou ato da administração pública, o uso da reclamação só será admitido após esgotamento das vias administrativas. Ao julgar procedente a reclamação, o Supremo Tribunal Federal anulará o ato administrativo ou cassará a decisão judicial impugnada, determinando que outra seja proferida com ou sem aplicação da súmula, conforme o caso.

14.5 O PROCESSO SUMÁRIO

No direito administrativo, a apuração dos atos ilícitos administrativos praticados pelo servidor também será realizada através do processo sumário (ou meio sumário), que pode ocorrer por meio de sindicância, da verdade sabida ou do termo de declarações.

A verdade sabida é o instituto pelo qual o conhecimento pessoal e direto da falta disciplinar pela autoridade hierárquica superior possibilita a esta a imediata aplicação da sanção. O termo de declarações é o instrumento pelo qual o servidor reconhece a falta cometida (confessando-a) e aceita a imposição da sanção administrativa desde que a natureza da sanção imposta não exija a instauração de processo administrativo disciplinar. Esses dois institutos, conforme já foi dito, **não foram recepcionados** pela CF/88 em virtude da violação dos princípios do devido processo legal, do contraditório e da ampla defesa. Se tais instrumentos forem utilizados, o Poder Judiciário deverá anular o processo e, consequentemente, as sanções aplicadas.

A sindicância, segundo José Cretella Júnior, "é o meio sumário de que se utiliza a Administração do Brasil para, sigilosa ou publicamente, com indiciados ou não, proceder à apuração de ocorrências anômalas no serviço público, as quais, confirmadas, fornecerão elementos concretos para a imediata abertura de processo administrativo contra o funcionário público responsável" (*Tratado de direito administrativo*, Rio de Janeiro: Forense, p. 153).

Pode-se dizer, assim, que a sindicância pode ser empregada em duas situações:

1) como fase preliminar à instauração do processo administrativo disciplinar quando não houver elementos suficientes para se concluir pela existência da falta ou de sua autoria; e
2) como processo sumário para apuração de faltas puníveis desde que a punição não seja a demissão (caso em que deverá ser instaurado o processo administrativo disciplinar).

A sindicância, portanto, pode resultar no arquivamento do processo, na aplicação de penalidade de advertência ou suspensão de até 30 dias, e na instauração do processo administrativo disciplinar.

No entanto, a Lei 8.112/1990 (Estatuto do servidor público federal) foi omissa quanto ao procedimento a ser realizado para a sindicância, que tanto pode ser feita por funcionário como por comissão de funcionários. Cabe alertar que cada ente político edita sua própria legislação sobre o tema.

Se, mesmo após sua demissão, o servidor for absolvido pela justiça na ação penal referente ao fato que levou à sua demissão, ele deve ser reintegrado no cargo. Isso, claro, se ficar reconhecido a inexistência material do fato que lhe foi imputado.

14.6 NORMAS GERAIS SOBRE PROCESSO ADMINISTRATIVO

Cada ente federativo edita suas normas sobre processo administrativo (p. ex., no âmbito federal: Lei Federal 9.784/1999, no âmbito do Estado de São Paulo: Lei Estadual 10.177/98). Porém, para Maria Sylvia Zanella Di Pietro a Lei Federal 9784/1999 traz normas nacionais sobre a principiologia do processo administrativo (cf. *A lei de processo administrativo*: sua ideia matriz e âmbito de aplicação. *In:* NOHARA, Irene Patrícia; MORAES FILHO, Marco Antonio Praxedes de. [Org.]. *Processo administrativo.* Temas polêmicos da Lei nº 9.784/99. São Paulo: Atlas, 2011. p. 185-202).

14.7 QUESTÕES

1. **(OAB/Nacional 2008.III) João, servidor público com cargo efetivo no Ministério X, foi denunciado pela prática de peculato. A denúncia foi recebida, foi instaurado processo administrativo disciplinar e designada comissão para apuração do fato. O advogado de João requereu a suspensão do processo administrativo enquanto não transitasse em julgado o processo criminal, pedido que foi indeferido pela comissão. Ao final do processo criminal, João foi absolvido definitivamente, por insuficiência de provas. No processo administrativo disciplinar, foi aplicada pena de demissão a João.**

Considerando essa situação hipotética, assinale a opção correta.

a) João poderá apresentar petição nos autos do processo administrativo, acompanhada de cópia do julgamento havido na esfera criminal, mas não terá direito à alteração da pena de demissão que lhe foi imposta.

b) A comissão disciplinar deveria ter determinado, como medida mais prudente, a suspensão do processo administrativo, o que evitaria decisões conflitantes, como as da situação apresentada.

c) A decisão adequada seria a suspensão do processo penal, com a suspensão do prazo prescricional, até que terminasse o processo administrativo.

d) A pena de demissão deveria ter sido aplicada pelo presidente da República, visto que este não pode delegar o ato a ministro de Estado.

2. **(OAB 2010.2 – FVG) Em determinado procedimento administrativo disciplinar, a Administração federal impôs, ao servidor, a pena de advertência, tendo em vista a comprovação de ato de improbidade. Inconformado, o servidor recorre, vindo a Administração, após lhe conferir o direito de manifestação, a lhe impor a pena de demissão, nos termos da Lei nº 8.112/1990 e da Lei 9.784/1998. Com base no fragmento acima, é correto afirmar que a Administração Federal**

a) agiu em desrespeito aos princípios da eficiência e da instrumentalidade, autorizativos da reforma em prejuízo do recorrente, desde que não imponha pena grave.

b) agiu em respeito aos princípios da legalidade e autotutela, autorizativos da reforma em prejuízo do recorrente.

c) não observou o princípio da dignidade da pessoa humana, trazendo equivocada reforma em prejuízo do recorrente.

d) não observou o princípio do devido processo legal, trazendo equivocada reforma em prejuízo do recorrente.

3. **(OAB Nacional 2010 – I) Com relação ao processo administrativo federal, assinale a opção correta.**

a) Não se admite a legitimidade de associação para a defesa de direitos ou interesses difusos.

b) Não pode uma autoridade hierárquica superior delegar a uma autoridade inferior o poder de decidir, em primeira instância, os processos administrativos de sua competência não exclusiva.

c) Não se admite a intimação fictícia.

d) Ao processo em apreço não se aplica o princípio que veda a *reformatio in pejus*.

4. **(OAB/Nacional 2008_2) No que se refere à norma estabelecida na Lei n.º 9.784/1999, que versa sobre o processo administrativo no âmbito da administração pública federal, assinale a opção incorreta.**

a) O processo administrativo pode iniciar-se de ofício ou a pedido de interessado.

b) Os atos administrativos que importem anulação, revogação, suspensão ou convalidação devem ser obrigatoriamente motivados.

c) O servidor ou autoridade que esteja litigando, na esfera judicial, com o interessado em um processo administrativo que envolva as mesmas partes está impedido de atuar nesse processo.

d) As matérias de competência exclusiva de órgão ou autoridade só podem ser objeto de delegação se houver expressa autorização da autoridade delegante.

5. **(OAB/MG – Abril/2008) Um agente público praticou ilícito penal tipificado como crime contra a Administração Pública. No processo administrativo, o Agente Público foi condenado à pena de demissão. Neste caso, quanto ao processo penal pode-se concluir que:**

a) o resultado do processo administrativo implica a condenação do agente público no processo penal.

b) a absolvição no processo penal está condicionada à comprovação de inocência do agente público.

c) a absolvição no processo administrativo, por comprovação de negativa de autoria, implicaria a absolvição do agente público no processo penal.

d) o agente público poderá ser absolvido no processo penal, independentemente de sua condenação no processo administrativo.

GABARITO: As respostas destes testes encontram-se no final do livro.

Obs.: Mais questões sobre este capítulo estão disponíveis para *download* gratuito no *site* www.editorametodo.com.br.

IMPROBIDADE ADMINISTRATIVA

Maria Helena Diniz, inserindo o tema nas órbitas do Direito Administrativo e Constitucional, define improbidade administrativa como "falta de probidade do servidor no exercício de suas funções ou de governante no desempenho das atividades próprias de seu cargo. Os atos de improbidade administrativa importam a suspensão dos direitos políticos, a perda da função pública, a indisponibilidade dos bens e o ressarcimento do Erário, na forma e gradação previstas em lei, sem prejuízo da ação penal cabível" (*Dicionário jurídico*, Saraiva, 1998, 1.ª ed., vol. 2 – Letras D-I, verbete: improbidade administrativa, p. 788).

A matéria é regulada no plano constitucional pelo art. 37, § 4.º, da CF, e no plano infraconstitucional pela Lei 8.429/1992, que dispõe sobre "as sanções aplicáveis aos agentes públicos nos casos de enriquecimento ilícito no exercício de mandato, cargo, emprego ou função na administração pública direta, indireta ou fundacional".

As sanções de que trata esta lei (art. 12), **não possuem natureza penal** (tecnicamente é incorreto falar em "crime de improbidade administrativa"), trazendo, todavia, reflexos de natureza política, administrativa e civil na esfera jurídica do agente condenado pela prática de ato de improbidade administrativa, *lato sensu*. Comentando sobre as cominações elencadas no art. 12 da lei, Wolgran Junqueira Ferreira asseverou que "as previsões contidas nos três incisos, dispensam as sanções administrativas, pois, prevendo a suspensão de direito político, automaticamente já supõe a demissão do cargo público, que é a pena mais severa prevista no Estatuto dos Servidores Públicos. Também os portadores de mandato eletivo (art. 2.º) pela suspensão dos direitos políticos, perdem o mandato. Restam as sanções penais que se encontram no Código Penal ou em leis esparsas. As previsões de cada um dos incisos a seguir são bastante abrangentes, não deixando nenhuma hipótese de punição, exceto a penal, fora daquilo que está fixado" (*Enriquecimento ilícito dos servidores públicos no exercício da função* – Lei 8.429, de 2 de junho de 1992, 1.ª ed., 1994, Edipro, p. 166. Vide Luiz Alberto Ferracini, *Improbidade administrativa – teoria, prática e jurisprudência*, Julex, 1997, p. 49-51).

Insta salientar que o art. 12 da Lei 8.429/1992 foi alterado pela Lei 12.120/2009, prevendo que as cominações impostas ao responsável pelo ato de improbidade podem ser aplicadas isolada ou cumulativamente, de acordo com a gravidade do fato.

José Afonso da Silva, analisando o art. 15, V, da CF, assevera ser inconstitucional a suspensão dos direitos de cidadania por meio de processo administrativo (cf. art. 14, *caput*, da Lei 8.429/1992). Este é seu escólio: "Outra ideia que sai do texto seria a de que a suspensão dos direitos políticos por improbidade administrativa pode ser aplicada independentemente de um processo criminal. É o que se extrai da parte final, segundo a qual todas as sanções indicadas antes são sem prejuízo da ação penal. Vale dizer, independentemente dessa ação. Ou seja, a suspensão dos direitos políticos, no caso, não constitui simples pena acessória. O problema é que não pode a suspensão ser aplicada em processo administrativo. Terá que ser em processo judicial, em que se apure a improbidade, quer seja criminal ou não" (*Curso de direito constitucional positivo*, Malheiros, 9.ª ed., 2.ª tir., 1993, p. 338).

Continua o jurista, mais adiante: "Parece-nos também que a suspensão em razão de improbidade administrativa terá que decorrer de decisão judicial, em processo principal civil ou penal, ou como pena acessória. Não há como fugir a essa tese, porque não se pode admitir a aplicação de penas restritivas de direito fundamental por via que não seja judiciária, quando a Constituição não indique outro meio" (op. cit., p. 338).

Além disso, a graduação dessas cominações "político-administrativo-civis" variam de acordo com as hipóteses de atos praticados com improbidade administrativa elencados, respectivamente, no art. 9.º (atos de improbidade administrativa que importam em enriquecimento ilícito, podendo, entre outras sanções, acarretar a suspensão dos direitos políticos ser arbitrada entre **oito a dez anos**), no art. 10 (atos de improbidade administrativa que causam prejuízo ao erário, podendo, entre outras sanções, acarretar a suspensão dos direitos políticos ser arbitrada entre **cinco a oito anos**) e no art. 11 (atos de improbidade administrativa que atentam contra os princípios da administração pública, podendo, dentre outras sanções, acarretar a suspensão dos direitos políticos ser arbitrada entre **três a cinco anos**), todos da Lei 8.429/1992.

Por fim, o art. 21 da Lei 8.429/1992 dispõe que as sanções independem da efetiva ocorrência de dano ao patrimônio público, salvo quanto à pena de ressarcimento, e da aprovação ou rejeição das contas pelo órgão de controle interno ou pelo Tribunal ou Conselho de Contas.

15.1 QUESTÕES

1. (OAB/SP 135.º) Assinale a opção correta no que se refere à lei que dispõe sobre as sanções aplicáveis aos agentes públicos nos casos de enriquecimento ilícito no exercício de mandato, cargo, emprego ou função na administração pública direta, indireta ou fundacional.

a) Os atos de improbidade administrativa somente serão punidos quando praticados por agentes públicos que sejam também servidores públicos.

b) São três as espécies genéricas de improbidade administrativa: os atos de improbidade administrativa que importam enriquecimento ilícito, os que causam lesão ao erário e os que atentam contra os princípios da administração pública.

c) Reputam-se como agentes públicos para fins de sanção decorrente da prática de improbidade administrativa apenas os que exercem mandato, cargo, emprego ou função administrativa permanente e mediante remuneração.

d) Caso o ato de improbidade configure também sanção penal ou disciplinar, não serão impostas ao ímprobo as sanções previstas na Lei de Improbidade Administrativa, para que não ocorra bis in idem, ou seja, dupla punição pelo mesmo fato.

2. (OAB/SP 136.º) Não configura sanção constitucionalmente prevista para os atos de improbidade administrativa

a) a suspensão por mais de trinta dias, sem percepção de vencimentos.

b) a suspensão dos direitos políticos.

c) o ressarcimento ao erário.

d) a perda da função pública.

3. (OAB 2011.2 – FGV) No que tange à chamada ação de improbidade administrativa, assinale a definição correta segundo a doutrina do Direito Administrativo.

a) Trata-se de ação de natureza civil e penal, uma vez que a Lei 8.429/1992 prevê sanções de ambas as naturezas.

b) Trata-se de ação meramente administrativa, uma vez que a Lei 8.429/1992 prevê apenas sanções de caráter administrativo.

c) Trata-se de ação civil, muito embora as sanções previstas pela Lei 8.429/1992 ultrapassem o âmbito da simples ação de ressarcimento e importem em penalidades de natureza penal e administrativa.

d) Não se trata de uma ação judicial e sim de uma ação administrativa, com a previsão legal (Lei 8.429/1992) de sanções penais e administrativas.

4. (OAB/Nacional 2009.II) O MP tomou conhecimento de que um servidor, Vicente, ocupante do cargo de ordenador de despesas de determinado município, facilitava a aquisição de bens por preço superior ao de mercado.

Com referência a essa situação hipotética e à improbidade administrativa, assinale a opção correta.

a) Não estará prescrita a pretensão do MP caso seja ajuizada ação com o exclusivo propósito de ressarcir os prejuízos causados ao erário quinze anos após a saída do referido servidor do cargo de ordenador de despesas.

b) Vicente não poderá ser condenado em eventual ação de improbidade proposta pelo MP caso o tribunal de contas competente aprove as contas do município.

c) O prazo prescricional das ações destinadas a levar a efeito as sanções previstas na Lei de Improbidade Administrativa é contado, na situação hipotética em questão, a partir da data em que Vicente praticou o ato.

d) Caso o ato praticado por Vicente não esteja tipificado de forma expressa na Lei de Improbidade Administrativa, não poderá o juiz condená-lo pela prática de ato de improbidade.

GABARITO: As respostas destes testes encontram-se no final do livro.

Obs.: Mais questões sobre este capítulo estão disponíveis para *download* gratuito no *site* www.editorametodo.com.br.

16

CONTROLE DA ADMINISTRAÇÃO PÚBLICA

16.1 CONCEITO

É a expressão do dever-poder de vigilância, orientação e correção, abarcando as hipóteses de controle-fiscalização e controle-orientação que um Poder, órgão ou autoridade exerce sobre a conduta institucional/funcional de outro.

16.2 ESPÉCIES

Em relação às espécies de controle, existem diversas classificações, elaboradas sob os seguintes critérios: quanto ao órgão que exerce o controle, quanto ao momento em que se exerce o controle e quanto à pertinência do órgão controlador em relação à estrutura do órgão controlado.

16.2.1 Quanto ao órgão que exerce o controle

De acordo com este critério de classificação, o controle pode ser administrativo, legislativo ou judicial.

O *controle administrativo* decorre do **poder de autotutela** que permite à Administração Pública rever seus próprios atos quando ilegais (anulação) ou inconvenientes, inúteis ou inoportunos (revogação), conforme preveem as Súmulas 346 e 473 do STF.

O *controle legislativo* materializa-se por meio dos controles **político** (que ultrapassa a órbita da mera legalidade do ato, alcançando seu mérito, p. ex., autorização prévia do Congresso Nacional ou de uma de suas Casas Legislativas para a prática de determinados atos do Poder Executivo – arts. 49, II, III, XV, XVI e XVII, e 52, III, IV e V, ambos da CF) e **financeiro** (compreende a fiscalização contábil, financeira e orçamentária a cargo do Poder Legislativo federal, estadual e municipal, com auxílio dos Tribunais de Contas da União, Estados e, onde houver, Municipais, respectivamente).

Em relação ao *controle judicial*, teceremos comentários a seguir.

16.2.1.1 Controle judicial

Em virtude de a Constituição Federal ter adotado o sistema constitucional da **jurisdição una**, a administração pública está sujeita ao controle judicial da legalidade/moralidade dos seus atos. Cabe, pois, ao Poder Judiciário o dever/poder de correção da atividade administrativa, competindo-lhe sempre a última palavra sobre a conformidade ou não dessa atividade com a lei. Neste sentido, é ampla a jurisdição do Poder Judiciário, consoante se observa da leitura do art. 5.º, XXXV, da Constituição da República, que proíbe excluir da apreciação do Poder Judiciário lesão ou ameaça a direito (*princípio da inafastabilidade da jurisdição*).

O Poder Judiciário pode examinar os atos da Administração Pública de qualquer natureza (gerais/individuais; vinculados/discricionários; unilaterais/bilaterais), mas sempre sob os aspectos de legalidade e moralidade (cf. arts. 5.º, LXXIII, e 37 da CF).

16.2.1.1.1 Limites de atuação do Poder Judiciário

Em relação às diversas espécies de atos administrativos, o controle judicial poderá sofrer limitações tendo em vista as suas características.

Em se tratando de *atos discricionários*, sujeitam-se à sindicabilidade pelo Poder Judiciário, desde que não haja invasão do **mérito** do ato administrativo, sendo estes os aspectos reservados à apreciação subjetiva da Administração Pública, quais sejam a conveniência e a oportunidade.

Sob qualquer forma, é vedada a apreciação judiciária da atividade administrativa, dada a liberdade de atuação reconhecida à administração dentro dessa margem de discrição de que dispõe para o preenchimento de suas finalidades. Como exemplo, podemos citar a hipótese em que a administração pretende alienar um bem público e, para tanto, obtém a indispensável autorização legislativa. Nesse caso, não será permitido ao Poder Judiciário entrar no mérito da medida por entender ser inconveniente ou inoportuna, pois tal resolução foi tomada pelo Poder Executivo dentro da margem de discricionariedade que possui. Ao Poder Judiciário, nesse caso, é deferido apenas observar se houve cumprimento ou não da lei (autorização legislativa, certame licitatório), podendo atuar somente para corrigir a ilegalidade. No entanto, não haverá que se falar em invasão do mérito do ato administrativo na hipótese em que o Judiciário apreciar os fatos que precederam a elaboração do ato, uma vez que a ausência ou falsidade dos motivos caracteriza ilegalidade, suscetível de invalidação pelo Poder Judiciário.

Tratando-se de *atos normativos*, estes somente poderão ser invalidados pelo Poder Judiciário, com efeitos *erga omnes*, em sede de ação direta de inconstitucionalidade (ADIn), conforme os arts. 102, I, *a*, da CF e o art. 74, VI, da Constituição do Estado de São Paulo. Nos casos concretos, a legalidade de um ato normativo poderá ser avaliada pelo Poder Judiciário observando-se o disposto no art. 97 da CF, produzindo seus efeitos, em regra, apenas entre as partes envolvidas (e não *erga omnes*).

Na hipótese de *atos políticos*, que são aqueles que dizem respeito à superior orientação da vida do país, nos âmbitos interno e internacional, a doutrina majoritária entende pela possibilidade de controle pelo Poder Judiciário desde que a sua prática cause lesão a direitos individuais e coletivos.

Em relação aos atos *interna corporis* (ex.: Regimento Interno de órgãos colegiados), em regra não poderão ser apreciados pelo Poder Judiciário, pois se limitam a estabelecer normas sobre o funcionamento interno dos órgãos. No entanto, se desbordarem seu conteúdo, ferindo direitos individuais e coletivos, poderão ser contrastados pelo Poder Judiciário.

16.2.1.1.2 Privilégios processuais da administração pública

A Administração Pública, como corolário ao regime jurídico administrativo, goza de determinados privilégios processuais não reconhecidos aos particulares (de molde a estabelecer o equilíbrio na relação processual).

São os seguintes os privilégios processuais da administração pública:

a) juízo privativo (vara da Fazenda Pública, onde houver);
b) prazos dilatados – em quádruplo para contestar e em dobro para recorrer (art. 188 do CPC);
c) duplo grau de jurisdição obrigatório – ou reexame necessário (art. 475, II e III, do CPC);
d) processo especial de execução contra a Fazenda Pública – regime de precatórios (art. 100 da CF);
e) prescrição quinquenal (art. 1.º do Decreto 20.910/1932);
f) pagamento de despesas judiciais somente no final do processo, caso seja vencida (art. 27 do CPC);
g) restrições a concessão de liminar e à tutela antecipada (Lei 8.437/1992).

16.2.1.1.3 Meio de controle

O controle judicial dos atos administrativos se exerce pelos meios processuais comuns ou ordinários e pelos meios especiais previstos em lei.

Os **meios processuais comuns** são aquelas ações reguladas pelo CPC e que se prestam para dirimir quaisquer divergências ou litígios, com ampla dilação probatória.

Os **meios especiais** são, entre outros, o mandado de segurança (individual e coletivo), o mandado de injunção, o *habeas data*, o *habeas corpus*, a ação popular e a ação civil pública. Cabe observar que existem outros meios especiais de controle, em apertada síntese: a) ação cominatória (arts. 287, 644 e 645 do CPC); b) ação declaratória (art. 4.º do CPC); c) ações possessórias (art. 920 e segs. do CPC); d) ação de nunciação de obra nova (art. 934 do CPC).

16.2.2 Quanto ao momento em que se realiza o controle

De acordo com esse critério, o controle sobre os atos administrativos pode ser prévio, concomitante e posterior.

O *controle prévio* é aquele realizado antes da edição do ato administrativo. Como exemplo, podemos citar a autorização prévia do Congresso Nacional ou uma de suas Casas Legislativas para a prática de determinados atos do Poder Executivo (arts. 49, II, III, XV, XVI e XVII, e 52, III, IV e V, ambos da CF).

O *controle concomitante* é aquele realizado no momento em que o ato administrativo está sendo praticado, como ocorre, por exemplo, na fiscalização de execução de obra pública por meio de medições periódicas dos serviços realizados.

O *controle posterior* é aquele que busca reavaliar os atos já praticados, podendo, se for o caso, convalidá-los, revogá-los ou anulá-los.

16.2.3 Quanto à pertinência do órgão controlador

Em relação ao órgão responsável pela realização do controle sobre os atos administrativos, que pode ou não integrar a própria estrutura, o controle pode ser interno e externo.

O *controle interno* é aquele que cada um dos Poderes exerce sobre seus próprios atos, por meio do seu sistema de controle interno (arts. 70 e 74 da CF). Como exemplo de órgãos responsáveis pelo controle interno, temos as Ouvidorias dos entes/órgãos estatais.

O *controle externo*, no plano federal, é atribuído ao Congresso Nacional, com auxílio do Tribunal de Contas da União (art. 71 da CF).

O Tribunal de Contas é um órgão ancilar (auxiliar) do Poder Legislativo. Basta analisar que a sua regulação vem disposta "geograficamente" na Constituição Federal, no capítulo que trata da organização do Poder Legislativo (Título IV – Da organização dos poderes; Capítulo I – Do Poder Legislativo; Seção IX – Da fiscalização contábil, financeira e orçamentária).

Sua função de "julgar as contas" não lhe confere o manejo da atividade jurisdicional, porquanto em nosso ordenamento a **jurisdição é una** (privativa do Poder Judiciário). Assim sendo, tal expressão deverá ser entendida no sentido de que suas decisões terão força de definitividade, isto é, são "inapreciáveis por qualquer outro órgão. Firmando-se tal conceito, afirma-se, categoricamente que o Tribunal de Contas tem função apenas administrativa".

Este entendimento não se abala em razão da Súmula 347 do STF, pela qual: "O Tribunal de Contas, no exercício de suas atribuições, pode apreciar a constitucionalidade das leis e dos atos do poder público"; isto porque seus atos são revisáveis pelo Poder Judiciário (art. 5.º, XXXV, da CF).

Em abono a este entendimento, consoante a doutrina de Régis Fernandes de Oliveira, a Súmula 6 do STF é clara ao estabelecer que: "A revogação ou anulação, pelo Poder Executivo, de aposentadoria ou qualquer outro ato aprovado pelo Tribunal de Contas, não produz efeitos antes de aprovada por aquele Tribunal, *ressalvada a competência revisora* do Poder Judiciário".

16.2.3.1 Do Tribunal de Contas da União

O Tribunal de Contas da União foi criado por meio do Decreto 9.666-A, de 07.09.1890. Atualmente, é regido pela Lei 8.443/1992, que instituiu a Lei Orgânica do Tribunal de Contas da União.

Os especialistas do tema são unânimes em asseverar que o controle das contas públicas é corolário do **Estado de Direito** que, dentre outros aspectos, impõe a submissão estatal ao ordenamento jurídico.

16.2.3.2 Da composição

O Tribunal de Contas da União, que tem sede no Distrito Federal, quadro próprio de pessoal e atuação em todo território nacional, é composto por 9 (nove) Ministros (art. 73 da CF e art. 62 da Lei 8.443/1992).

Os Ministros são nomeados entre os brasileiros que satisfaçam os requisitos constantes do § 1.º do art. 73 da CF, quais sejam:

I – mais de trinta e cinco e menos de sessenta e cinco anos de idade;

II – idoneidade moral e reputação ilibada;

III – notórios conhecimentos jurídicos, contábeis, econômicos e financeiros ou de administração pública;

IV – mais de dez anos de exercício de função ou de efetiva atividade profissional que exija os conhecimentos mencionados no inciso anterior.

Ainda, os Ministros do Tribunal de Contas da União são escolhidos da seguinte forma:

I – um terço pelo Presidente da República, com aprovação do Senado Federal, sendo dois alternadamente dentre auditores e membros do Ministério Público junto ao Tribunal, indicados em lista tríplice pelo Tribunal, segundo os critérios de antiguidade e merecimento;

II – dois terços pelo Congresso Nacional.

Nos termos do § 3.º do art. 73 da CF, os Ministros do Tribunal de Contas da União têm as mesmas garantias, prerrogativas, impedimentos, vencimentos e vantagens dos Ministros do Superior Tribunal de Justiça, aplicando-se-lhes, quanto à aposentadoria e pensão, as normas constantes do art. 40.

16.2.3.3 Das atribuições

Estão estabelecidas no art. 71 da CF, a saber:

I – apreciar as contas prestadas anualmente pelo Presidente da República, mediante parecer prévio que deverá ser elaborado em **sessenta dias** a contar de seu recebimento;

II – **julgar** as contas dos administradores e demais responsáveis por dinheiros, bens e valores públicos da administração direta e indireta, incluídas as fundações e sociedades instituídas e mantidas pelo Poder Público federal, e as contas daqueles que derem causa a perda, extravio ou outra irregularidade de que resulte prejuízo ao erário público;

III – apreciar, para fins de registro, a legalidade dos atos de admissão de pessoal, a qualquer título, na administração direta e indireta, incluídas as fundações instituídas e mantidas pelo Poder Público, excetuadas as nomeações para cargo de provimento em comissão, bem como a das concessões de aposentadorias, reformas e pensões, ressalvadas as melhorias posteriores que não alterem o fundamento legal do ato concessório;

IV – realizar, por iniciativa própria, da Câmara dos Deputados, do Senado Federal, de Comissão técnica ou de inquérito, inspeções e auditorias de natureza contábil, financeira, orçamentária, operacional e patrimonial, nas unidades administrativas dos Poderes Legislativo, Executivo e Judiciário, e demais entidades referidas no inciso II;

V – fiscalizar as contas nacionais das empresas supranacionais de cujo capital social a União participe, de forma direta ou indireta, nos termos do tratado constitutivo;

VI – fiscalizar a aplicação de quaisquer recursos repassados pela União mediante convênio, acordo, ajuste ou outros instrumentos congêneres, a Estado, ao Distrito Federal ou a Município;

VII – prestar as informações solicitadas pelo Congresso Nacional, por qualquer de suas Casas, ou por qualquer das respectivas Comissões, sobre a fiscalização contábil, financeira, orçamentária, operacional e patrimonial e sobre resultados de auditorias e inspeções realizadas;

VIII – aplicar aos responsáveis, em caso de ilegalidade de despesa ou irregularidade de contas, as sanções previstas em lei, que estabelecerá, entre outras cominações, multa proporcional ao dano causado ao erário;

IX – assinar prazo para que o órgão ou entidade adote as providências necessárias ao exato cumprimento da lei, se verificada ilegalidade;

X – sustar, se não atendido, a execução do ato impugnado, comunicando a decisão à Câmara dos Deputados e ao Senado Federal;

XI – representar ao Poder competente sobre irregularidades ou abusos apurados.

16.2.3.4 Tribunais de Contas nos Estados e nos Municípios

Em relação aos Tribunais de Contas nos Estados e Municípios, a matéria está regulada pelo art. 75 da CF, pelo qual "as normas estabelecidas nesta seção aplicam-se, no que couber, à organização, composição e fiscalização dos Tribunais de Contas dos Estados e do Distrito Federal, bem como dos Tribunais e Conselhos de Contas dos Municípios". O parágrafo único do referido dispositivo estabelece que "as Constituições estaduais disporão sobre os Tribunais de Contas respectivos, que serão integrados por sete Conselheiros".

O art. 75 da CF manda aplicar a estas Cortes as mesmas normas relativas ao Tribunal de Contas da União. São idênticas, portanto, a organização, a composição e a fiscalização dos Tribunais de Contas dos estados e do Distrito Federal.

Nos termos do parágrafo único do art. 75 da CF, devem dispor sobre o Tribunal de Contas respectivo que serão integrados por **sete conselheiros**. Nesse sentido, a Súmula 653 do STF dispõe: "No Tribunal de Contas Estadual, composto por sete conselheiros, quatro devem ser escolhidos pela Assembleia Legislativa e três pelo chefe do Poder Executivo Estadual, cabendo a este indicar um dentre auditores e outro dentre membros do Ministério Público, e um terceiro à sua livre escolha".

Com relação às Cortes de Contas dos Municípios, sua situação é confusa, de acordo com os dizeres de Celso Bastos: "A sua disciplinação vem prevista no art. 31, § 4.º, que dispõe no sentido de ser proibida a criação de Tribunais, Conselhos ou Órgãos de Contas Municipais. Acontece, entretanto, que o *caput* do art. 75 faz referência a Tribunais e Conselhos de Contas dos Municípios. Na verdade, o art. 31, § 1.º, também se refere a Tribunal de Contas do Município, assim como aos Conselhos ou Tribunais de Contas dos Municípios, acrescentada a cláusula onde houver. Consagrou-se, pois, a situação estabelecida; é dizer: onde eles já existem são mantidos e constitucionalizados; onde não existem, não podem ser criados. Há, portanto, Estados que têm um Tribunal de Contas com nome de Conselho de Contas Municipais, voltado, exclusivamente, à fiscalização dos Municípios. Esses Conselhos são, pois, mantidos. De outra parte, há apenas dois Municípios (o de São Paulo e o do Rio de Janeiro) que têm tribunais de Contas próprios, é dizer, municipais. Ficam também mantidos e constitucionalizados em consonância com o disposto no *caput* do art. 75 da Lei Maior".

16.3 QUESTÕES

1. **(OAB/SP 135.º) Assinale a opção correta no que se refere à lei que dispõe sobre as sanções aplicáveis aos agentes públicos nos casos de enriquecimento ilícito no exercício de mandato, cargo, emprego ou função na administração pública direta, indireta ou fundacional.**

   a) Os atos de improbidade administrativa somente serão punidos quando praticados por agentes públicos que sejam também servidores públicos.

   b) São três as espécies genéricas de improbidade administrativa: os atos de improbidade administrativa que importam enriquecimento ilícito, os que causam lesão ao erário e os que atentam contra os princípios da administração pública.

   c) Reputam-se como agentes públicos para fins de sanção decorrente da prática de improbidade administrativa apenas os que exercem mandato, cargo, emprego ou função administrativa permanente e mediante remuneração.

   d) Caso o ato de improbidade configure também sanção penal ou disciplinar, não serão impostas ao ímprobo as sanções previstas na Lei de Improbidade Administrativa, para que não ocorra bis in idem, ou seja, dupla punição pelo mesmo fato.

2. **(OAB/SP 136.º) Não configura sanção constitucionalmente prevista para os atos de improbidade administrativa**

   a) a suspensão por mais de trinta dias, sem percepção de vencimentos.

   b) a suspensão dos direitos políticos.

   c) o ressarcimento ao erário.

   d) a perda da função pública.

3. **(OAB/Nacional 2007_1) Acerca da improbidade administrativa, assinale a opção correta.**

   a) O Ministério Público deve provar, logo na inicial, o ato qualificado como de improbidade administrativa, não bastando que se afirme que o fará ao longo da instrução processual.

   b) Prevalece o entendimento de que a ação judicial cabível para apurar e punir os atos de improbidade de natureza civil deve ser titularizada, com exclusividade, pelo Ministério Público.

   c) A competência judicial para apurar ato de improbidade de governador de estado é do STJ.

   d) Considere que um ex-servidor público tenha praticado ato de improbidade administrativa, mas somente três anos depois desse ato tenha sido afastado do exclusivo cargo em comissão que ocupava. Nessa situação, o prazo prescricional de 5 anos para que seja proposta a pertinente ação de improbidade tem início com o término do exercício do referido cargo e não, da prática do ato.

GABARITO: As respostas destes testes encontram-se no final do livro.

Obs.: Mais questões sobre este capítulo estão disponíveis para *download* gratuito no *site* www.editorametodo.com.br.

17

O ESTATUTO DA MICRO E PEQUENA EMPRESA E A LEI 8.666/1993

17.1 INTRODUÇÃO

A Lei Complementar 123, de 14 de dezembro de 2006, conferiu um tratamento diferenciado às microempresas e empresas de pequeno porte nas licitações públicas, inclusive na modalidade de pregão.

A alteração legislativa visa incentivar a regularização e fomentar as atividades das microempresas e empresas de pequeno porte, assim consideradas pela lei complementar.

17.2 CONCEITOS

De acordo com o art. 3.º da Lei Complementar 123/2006, consideram-se microempresas ou empresas de pequeno porte a sociedade empresária, a sociedade simples e o empresário a que se refere o art. 966 do Código Civil, devidamente registrados no Registro de Empresas Mercantis ou no Registro Civil de Pessoas Jurídicas, conforme o caso, desde que:

> I – no caso da microempresa, aufira, em cada ano-calendário, receita bruta igual ou inferior a R$ 360.000,00 (trezentos e sessenta mil reais); e
>
> II – no caso da empresa de pequeno porte, aufira, em cada ano-calendário, receita bruta superior a R$ 360.000,00 (trezentos e sessenta mil reais) e igual ou inferior a R$ 3.600.000,00 (três milhões e seiscentos mil reais).

17.3 REGULARIDADE FISCAL

A primeira alteração diz respeito a um dos critérios de habilitação, qual seja, a **regularidade fiscal** (art. 27, IV, primeira parte, da Lei 8.666/1993).

De acordo com o art. 42 da LC 123/2006, nas licitações públicas, a comprovação de regularidade fiscal das microempresas e empresas de pequeno porte somente será exigida para efeito de assinatura do contrato.

As microempresas e empresas de pequeno porte, por ocasião da participação em certames licitatórios, deverão apresentar toda a documentação exigida para efeito de comprovação de regularidade fiscal, mesmo que esta apresente alguma restrição. Nesta hipótese, será assegurado o prazo de 2 dias úteis, cujo termo inicial corresponderá ao momento em que o proponente for declarado o vencedor do certame, prorrogáveis por igual período, a critério da Administração Pública, para a regularização da documentação, pagamento ou parcelamento do débito, e emissão de eventuais certidões negativas ou positivas com efeito de certidão negativa.

Caso não haja a devida regularização da documentação neste prazo, implicará decadência do direito à contratação, sem prejuízo das sanções previstas no art. 81 da Lei 8.666/1993, sendo facultado à Administração convocar os licitantes remanescentes, na ordem de classificação, para a assinatura do contrato, ou revogar a licitação.

Marçal Justen Filho (trabalho intitulado "*As novas preferências em favor das pequenas empresas nas licitações*", Boletim informativo – BAC n.º 02/07) ensina que "a pequena empresa deve apresentar todos os documentos de habilitação, mas não será inabilitada se houver defeitos em face da Fazenda Pública. Em termos práticos, isso significa que a ausência de regularidade fiscal não impede a abertura do envelope de proposta comercial nas licitações da Lei 8.666. Quanto ao pregão, a pequena empresa vencedora na etapa de lances será considerada vencedora mesmo se existirem defeitos na sua documentação de regularidade fazendária. A Lei Complementar n.º 123 possibilita que a regularidade fazendária seja comprovada como condição para a assinatura do contrato. Se não for atendida esta exigência, a licitação será retomada".

Observe-se que a Lei 12.440/2011 alterou o art. 27, IV, da Lei 8.666/1993, passando a exigir também a comprovação da regularidade trabalhista para a habilitação em licitação. No entanto, como o art. 42

da LC 123/2006 refere-se expressamente à "regularidade fiscal", não remetendo ao art. 27, IV, da Lei 8.666/1993, razoável ponderar que a comprovação de regularidade trabalhista deve ser realizada pela micro ou pequena empresa no momento da habilitação.

17.4 CRITÉRIO DE DESEMPATE

O art. 44 da LC 123/2006 estabelece a preferência na contratação de microempresas e empresas de pequeno porte na hipótese de empate das propostas comerciais. Entende-se por empate aquelas situações em que as propostas apresentadas pelas microempresas e empresas de pequeno porte sejam iguais ou até 10% superiores à proposta mais bem classificada. No entanto, quando se tratar de pregão, este limite será de até 5% superior ao melhor preço.

Por fim, o art. 45 da referida lei estabelece o procedimento para se realizar o desempate:

> I – a microempresa ou empresa de pequeno porte mais bem classificada poderá apresentar proposta de preço inferior àquela considerada vencedora do certame, situação em que será adjudicado em seu favor o objeto licitado;
>
> II – não ocorrendo a contratação da microempresa ou empresa de pequeno porte, na forma do inciso I do caput deste artigo, serão convocadas as remanescentes que porventura se enquadrem na hipótese dos §§ 1.º e 2.º do art. 44 desta Lei Complementar, na ordem classificatória, para o exercício do mesmo direito;
>
> III – no caso de equivalência dos valores apresentados pelas microempresas e empresas de pequeno porte que se encontrem nos intervalos estabelecidos nos §§ 1.º e 2.º do art. 44 desta Lei Complementar, será realizado sorteio entre elas para que se identifique aquela que primeiro poderá apresentar melhor oferta.

Caso não seja possível a aplicação do procedimento previsto no art. 45 e, consequentemente, a contratação, o objeto licitado será adjudicado em favor da proposta originalmente vencedora do certame. Vale destacar que o procedimento de desempate somente se aplicará quando a melhor oferta inicial não tiver sido apresentada por microempresa ou empresa de pequeno porte.

No caso de empate e de licitação sob a modalidade pregão, a microempresa ou empresa de pequeno porte mais bem classificada será convocada para apresentar nova proposta no prazo máximo de 5 minutos após o encerramento dos lances, sob pena de preclusão.

17.5 REALIZAÇÃO DE LICITAÇÕES DIFERENCIADAS

Os arts. 47 e 48 da LC 123/2006 trazem a possibilidade de realização de licitações com tratamento diferenciado e simplificado para as microempresas e empresas de pequeno porte objetivando a promoção do desenvolvimento econômico e social no âmbito municipal e regional, a ampliação da eficiência das políticas públicas e o incentivo à inovação tecnológica, desde que haja regulamentação legislativa por parte do ente político competente.

Para tanto, a administração pública poderá realizar processo licitatório:

- destinado exclusivamente à participação de microempresas e empresas de pequeno porte nas contratações cujo valor seja de até R$ 80.000,00 (oitenta mil reais);
- em que seja exigida dos licitantes a subcontratação de microempresa ou de empresa de pequeno porte, desde que o percentual máximo do objeto a ser subcontratado não exceda a 30% (trinta por cento) do total licitado;
- em que se estabeleça cota de até 25% (vinte e cinco por cento) do objeto para a contratação de microempresas e empresas de pequeno porte, em certames para a aquisição de bens e serviços de natureza divisível.

Importante salientar que o art. 49 traz as hipóteses em que não serão realizadas as licitações diferenciadas, quais sejam:

- quando os critérios de tratamento diferenciado e simplificado para as microempresas e empresas de pequeno porte não forem expressamente previstos no instrumento convocatório;
- quando não houver um mínimo de 3 (três) fornecedores competitivos enquadrados como microempresas ou empresas de pequeno porte sediados local ou regionalmente e capazes de cumprir as exigências estabelecidas no instrumento convocatório;
- quando o tratamento diferenciado e simplificado para as microempresas e empresas de pequeno porte não for vantajoso para a administração pública ou representar prejuízo ao conjunto ou complexo do objeto a ser contratado;
- quando a licitação for dispensável ou inexigível, nos termos dos arts. 24 e 25 da Lei 8.666, de 21 de junho de 1993.

BIBLIOGRAFIA

BANDEIRA DE MELLO, Celso Antônio. *Apontamentos sobre os agentes públicos*. São Paulo: RT, 1975.

_________. *Curso de direito administrativo*. 12. ed. São Paulo: Malheiros, 2000.

_________. *Elementos de direito administrativo*. São Paulo: Malheiros, 1992.

_________. *Funções do Tribunal de Contas*. Revista de Direito Público 72/133.

BASTOS, Celso Ribeiro. *Curso de direito financeiro e tributário*. 9. ed. São Paulo: Celso Bastos Ed., 2002.

DI PIETRO, Maria Sylvia Zanella. *Direito administrativo*. 18. ed. São Paulo: Atlas, 2005.

_________. *Direito administrativo*. 6. ed. São Paulo: Atlas, 1996.

FÜHRER, Maximilianus Cláudio Américo; Führer, Maximiliano Roberto Ernesto. *Resumo de direito administrativo*. 4. ed. São Paulo: Malheiros, 1998.

GASPARINI, Diógenes. *Direito administrativo*. 3. ed. São Paulo: Saraiva, 1993.

_________. *Direito administrativo*. 11. ed. São Paulo: Saraiva, 2006.

HARADA, Kiyoshi. *Direito financeiro e tributário*. 10. ed. São Paulo: Atlas, 2000.

JUSTEN FILHO, Marçal. *Curso de direito administrativo*. São Paulo: Saraiva, 2005.

MEIRELLES, Hely Lopes. *Direito administrativo brasileiro*. 26. ed. São Paulo: Malheiros, 2001.

_________. *Direito administrativo brasileiro*. 20. ed. São Paulo: Malheiros, 1995.

MOREIRA PIRES, Antonio Cecilio. *Manual de direito administrativo*. São Paulo: WVC, 2002.

OLIVEIRA, Régis Fernandes; HORVATH, Estevão. *Manual de direito financeiro*. São Paulo: RT, 2001.

PONTES, Valmir. *Programa de direito administrativo*. 6. ed. São Paulo: Sugestões literárias, 1981.

SILVA, José Afonso da. *Manual da Constituição de 1988*. São Paulo: Malheiros, 2002.

GABARITOS

1. Introdução

1 – D	2 – B	3 – B
4 – B		

2. Princípios da administração pública

1 – C	2 – C	3 – A

3. Poderes da administração pública

1 – D	2 – D	3 – D
4 – D	5 – D	

4. Atos administrativos

1 – B	2 – D	3 – A
4 – D	5 – B	6 – C
7 – A	8 – C	9 – A
10 – A	11 – B	12 – D
13 – A	14 – C	

5. Serviços públicos

1 – C	2 – A	3 – B
4 – B		

6. Administração indireta

1 – B	2 – A	3 – B
4 – B	5 – A	6 – B
7 – C	8 – A	

7. Restrições do Estado sobre a propriedade privada e sobre o domínio econômico

1 – B	2 – D	3 – C
4 – A	5 – D	6 – B
7 – A	8 – D	9 – A
10 – A	11 – C	12 – B

8. Bens públicos

1 – C	2 – B	3 – D
4 – C		

9. Servidores públicos

1 – B	2 – B	3 – D
4 – A	5 – D	6 – D
7 – A	8 – A	9 – D
10 – A	11 – A	12 – B
13 – A	14 – D	15 – D
16 – D	17 – D	

10. Licitação

1 – B	2 – D	3 – D
4 – D	5 – A	6 – C
7 – C	8 – A	

11. Contratos administrativos

1 – A	2 – A	3 – B
4 – A	5 – D	6 – C
7 – C		

12. Parceria público-privada – Lei 11.079/2004

1 – C		

13. Responsabilidade civil do Estado

1 – A	2 – A	3 – B
4 – B		

14. Processo administrativo

1 – A	2 – B	3 – D
4 – D	5 – D	

15. Improbidade administrativa

1 – B	2 – A	3 – C
4 – A		

16. Controle da administração pública

1 – B	2 – A	3 – D

EDITORA
MÉTODO
www.editorametodo.com.br
metodo@grupogen.com.br

10 1 2 3 4 5 6 7 8 9
2013

Pré-impressão, impressão e acabamento

GRÁFICA
SANTUÁRIO

grafica@editorasantuario.com.br
www.editorasantuario.com.br
Aparecida-SP